尼采 思想漫遊

陳鼓應 著

Content

Content

尼采哲學與莊子哲學的比較研究 189

Content

尼采和陳獨秀的文化觀比較 267

附錄．尼采年譜

序言

研究尼采的心路歷程

一

尼采的著作及其思想發展大致可分為三個時期：第一個時期（一八七二—一八七六）主要著作的發表，有《悲劇的誕生》（*Die Geburt der Tragödie, 1872*）、《反時代的考察》（*Unzeitgemäße Betrachtungen*, 1873-1876）；第二個時期（一八七七—一八八二），有《人性的、太人性的》（*Menschliches, Allzumenschliches, 1878*）、《曙光》（*Morgenröte, 1881*）、《愉快的智慧》（*Die fröhliche Wissenschaft, 1882*）；第三個時期（一八八三—一八八八），有《查拉圖斯特拉如是說》（*Also Sprach Zarathustra, 1883-1885*）、《善與惡之外》（*Jenseits von Gut und Böse, 1886*）、《道德的譜系》（*Zur Genealogie der Moral, 1887*）、《華格納事件》（*Der Fall Wagner, 1888*）、《反

基督》（*Der Antichrist*，一八八八年完成、一八九五年出版）、《看，這個人》（*Ecce Homo*，一八八八年完成，一九〇八年出版）、《偶像的黃昏》（*Götzen-Dämmerung, 1889*）。

在文體上，第一個時期採用論說性的傳統體裁；第二個時期採用精簡的警句體裁；第三個時期以《查拉圖斯特拉如是說》為其成熟的代表作，熱情洋溢地使用自我展現的詩歌形式；其餘作品則使用獨特的散文體。

在思想發展上，早期尼采便帶有濃厚的浪漫色彩，他對歷史文化的解釋，強調美學的價值，重視藝術對人生的作用。這時期尼采受到歌德（Johann Wolfgang von Goethe, 1749-1832）、史賓諾莎（Baruch de Spinoza, 1632-1677）、赫拉克利圖斯（Heraclitus）等人的影響，尤其深受叔本華（Arthur Schopenhauer, 1788-1860）和華納格（Wilhelm Richard Wagner, 1813-1883）藝術理論的影響。一八七六年間，由於華格納劇作表現為基督教色彩，以及他向信教的當權派妥協，兩人關係惡化，尼采與華格納關係破裂，代表著他的第一時期思想的結束。

第二時期開始，尼采在生活和思想上有很大的變化。他在三十二歲時，健康日壞；三十六歲那年，生命力到達最低點。他辭去大學教職，大學給他一年三千法郎的退休金和他自己少量的收入，往後十年間，他便在南歐一帶過著飄泊的日子，這時期由於和現實的接觸，也促成他的覺醒。他的作品大多是在旅途散步或爬山時所構思而筆記下來的，在他的創作中形成一種有名的尼采式「實驗主義」的典型。

尼采中期思想，轉入自然主義，對科學有較大的興趣，他好像法國啟蒙時期（Enlightenment）理性哲學家那樣，對人們已經接受的一切信仰，都提出疑問。他認為一切事物都在流變中，在溶解與液化的過程，不可有僵固的、絕對的定見，包括「絕對的真理」的概念，都必須加以質疑，並接受實驗的檢定，「右眼絕不可相信左眼，因有時光明也許會被稱為黑暗。」這一時期的著作，具有反形上學、反神祕論、反浪漫的傾向。《人性的、太人性的》這作品，在外觀上是實證論的形態，尼采以一種間接的方法攻擊玄學。在這以前，人們以為人類的經驗與知識要採用形而上學的解釋，以為需要一個形而上學為上層結構。現在尼采則試圖將人類的經驗與知識，以實證的思考方式來解釋。

從發表《人性的、太人性的》起，尼采「開始表達自己了」（《看，這個人》、《人性的、太人性的》及其兩續篇）。在《曙光》中，對自我否定的道德展開攻擊；在《愉快的智慧》中，他宣告了「上帝已死」的震撼性的訊息，他開始嚴肅地探索基督教信仰衰微文化史上所導致的諸種問題，攻擊「上帝」概念成為人類創造發展的最大障礙。這期間，萌芽了他的「查拉圖斯特拉如是說」的創作思路。

第二期作品，批評性的東西多於建設性的，較多的是心理分析的內容。第三期則建設性思想越來越多，展現一個整體的世界及道德觀，超人、衝創意志及永恆重現的概念，都在這時期湧現。

從一八八三年到一八八八年，是尼采創作生涯的高峰期。晚期作品，在質量上都勝過前期，《查拉圖斯特拉如是說》一書，尤成為舉世稱著的佳作。法國學者吉勒·德勒茲（Gilles Deleuze, 1925-1995）說：「貫穿尼采全部著作，充滿了悲劇文化的思想與哲學。」尼采早年的古典教育，奠定了他的學術基礎，開啟了他的思想視野；蘇格拉底（Socrates）之前的悲劇文化，對他的影響尤為深遠。從《悲劇的誕生》中的戴歐尼修斯（Dionysus）精神，發展到查拉圖斯特拉的「超人」意志哲學，其間是有密切的思想線索之聯貫性的。

二

有關尼采的論述，我前後寫了兩本書：第一本書是一九六三年自費印刷、一九六六年由臺灣商務印書館印行的《悲劇哲學家尼采》（二〇二二年出版五版），也是我個人的第一本書。本書則是由幾篇文章匯編成冊，其中〈尼采的挑戰〉和〈尼采的價值轉換〉兩文，在一九六〇、七〇年代間先後草就於臺灣大學教學期間；〈尼采哲學的價值重估〉、〈尼采哲學與莊子哲學的比較研究〉和〈尼采和陳獨秀的文化觀比較〉三文，則在一九八五年初至一九八九年完成於北京大學講課期間；〈尼采年譜〉於一九八六年秋冬間撰成，主要材料為依據海曼（Ronald Hayman, 1932-2019）的新作——《尼采評傳》（*Nietzsche: A Critical Life*）。

《悲劇哲學家尼采》和本書中的後三篇文章，在空間上，前後寫作於臺北與北京；在時間上，相隔竟有二十多年之久。這期間，大局的變動，反映在個人的心歷路程上亦頗有一些轉折。

在寫作《悲劇哲學家尼采》小書時，個人在文化背景上，懷著單純地「反傳統主義」的心思，行文間不無藉尼采來抒發一己感懷之處，在表達形式上，亦常充滿激情的感性色彩。而二十多年後所寫的幾篇論文，則個人在學術進程上側重於探尋「反傳統主義的傳統」，以及古典文化中多元併起與多元發展的問題，因而寫作論文時，在表達方式上較之前作，加強了它的學術論點。雖然兩本書在內容上有許多重複之處，這不僅是由於不同的寫作時間，主要是由於我對其中某些觀點的重視與偏愛，所以這些重複的地方就仍讓它維持原樣。

我接觸尼采的作品是一九六〇年在臺灣大學做研究生的時候。大學時代，我為柏拉圖（Plato, 429-347 B.C.）的辯才所吸引，而惶惑於他的玄學迷霧中，稍後研讀經驗論學派著作，開始對形上學的論題感到不滿。我的學士論文寫的是《洛克的知識論》，但對西方哲學所討論的內容，在心態上依然格格不入，直到進入研究所讀到尼采的《查拉圖斯特拉如是說》，才得知西方哲學另有新天地。最初，尼采作品在我的感性生活上引起巨大的共鳴，那時我的心情經常沉入「少年維特之煩惱」中，尼采作品中所感染到的濃郁生命感，使我從叔本華的悲觀主義氣氛裡超拔出來，其入世的熱切態度，其遭遇阻難時的百折不撓精神，更是長期鼓舞著我。並且，尼采作品在我的智性生活上也有著很大的啟發，由於研究尼采，使我對西方哲學之「注入過多神學的血液」有較深的認識；由於研究尼采，使我研讀基督教的《聖經》而發表《耶穌新畫像》；由於研究尼采，使我對存在主義發生興趣，並由存在主義進入莊子的世界。在尼采與莊子思想的同異之間，使我對於各自的傳統文化有較多面的瞭解；由於他們，加深我對基督教「奴隸道德」與儒家「家禽道德」的認識；由於他們，使我對於生命中的悲劇情調及其藝術精神有較高的評價。

我從中學開始，在臺灣就經歷著五〇年代的「白色恐怖」，殘餘的權勢集團在島內展開地毯式的捕殺活動；在政風上，由一元化的布局中推展其一家一姓的造神運動；在文化上，獨尊儒術——孔儒的忠君觀念及其上下隸屬關係的「奴性道德」，為官方刻意宣揚著，袁世凱的祭孔儀式在臺北孔廟裡重演著。另一方面，三〇年代以來的文學作品幾乎全在嚴禁之列，五四以來的新文化傳統被攔腰切斷，保守主義的空氣達到令人窒息的地步。因而，尼采宣稱「上帝已死」及其「一切價值轉換」的呼聲，深深地激盪著我的思緒。

一九七三至一九七九年間，在社會意識與民族主義思潮的影響下，我用不同的筆名發表過數十篇文章。這時期我雖然頗受尼采「投入」精神的鼓舞，但已認識到尼采思想中自我意識之力孤、社群關心之薄弱、反帝概念之欠缺及其反女性主義之偏見。不過尼采的人本主義思想、對基督教價值觀與近代商業文化庸俗化的批判，迄今仍為我所激賞。

三

一九八四年秋，我回到闊別三十五年的祖國大陸，初次在北京大學講尼采與老莊哲學，並承北大哲學系湯一介教授之邀，在中國文化書院講這東西兩家的比較哲學。一九八六年秋，以「尼采哲學與莊子哲學的比較研究」為題在北大開課，在一個安定的學術環境下，教學之間獲得不少的啟發。適逢大陸掀起一片「文化熱」，知識界熱烈地檢討傳統文化對現代生活的作用，學界認真地研究西方學說，並開始廣泛地介紹西方各種思潮，中國各地的學術講座與研討會，如雨後春筍，學術空氣之活躍，為三十多年來所未有過的好光景。在這種空氣的激勵下，我也經常參與討論，從尼采研究的心得裡，對於傳統文化價值的反省，有這樣的一些概略看法。

尼采是個舉世著名的反傳統主義者，但他對傳統文化卻非簡單地否定，他強烈抨擊基督教的文化傳統，但極力推崇古希臘的文化傳統。從前者看我國的儒家禮制文化，從後者看我們的先秦古典文化，有頗多相似之處。拿基督教文化和儒家的禮制文化相比較，一方面明顯可以看出孔孟的人本主義之「理性實踐」，遠勝於基督教神本主義之怪誕信仰。但在另方面，儒教千年來所傳播的「家禽道德」之馴化人心、泛道德主義之禁錮人性，及其宗法道統所形成的家長制、血緣關係網、威權意識、對異己言論的排斥、非黑即白的兩極化思維方式，如此牢固地盤根在我們民族文化的深層。

然而，中國的傳統是多元而非單元系統的。正如哈佛大學史華茲（Benjamin I. Schwartz, 1916-1999）教授在〈關於中國思想史的若干初步考察〉（"The Intellectual History of China:Preliminary Reflections"）一文中所說的：「中國傳統並非一個清一色的單元。」比如，在文學領域裡，從《詩經》以來的現實主義傳統，與《莊子》、《楚辭》以來的浪漫主義傳統，以及兩者交匯而形成的浪漫現實主義傳統，在中國文學史上占了主流的地位。在文學領域裡，儒家原本只是諸子中的一派，先秦名家中，墨家的社會意識與兼愛胸懷、道家的心態與藝術心靈、法家的法制觀念與悲劇精神，互發光輝於古代思想史。而先秦百家爭鳴所創造的人文主義、人道主義、淑世主義及民本思想，不僅成為我國優良的文化傳統，也豐富了世界文化史的內涵。

傳統與保守是有所區別的。正如殷海光教授所說：「現代人講傳統，不知傳統為何？根本是傳統的棄兒。傳統並不等於保守，傳統乃是代代相傳文明的結晶，知識的累積，行為的規範。傳統是人類公共的財產，為每個文化分子事實上所共有的。」在歐洲各處，我們可以看到他們相當成功地將傳統文化融入現代生活中，而成為不可分割的一部分。反之，在我國，文化上的保守勢力一直根深柢固地成為歷代改革的最大阻力。

在尼采的一篇論文〈歷史對人生的利弊〉（"On the Use and Abuse of History for Life"）中，論及歷史意識的過量與薄弱之得失，也頗可供我們當前知識界作參考。尼采認為，如果一個人歷史意識過量時，會不自覺地沉緬於過去的經驗，而有礙於現實的開拓與未來的開展；如果一個人歷史意識欠缺時，「他的視線就像阿爾卑斯（Alps）山谷的居民那樣狹窄」，「我們看看動物，它是完全無歷史感的，只停駐在一個點狀的視界內」。因而，尼采認為：「人之所以成為人：他能思考、反省、比較、分析、綜合著去限制那無歷史的因素，這種能力把過去運用到人生，並將已經發生的事再形成歷史。」他說：「有歷史感的人，考察過去為著使他們投向未來，在生活中激勵他們的勇氣，點燃他們的希望，幸福正依在他們前進的高山背面。有歷史感的人，相信存在的意義在人生過程中顯現出來，他們正因此而回顧以往，為的在過程中學習，去瞭解現在，並且學習更熱烈地渴望將來。」這觀點頗有助於端正我們文化界保守主義者與西化論者的偏失。

四

在我早先研究尼采的時期，國內外學人的著作中，提及尼采總是發出不應有的錯誤訊息。因此，我在寫作時，力求對文本給予合於原義的解釋，一併對曲解誤說作出澄清，不過我運思時字裡行間總不免流露出自己對時代的感受，並抒發個人的切身體會。無論尼采或莊子，對我來說，都是感同身受的一種生命的學問。

我算不上尼采專家，但對尼采重要學說的理解，自始便能給讀者提供一個較為確當的解說，茲舉「超人」學說與「衝創意志」概念為例，相信較能簡明地把握尼采原義。

在尼采代表作《查拉圖斯特拉如是說》的序言中首次提出超人的主張，關於「超人」的內涵包括有這兩個重要的面相，其一說：「超人是大地的意義（the meaning of the earth）」；其二說：「人是要超越自身的某種東西。」前者是就世界觀而言，為尼采否定西方傳統二元論世界觀，肯定大地（人間世）為唯一的實在世界。後者是就人的意志力的發揮而言，尼采認為每個存在體都具有巨大的「衝創意志」，他呼籲人們要不斷發揮自己的潛能、潛力去提升自我。尼采將這種內在於個別生命體的驅動力，稱為「Der Wille zur Macht」，英譯為「The Will to Power」，我們學界皆譯為「權力意志」，這是極其嚴重的誤譯。尼采在《查拉圖斯特拉如是說》就說過，這種意志是「創造生命的意志」，因而我在《悲劇哲學家尼采》中就提出「衝創意志」之譯名。

尼采使用「衝創意志」，以解釋人類的行為乃至於宇宙間的一切現象。在我幾十年前寫《悲劇哲學家尼采》時，就對「衝創意志」作為「原始的動機力」徵引原文加以說明，並指出作為尼采哲學推動力的這種意志，「儲藏於內時，是為潛能（或潛力）；表現於外時，是為動能（或動力）。」在收入本書的文章〈尼采的價值轉換〉中，我再度強調：「衝創意志是文化上的戴歐尼修斯原理，以及在自然中的生機原理（the Vital Principle）。它是一個心理學上的概念，離開昇華作用，便無法瞭解尼采這個概念。它是一種提升力，它被昇華而為創造力。」可見譯為「強力意志」也不妥，因為「強力」一詞，則易忽視它之作為心理現象的驅動力。至於長久以來，學界習以「權力意志」解釋尼采這一最基本的重要學說，那就誤導過深了。

在本書〈尼采哲學的價值重估〉中，我對「衝創意志」的概念作了較詳盡的論述，同時對尼采「永恆重現」的學說也作了比以前更清楚的解說。「價值重估」對尼采重要學說作了一個總結式的論述，它是我最費心思寫出的一篇文章。〈尼采哲學與莊子哲學的比較研究〉刊出之後，受到國內外學者的關注。鄔元寶編的《尼采在中國》選錄了此文「結語」部分；美國夏威夷大學哲學教授格拉姆．帕克斯（Graham Parkes）編著的《尼采與亞洲思想》（*Nietzsche and Asian Thought*, 1991. 芝加哥大學出版社出版）收入了全文（由詹姆斯．塞爾曼〔James Sellman〕英譯）；韓國編著了一冊《尼采》，我這篇文章由光州全南大學中文系吳萬鍾譯成韓文。

五

自王國維於一九〇四年介紹尼采以來，迄今已超過百年，我國文壇對尼采的接觸，多從他作品中感受其思想的「感動力」，較少從他整個哲學系統作研究，或進而瞭解他宣告「上帝已死」及其對傳統文化進行全面「價值重估」在西方哲學史與文化史上的深刻意義。

自歐戰德國當局「厚顏無恥地利用他」（語見考夫曼〔Walter Arnold Kaufmann, 1921-1980〕《存在主義》），尼采的「超人」哲學受到很大的誤解。一般研究西方哲學史的學者亦多未能認識到尼采所謂「超人是大地的意義」，乃基於批判西方傳統二元論世界觀及基督教敵視生命的厭世觀，而提出肯定人間世（「大地」）為唯一實世世界的主張。簡言之，尼采的超人學說，乃是針對基督教的頹萎遁世觀而提出一個積極開拓生命的人生觀。

我國在四〇年代間，有梵澄、高寒（楚圖南）、雷白韋（雷崧生）等譯介尼采作品，並有李石岑等學者介紹尼采思想，感謝前輩們所提供的研究基礎。兩書僅為對尼采學說作初步的介紹，其中不無因共鳴而引發一己心跡之處。

本書已出版二十年，今年恰巧是尼采誕辰一百八十週年。尼采對我的人生影響重大，沒有走進他的世界，我這一生肯定是完全不同的走向，希冀他的智慧和不斷超越自我、追求本質的精神，能夠激勵新一代的青年。感謝臺灣商務印書館給予這本書再版的機會，並將書名更改為《尼采思想漫遊》（原書名《尼采新論》）。的確，在我的人生、在這一篇篇文章中，我是跟著尼采思想前進的，遨遊在無邊宇宙。如果當代青年陷入迷惘、如果不確定我們未來的路該如何走下去，不妨來看看尼采怎麼說！

二〇二四年九月於臺灣大學宿舍寓所

尼采的挑戰

「生命告訴我這個祕密：『看！』它說：『我們必須不斷地超越自己。真的，你稱它為創造的意志，或是向目的、向高處、向遠方、向多面的衝力。』」

——尼采《查拉圖斯特拉如是說》

在哲學史上，尼采是一位十分富有挑戰性與激勵性的哲學家。在哲學上，他嚴厲批評從柏拉圖經中世紀以來一千多年的世界觀；在宗教上，他宣稱「上帝已死」，將矛頭擲向整個基督教；在道德上，他抨擊傳統道德是沉睡狀態的「鴉片式道德」、「奴隸式的頹廢道德」；在現實社會上，他指責眾人迷失自我的混同性與奴隸性，並指稱社會活動的要角是「市場上的蒼蠅」。從天國的上帝到人間的混世魔王，在他筆下一舉掃蕩。

尼采哲學之所以震撼人心，乃是由於他所表現的一股獨特的精神，我們無妨稱為「尼采精神」——如老鷹般的高邁，雄獅般的勇猛。這種精神正是中國儒教文化所缺乏的，也正是我們時下所急需激發的。

「我是炸藥」

大家都知道尼采是一個突出的性格哲學家，任何人只要接觸他的作品，立刻就可感受到他的人格光輝——他那高邁的神采與奮發的精神。

◆「我有權力埋葬它」

從尼采的自傳裡，可以讀到這些醒目的語句：

> 我不是一個普通人，我是炸藥。[1]
>
> 我終身的工作是替人類準備一個自覺的重要時機。[2]
>
> 我工作的偉大性和我同時代人的渺小性，這之間判然有別。[3]
>
> 在這秋天七十個日子裡，凡是看到我的人，都會感覺到我沒有一點緊張的氣氛，相反的，充滿了愉快和豐富的生命力。我懷著對後世的責任感，努力不懈。我完成了如此之多的偉大工作——在我以前沒有人做過，在我以後也不會有人做。[4]
>
> 在這美好的日子裡，不僅葡萄漸漸變黃，而一切都已成熟。一線陽光射進我的生

---

1. 本書《看，這個人》引文，均為作者譯自法迪曼（Clifton P. Fadiman）英譯本，此處的章節為〈為什麼我是宿命論者〉。
2. 《看，這個人．為什麼我要寫如此優秀的書》。
3. 《看，這個人．前言》。
4. 《看，這個人．為什麼我如此聰明》。

命：我向後回顧，再向前瞻望，我從未在剎那間看到這樣多美好的東西。今天我埋葬了我的四十四個歲月，並非沒有意義；我有權利來埋葬它——凡有生命的事都保留下來，永垂不朽。[5]

尼采以喚醒人類的自覺作為他畢生最重要的工作，他懷著一種「對後世的責任感」，毫無間斷地去完成他的工作，因此在他四十四歲時自我肯定地說：「我有權利來埋葬它。」這對我們是很有激勵性的一句話。我們之中，有的活了二十幾歲，有的活了三十幾歲，無妨捫心自問，在過去的年月裡，我有沒有虛擲生命？我有沒有蹉跎時光？我能不能自豪地說：「我有權利來埋葬它？」我們放眼看看，芸芸眾生，多少人的一生，如黃粱一夢，兩手空空，當他閉上眼睛的時候，就與草木同朽，無聲無臭地，不曾為世間留下一點痕跡。這樣的人，自然沒有權利來埋葬自己的歲月。

在這裡，我們很容易會想起李卓吾（一五二七—一六〇二）的一句話：「丈夫生於天地間，太上出世為真佛，其次不失為功名之士。若令當世無功，萬世無名，養此狗命，在世何益？不如死矣！」[6]我們雖不同意大丈夫一定要「為真佛」，「為功名之士」，但這番志氣、這種昂然的氣概，實在令人激賞，做人理當如此，既然投身此世，就要活得轟轟烈烈。尼采宣稱：「我是炸藥」，「在我以前，沒有人做過這樣多的工作」，這種豪氣、這種衝勁，正是我們現在青年人所需要的。

我們的社會講究謙虛，講得太多了，人與人見面，常常說上一大堆缺乏真誠感的客套話，使人有時不免感到謙遜是虛偽的卑恭。我們的學校教育，從幼稚園開始就耳提面命地叫人要乖巧、要謙虛，長久的抑制，自傲感被挫下去，影響到自信心的喪失，朝氣、幹勁也被這類陰性的道德無形地消解了，而且整天啃著「標準本」，久而久之就好像籠子裡的松鼠一樣，別說沒有氣魄、沒有氣概、沒有氣象，甚至連氣息都沒有。當然，偶爾也有出格人士出現，只是不多見。

我們從尼采身上，可以看到他的自負是信心的表現，他熱誠真摯，並且富有強烈的責任感，使人忘了他的狂，他不僅表現獅子的精神，還具有駱駝的精神。

5.《看，這個人·前言》。
6. 出自李贄，《焚書》。

◆「用血寫作」

尼采嘗說，他的著作是「用血寫的」，[7]並說「用鐵錘作哲學思考」，[8]可見他對思考態度的嚴肅性。尼采的思想，高邁而落實，如高山上的樹，越往高處伸展，越須往下紮根。他說：

> 愈想向深處光處升展，它的根越要向地下，黑暗處伸入。[9]
>
> 擁有最長梯子的心靈，能往下走得最深。[10]
>
> 高山在那裡？我有次問。高山起於海底。[11]

這是尼采思想的堅實處。

要成大器，除了天分之外，還須有實學。大家都知道尼采才華縱橫，卻很少人留意到他的用功。他對古典文化下了很深的功夫，從普夫達（Puchta）中學開始就打下了良好的基礎，一直到二十四歲得學位擔任古典語言學教授，他已經擁有深厚的古典文化的根基，而後從傳統中再生，從傳統中創新。他說：「要成為真正的思想家，必須先接受嚴格的古典研究訓練。」這是很確切的話。

尼采的奮發精神，由他的自述上可以看出：他三十六歲那年，生命力降到最低點，嚴重的眼疾和胃病折磨著他，「一連七十二小時的頭痛和劇烈的暈眩使我痛苦異常，但我仍保持著理智的清醒，思索著許多問題。」[12]病痛中仍在不斷地思索問題，可以看出他的艱苦毅力。他曾借查拉圖斯特拉之口說：「我不努力於幸福，我只努力於工作。」[13]這正是他一生的寫照。

堅忍奮發是尼采所耀射的另一面人格光輝。

---

7. 本書《查拉圖斯特拉如是說》引文，均為作者譯自康芒（Thomas Common）英譯本，此處的章節為〈閱讀與寫作〉。
8. 《看，這個人．前言》。
9. 《查拉圖斯特拉如是說．山上之樹》。
10. 《查拉圖斯特拉如是說．新舊匾額》。
11. 《查拉圖斯特拉如是說．流浪者》。
12. 《看，這個人．為什麼我如此聰明》。
13. 《查拉圖斯特拉如是說．新舊匾額》。

「獅子精神」

在《查拉圖斯特拉如是說》中，有個「精神三變」概念，描述精神發展的三個階段：最初是駱駝精神，而後是獅子精神，最後由獅子變成嬰孩。駱駝具有堅忍負重的精神，獅子精神意味著批判傳統而獲得創造的自由，嬰孩喻示著新價值創造的開始。「精神三變」是尼采思想發展的過程，它象徵著對傳統價值的承擔與認識，而後提出批判，掃除廢墟，成長自己，創造新價值。

從器用世界來看，人類文明的進步是急遽而快速的，然而從思想的角度來看，人類文化的進步卻是緩慢而遲疑的。任何一個大思想家，當他從事思想創建工作時，至少需要付出大半的精力去發揮獅子精神。建造大廈，必先撤除舊障，所以尼采說：

> 讓一切東西破碎吧！還有許多屋子得蓋起來。
>
> 凡是墮落的，都應該推倒！
>
> 今日的一切，墮落了，頹敗了，有誰願意保持它！但我——我還要推倒它。[14]

我們看看，尼采推倒些什麼！

◆「蒼白的概念」——對駝鳥式哲學的批評

西方傳統的世界觀一直有二元論的趨向，從柏拉圖開始，就在經驗世界之外，另創一個理型世界，以為我們所經驗的現象世界是變動不居、幻滅無常的，它只是個表相的世界，在這個世界中，我們既無法發現客觀的實在性，也無法求得永恆的價值。柏拉圖認為我們運用理性可以追求一個永恆不變的理型世界，所以他把宇宙分成表相世界（The world of appearance）和理型世界（The world of idea）。柏拉圖的理型論替西方二元論的世界觀奠立一個牢固的基礎，到了中世紀，自然與超自然的對立，人間與天國的區分，更把永恆的價值、絕對的理念寄託給超越的世界。近代笛卡兒（René Descartes, 1596-1650）的心物對立，依然是另一種形態的二元世界觀。從柏拉圖以來的傳統哲學家，把一些抽象的概念鋪排成一個虛構的世界，而把虛構的世界當作「實在界」，所以尼采批評說：「實在

14.《查拉圖斯特拉如是說．新舊匾額》。

已被降為單純的『表象』，而一個完全虛構的世界卻被尊為『實在』。」[15]

在尼采看來，傳統形上學家都犯了「幻影崇拜症」。到了康德，情形並沒有好轉，尼采批評他是個「大蜘蛛」，[16]建構著嚴密的抽象概念系統，把自己繫縛住。

在尼采看來，這個自然世界就是唯一的真實世界，形上學家們卻反把真實世界視同幻象，「人像烏龜一樣收回他的感官，停止與世間一切事物的接觸」。[17]尼采批評這些漠視自然事物的駝鳥式玄學家為一群「蒼白的概念動物」，[18]他們的哲學思想，「只是教士型的進一步發展」，[19]尼采宣說「超人是大地的意義」，[20]就是針對這種二元論世界觀而發的。肯定「大地的意義」，就是肯定人間世的價值；只有一個世界，就是這個世界（This world）。舉凡價值、意義、「實在」、「存有」莫不涵藏在這一個世界中，「此世」之外，別無他世。

尼采哲學的興起，加速了西方二元論世界觀的崩落，而他肯定這個世界為唯一真實世界的觀點影響尤大。被視為當代存在主義哲學家的海德格就深受尼采的啟發，海德格主張「存有」與「表象」、「存有」與「變化」、「存有」與「思維」合而為一，批評柏拉圖把存有和思維截然分開，還把存有放在超越世界，所以海德格常說西方哲學從柏拉圖開始就走錯路，因為他把存有從我們這個世界搬走了。[21] 海德格的觀點，無疑深受尼采的影響。

◆「鴉片道德」——對傳統道德的批評

傳統道德的作用，如同搖籃一般，緩緩地搖盪著，使人昏沉欲睡。「睡眠是道德之主」，尼采稱這種道德為「鴉片道德」。在《查拉圖斯特拉如是說》的〈道德講座〉中說：

> 一位智者善於談說睡眠與道德，……這智者作如是說：睡眠不是件小藝術：為了

---

15. 本書《反基督》引文，均為作者譯自荷林達（R. T. Hollingdale）英譯本。
16. 《反基督》。
17. 《反基督》。
18. 《反基督》。
19. 《反基督》。
20. 《查拉圖斯特拉如是說．序言》。
21. 參看蔡美麗，《海德格哲學》。

它，你必須整天保持清醒。

一個人即使具備了一切道德，還有一件事仍要記住：要把這些道德在適當的時間送入睡眠。不使各種道德互起爭執，這些柔順的小婦人！

向上帝與鄰人保持和平，這是安睡所需要的。也和鄰人的惡魔保持和平！否則他會在夜間來追襲你。

尊敬和服從統治者，即使是邪惡的統治者！這是安睡所需要的。權威喜歡邪行，我有什麼辦法？

牽引羊群到最綠的草地去的人，我總認為是最好的牧人：舒適的環境和甜美的睡眠相配合。

……睡眠是道德之主，不召而自來，降臨到我身上。

查拉圖斯特拉聽了智者的話，心裡覺得好笑，一線光閃現著，他向自己的內心作如是說：

他的智慧是：保持清醒為了有甜美的睡眠。真的，如果生命沒有意義，而我又被迫不得不選擇這無意義的事，那麼只好選擇它。

現在我明白了，人們尋找道德的牧師，為的是什麼。他們為的是尋求安眠和鴉片道德。

鴉片道德是精神貧乏者的道德，生命中缺乏熱度，缺乏戰鬥性，真理和正義都在沉睡狀態，而功利之心卻整天清醒著。

在《查拉圖斯特拉如是說》的〈道德者〉一章中，對傳統道德的各種樣態作了一番精彩的描述：

對於某些人，道德是鞭笞下的痙攣，你們也聽到太多的這種哀號。

有些人以他們的罪惡漸漸衰退而稱為美德。

還有些人沉重且輾軋而來，如同滿載石子的卡車下山坡，他們談論著許多道德和神聖——他們稱他們的制動機為美德。

有種人像時鐘；他們滴答滴答作響，要人們稱這滴答的擺聲為道德。

有種人驕傲於他們少許的正義，為這少許的正義而施暴於萬物：因而世界陷溺於他們的無道之中。

他們只是想借他們的道德挖敵人的眼睛，他們高舉自己，僅僅是為了壓低別人。

還有些人，認為這樣說就便是道德：「道德是必需的」，但最後他們只相信警察才是必需的。

「道德是鞭笞下的痙攣」；道德如同鞭箠般地抽打著人，道德成為枷鎖，禮教變得吃人，就屬於這一類。「以他們的罪惡漸漸衰退而稱為美德」，社會上常可見到這類人，凶殘暴虐，作惡多端，然而當他放下屠刀，便立地成了佛，以洗手不幹為美德。有種人則徜徉於規格化、模式化的生活中，稱這種「滴答」的擺聲為道德。有種人把仁義掛在口頭上，把律法藏在口袋裡，遇見異己分子則扣上不仁不義的帽子，而繩之以「國法」；十字軍東征，教會以「上帝站在我這邊，真理正義站在我這邊」為由，大事屠殺，美其名為「替天行道」，借「道德挖敵人的眼睛」，這類事例俯拾皆是。有些人口說：「道德是必需的」，事實上他只相信鎮制力量才是可信賴的。

尼采對於舊道德批評最用力的，乃在於基督教的道德。基督教道德影響西方社群，一如儒派倫教影響中國社群。基督教是一個憐憫的宗教，尼采說：「基督教被稱為憐憫的宗教。憐憫反對使人奮發而增進生命力的熱情；憐憫具有消沉的影響。當我們感到可憐時，我們的能力被剝奪了。能力的喪失，生命的苦難便隨著更加增多。」[22]

基督教利用病態心理傳布憐憫之情，使每一個被憐憫的對象不能自立，一個人愈不能自立，便愈需要仰賴外力的援助，於是基督教那套「神之救助」的幻想，便籠罩人心。基督教蓄意運用憐憫的德行來削減人的生命活力與獨立精神，基督教道德成為西方傳統道德的最主要成素，而它的核心便是憐憫，它以離棄「此世」而投向「他世」為目標的病弱德行，是「損害健康的一種道德的寄生蟲」。[23]

因而尼采對於這種頹廢人生的基督教道德，給予嚴厲的批評。

22.《反基督》。

23. 本書《衝創意志》引文，均為作者譯自路德維希（Ludivici）英譯本。

◆「市場上的蒼蠅」——對時代演員的批評

時代的演員如同「市場上的蒼蠅」，我們看看尼采對他們的描述和批評：

我的朋友，走向你的孤獨裡去罷！我看見你被大人物的呼號震聾了，被小人物的針刺刺傷了。

孤獨終止的地方，便是市場開始的地方，市場開始的地方便是大演員的呼聲和毒蒼蠅嗡嗡響著的地方。

在世界上，即使最好的東西，要是沒有表演者就不會受重視；群眾稱這些表演者為「大人物」。

世界繞著新價值的發明者而旋轉：無形地旋轉著。但是群眾和榮譽卻繞著演員而旋轉：這就是世間的景象。

演員也具有精神，卻缺乏精神的自覺。他只相信他最相信的——使人信仰他自己！

明天他有一個新的信仰，後天有一個更新的信仰。他們像群眾一樣，神經過敏，心性常變。

顛倒是非——這是他所謂的證明。使人愚狂——這是他所謂的說服。他認為血是一切論據中最佳的理由。

市場上充滿了吱吱喳喳的小丑——而群眾稱頌他們為偉大的人！這些人便是時代的主人。

但是時代催促他們：於是他們轉而壓迫著你。他們需要你表示「是」或「否」。唉！你將處於贊成或反對之間。[24]

許多人不敢面對自己，不願成為自己，於是逃離自己遁入群眾。群眾卻把價值平面化，不容許有任何獨立特行和差異性的存在；群眾把優異分子拉下來，拉到同一的層面，降低一切崇高的價值，以混同於市場的標準。市場的標準是不定的，市場的價值是虛妄的，市場價值的操縱者便是「時代的演員」，而「時代演員」亦為市場價值所左右。

24.《查拉圖斯特拉如是說．市場上的蒼蠅》。

「市場上充滿了吱吱喳喳的小丑——而群眾稱頌他們為偉大的人！這些人便是時代的主人。」他們喧囂一陣，熱烘一場，完全「缺乏精神的自覺」。「他們需要你表示『是』或『否』」，他們所盼望的是盲從，所嫉惡的是歧見；他們不惜一切剷除異己，認為「血是一切論據中最佳的理由」。

在〈新偶像〉一章中，尼采對於時代的演員有過這樣的描繪：

在地球上再沒有比我更偉大：我是上帝發號施令的手指——這怪物如此咆哮著。於是所有長耳的和短視的一齊跪伏下來。

他會給你一切，只要你崇拜他，這新偶像，由是它收買了你的美德之光輝及自傲的眼神。

時代演員所握持者，暴力財勢也。尼采以其擊劍家的文筆，指向時代的演員。

◆「顏料罐子的家鄉」——對現代風的批評

尼采對現代人作了如下幾點批評：

華而不實　現代人群光怪陸離，猶如無數顏料罐子。尼采在《查拉圖斯特拉如是說》的〈文明的城土〉一章中說：

我飛入未來太遠了，恐怖襲擊我。

我望望四周，看啊！時間是我唯一的伴侶。

於是我轉身飛回——我加速地飛；於是我來到你們這裡，你們現代人，文明的城土。

第一次我探望你們，熱切地探望你們：真的，我帶著渴望的心來的。

然而我忍不住笑了！我從來沒有見過這般塗滿花彩的東西！

我笑了又笑，我的腿戰慄，我的心震顫：「這裡竟是一切顏料罐子的家鄉！」我說。

現代人啊，你們的臉上和四肢塗滿了各式各樣的彩色：我驚異地看你們坐在那裡！

以五十面鏡子環繞著你們，阿諛著你們的彩色戲，讚不絕口！

今日的都市生活正是如此，五光十色的裝飾品，把自己裝扮得如同「顏料罐子」，人生價值建立在外在物品上，外表富麗堂皇而精神疏荒；衣著光怪陸離而生命缺乏內容。

舒適懶散　舒適懶散之風，普遍傳染著現代人。尼采說：

現代風是我們的病：懶散的和平，懦弱的妥協，這是現代是非觀念的整個道德上的不潔。……我們寧可生活在冰雪中，而不願生活在現代各種道德與暖和的南風之中！

我們以前是夠剛毅的，我們不憐惜自己，也不憐憫別人，但是我們長久不知道我們的剛毅轉向那裡。我們變得意氣消沉。[25]

在我們整個不健康的現代風之中，再沒有別的東西比基督教的憐憫更不健康。[26]

尼采的批評是基於生命力的增進與生命價值提升的觀點上。基督教的憐憫，使人「意氣消沉」；而尼采所批評的現代病，則造成「懶散的和平，懦弱的妥協」。今天沉迷的資本主義生活正是如此，人們如同沙發上的臭蟲，習慣於在暖和空氣中得到暫時的安全感。

拜金主義 現代風的另一個景色，便是拜金主義觀念的彌漫。以美國作為範例，尼采批評說：

> 美國人的拜金：工作室息般的急遽——拿著手錶思考問題，吃飯也將眼睛盯著商業新聞，人的生活好像永遠怕耽誤了什麼似的，將一切高尚的趣味都縊死了。[27]

這真是今天都市生活如實的寫照，一百年前的尼采已經預見了今日的景象。

25.《反基督》。

26.《反基督》。

27. 本書《愉快的智慧》引文，均為作者譯自康芒英譯本，此處的章節為〈閒暇與懶惰〉。

◆「上帝已死」——對基督教思想的批評

上帝是什麼？ 在尼采看來，上帝不過是人造的。他說：

上帝是虛構的。[28]

上帝的概念是虛假的。[29]

上帝不是別的，只是對我們的一種粗劣的命令：即是，你別思想！[30]

上帝的概念是被發明來作為生命的敵對概念。「末世」的概念是被發明來貶低生存者的價值。[31]

上帝是人類的作品。上帝也是人，不過是人和自我的可憐的斷片，這幻影出於人類自己的灰燼。……

理智的昏亂便是上帝之道。[32]

這些都是一針見血的話。上帝這個幻影，只是人的創造品，人的生命力愈萎縮，上帝影像浮現的可能性愈大；人的心智愈迷糊，上帝影像浮現的可能性愈高。「理智的昏亂便是上帝之道」，一語中的。

上帝死亡的意義　「上帝已死」，意指在現代知識與現代生活方式中，超自然的信仰已在人們心中消逝，另一世界的幻想已在人們心中破滅了。「上帝已死」，意指人們不再依恃外力的幻影，人恢復自我的尊嚴、自我的能力、自我的責任及自我的抉擇。

尼采所批評的，與其說是信仰性的上帝，不如說是道德性的上帝。在他看來，信仰不過是理智昏亂所產生的，實不足論。而他所全力指責的、以憐憫為核心的道德價值，是腐蝕人的自信心，扼殺人的自主性，導致人類頹廢的根源。

「上帝」意味著一切價值的最高準則與最後根源，而「上帝已死」則意指古老價值失去依憑，意指古老價值業已崩潰。如今，兩個世界之說已破除，此生之外別無來生，以

28.《查拉圖斯特拉如是說・在快樂的島嶼上》。
29.《反基督》。
30.《看，這個人・為什麼我如此聰明》。
31.《看，這個人・為什麼我是宿命論者》。
32.《查拉圖斯特拉如是說・遁世者》。

來生之說為依歸的信念已不足為信。人類活動於此生此土，人是價值的根源，是創造的主體。

基督教的頹敗 這處則從三點論述：「基督教的虛假」、「基督教道德的病弱性」、「教士的職業化」。

一、基督教的虛假：尼采指出基督教的一切理論和教義都缺乏真實性。他說：

基督教無論在道德上或宗教上一點都沒有接觸到真實性。只有想像的因（「上帝」、「靈魂」、「精神」、「自由意志」或「不自由意志」），只有想像的果（「罪」、「贖罪」、「神恩」、「懲罰」、「赦罪」），除此之外，什麼都沒有；一種想像存在體（「上帝」、「精靈」、「靈魂」）之間的接觸；一種想像的自然科學（以人類為中心，完全缺乏自然原因的概念）；一種想像的心理學（只是自我誤解，只是借宗教道德特質的象徵語言——如「悔改」、「良心的痛苦」、「魔鬼的誘惑」、「上帝的顯現」等來解釋那些愉快的或不稱意的一般感情，除此之外，什麼也不是）；一種想像的目的論（「上帝之國」、「最後審判」，「永恆生命」）。這個純粹虛構的世界和夢幻的世界不同，後者反映現實，而前者則扭曲、貶抑及否定現象。[33]

基督教的一切理論和教義都建立在想像的基礎上，和事實不發生任何關聯。

二、基督教道德的病弱性：尼采對基督教批評最用力的，便是有關道德的部分，特別是憐憫的道德。這點上面已經說過了。尼采指出憐憫消解人的力量感，減損人的生命感，把人塑造成「家禽的動物，羊群的動物，病弱的動物」。[34]此外，由於耶穌的慘死，弟子們內心激盪著憎恨與復仇的感情，於是建立審判的理論，在羅馬帝國長期的壓迫下，復仇與憎恨牢固地成為基督教道德的一部分，中世紀教會的濫殺及十字軍東征的大屠殺便是復仇與憎恨感的具體表現。基督教也曾提倡「愛」，然而尼采認為：「如果上帝要成為一個愛的對象，他必須先將裁判和正義拋開——一個裁判官，即使是一位仁慈的裁判官，

33.《反基督》。
34.《反基督》。

總不是愛的對象。」[35]他又說：「一個愛人的上帝，只是要人信仰他，凡是有不相信這種愛的，他便投以惡眼和威嚇。怎麼？一種有條件的愛，是一個全能上帝的感情！這種愛卻只不過是榮耀的感覺，且不能免於激烈的復仇欲！」[36]尼采獨具慧眼，一語道破基督教愛的本質，這話也是對《聖經》耶和華上帝的一個逼真的寫照。在基督教的道德中，所謂愛，其實只是服從上帝膜拜上帝的報賞而已。憎恨與復仇的心念不時點燃在愛的情感中，耶和華說是一個「愛的上帝」，其實骨子裡凶殘暴虐，他擊殺了數百萬人命，都是在「愛」的面罩下進行的。

三、教士的職業化：尼采批評教士發明「罪惡」等教義，當成生活的糧票。他說：

> 上帝的概念成為教士手中的工具。[37]
>
> 所謂「上帝的意志」，只是教士權力保障的必要條件。……教士靠「罪惡」過活，他需要人們犯罪，好向他懺悔。最高律則是：「上帝寬恕悔改者」——事實上是：好使悔改者服從教士。[38]

耶穌有生之日，往來於下層社會，同情貧苦民眾而攻擊富人，等到後來基督教得勢，掌握實權之後，信徒對象和教義都變了質；基督教成為上層社會的裝飾品，教義成為教士手裡的工具，教士們悠遊於生活水準之上，基督教變成了一個舒適的宗教。現代教會更淪為商業式的公司組織，教堂成為富人炫耀世俗成就的場所，宗教精神已蕩然無存。

增強生命感

讀尼采作品，不自覺地有一種生命湧現感、外溢感，他那詩的語言，激起你內在生命的動力。我們且聽聽看，尼采對我們說了些什麼！

35.《愉快的智慧》第三卷。
36.《愉快的智慧》第三卷。
37.《反基督》。
38.《反基督》。

◆生命是什麼？

尼采說：

生命是不斷地從自己拋棄將要死滅的東西。[39]

生命是歡愉的泉源。[40]

生命告訴我這個祕密：「看！」它說：「我們必須不斷地超越自己。真的，你稱它為創造的意志，或是向目的、向高處、向遠方、向多面的衝力。」[41]

生命是用柱子和階梯把自己建立在高處，而後可以投視遠方。[42]

人生實是一個自我征戰的過程，今日之我向昨日之我挑戰，「不斷地從自己拋棄將要死滅的東西」；生命的意義是，把自己從庸俗和動物性中提升出來，並且「不斷地超越自己」，更新自己。人生猶如登高，拾階而上，每步路都是腳踏實地的，「把自己建立在高處」，如大柱般地堅實磐固。

◆增進力量感

充沛的生命力是新價值創造的泉源，它表現為勇於思考探索，勇於向問題挑戰；生命便是一個創造的歷程，在其中培蓄更大的工作能力。生命蘊藏著無窮的潛在力，我們當激發自己的衝創意志以增強生命的活力，豐富生命的內涵。

用自己的腳走路　一個人當努力成為獨立思考者。知識的重擔壓垮了無數的學人，使他們一輩子忙於閱讀參考書籍，而無暇自我思索。尼采的經驗很值得我們作為借鏡。他說：

當我埋頭工作時，在我的身邊看不到書本；我小心翼翼地不讓任何人在我面前說話甚至思考。[43]

39.《愉快的智慧．什麼是生活？》。
40.《查拉圖斯特拉如是說．賤民》。
41.《查拉圖斯特拉如是說．自我超越》。
42.《查拉圖斯特拉如是說．毒蜘蛛》。
43.《看，這個人．為什麼我如此聰明》。

我的眼睛壞到使我停止一切學究的工作，我離開書本；好幾年我沒有讀什麼書——這是我給自己的最大恩惠！本來的我，好像早已被埋葬了，在不得不聽從別人（這就是閱讀的意義！）的壓力下，失去了表達能力。這時慢慢地，膽怯地，猶豫地覺醒了——最後又開始表達自己。[44]

讀書的用意就是參考別人對於問題的思考過程，所以一個人如果成天只讓別人替我們思考，久而久之，依賴性的孳長將會漸漸地喪失自己的思考能力。當然，基本的訓練是必需的，相當程度的吸收是必要的。就像尼采那樣，在他青年的時代，就已經有了深厚的學術基礎，當他開始表達自己時，便闔起書本，走出書房，運用自己的思考力。反觀現代學者，自傲於旁徵博引，如果要他走出書房，搬開所有的參考書，他將一片茫然。所以尼采諷刺說：「學者是頹廢者。」他說：

實際上無所作為而只知埋頭在書堆的學者，最後完全失去為自己思想的能力。要是沒有書本在手上，他根本不能思想。……學者是一個頹廢者。[45]

尼采說：「書房使我生病。」[46]對於學究式的學者，這是一句很有意義的話。現代學者「不坐在太陽曬到的階梯上」，只是「張著嘴看別人思想」，[47]這種學風是很值得反省的。

尼采鼓勵人們要「表達自己」，養成獨立思考的習慣，培養獨立思考的能力。尼采不但要人用自己的腳走路，還要人不循舊路，另創新途。他說：「我的精神不在已用過的鞋底上奔跑。」[48]

常人安於既定的習俗觀念裡，如蛹之安於繭中，一旦要他獨立思考，要他表達自己的思想行為，他將如失依憑而手足無措。如同一個學者，討論某些問題時，他只會引經據典地徵引這個人說、那個人講，不是柏拉圖說就是笛卡兒講，問他自己怎麼樣去講，他卻茫

44.《看，這個人．人性的，太人性的》。
45.《看，這個人．為什麼我如此聰明》。
46.《看，這個人．為什麼我如此聰明》。
47.《查拉圖斯特拉如是說．學者》。
48.《查拉圖斯特拉如是說．持鏡的孩子》。

然了。把許多大學者腦子裡各家各派的學說全部掏掉，立刻就會癱瘓而失去工作能力，要脫離古人枷鎖實在不是一件容易的事。尼采問說：

許多人夠得上脫離枷鎖嗎？許多人一旦拋棄了為奴的地位，便同時拋開了最後的價值。[49]

這是一句發人深省的話。做一個思想者，必須要有勇氣和魄力，要有自己蓋高樓起大廈的決心，不以在別人屋檐下擺攤子搭鋪位為足意。[50]

勇於探險開拓　尼采在這方面樹立了一個新道德的標準。他說：

什麼是好的？你問。勇敢就是好的。讓小女孩說：美麗動人才是好的。[51]

什麼是好的？凡是增強我們人類力量感的東西：力量意志，力量本身，都是好的。[52]

尼采以生命力的強弱作為新價值重估的標準，他認為一切知識的進步，都是勇氣的結果。他鼓勵人們，不僅要勤於思考，而且要勇於向「禁地上漫遊」，他說：「過去所嚴厲禁止的，常是真理所在。」[53]這種情形，在蘇格拉底、在布魯諾（Giordano Bruno）、在佛洛伊德（Sigmund Freud）、在尼采自己身上，充分地顯現出來。我常想，在儒家那套倫禮教範觀念下，若非有絕大的勇氣，潛意識心理學定難發展出來。一般人談到性或有關政治社會問題時，大腦的活動就被常情俗見封住了。在思想界裡，我們常可見到許多突出的見解，實是道德勇氣所激發出來的。一個戰鬥性的思想家，不但要向問題挑戰，也要向思想的禁地上作探索。

49.《查拉圖斯特拉如是說．創造者之路》。

50. 友人韋政通有次和我聊天時說：「自先秦以後，中國歷代哲學家都在前人的屋檐下擺攤位，像朱熹等等，都在孔廟裡搭個鋪位。這是很有趣的一個問題，為什麼秦漢之後的思想家，多在前人著作的注解中打滾，要不然就抱著孔孟的大腿不放？」

51.《查拉圖斯特拉如是說．戰爭與戰士》。

52.《反基督》。

53.《看，這個人．序言》。

作為一個思想者，要向問題挑戰，要向自我作戰。人生在世，遇到外在的敵人固然不少，有時內在的敵人卻更為嚴重，最致命的敵人常是自己。怯懦、頹喪、妥協、怠惰，無時無刻不是在圍攻自己、腐蝕自己。所以尼采說：「淨化自己，內心留有許多禁忌和腐穢。」[54]在這改革的時代裡，無數人只想到要革別人的命，卻很少留意到先要革自己的命。每個人內心都有無數的禁忌和腐穢，敢於面對自己，勇於向自己作戰，才能使自己健康起來。

作為一個思想者，必須有探險的勇氣和開拓的精神。尼采說：

把你的城市建立在火山口下，將你的船駛向未經探測的海洋。[55]

在思想的探險中，激發你的潛在力；在思想的開拓中，增強你的生命感！尼采這種堅忍奮發的開創精神，便是我們這一代青年所應有的精神。

本文為一九七一年十一月二十六日應臺灣大學論壇社之邀所作講稿，
刊於一九七二年二月號《大學雜誌》。

54.《查拉圖斯特拉如是說·山上之樹》。
55.《愉快的智慧》第四卷。

尼采的價值轉換

「你們還未曾尋找自己，便找到我了。所有的信仰者都是如此，因此所有的信仰都是微不足道的。現在我要你們拋開我而尋找你們自己。」

——尼采《查拉圖斯特拉如是說》

哲學史上看尼采

西洋哲學史上，有三個具有開創性思想的人物，他們便是柏拉圖、洛克（John Locke, 1632-1704）、尼采，這三人都各開啟了一個新的哲學方向——柏拉圖奠定形上學的基礎、洛克開知識論之先河、尼采則首創生命哲學。

柏拉圖在哲學上的地位是無可匹敵的。兩千年來，歷代所討論的哲學問題，幾乎都在他的著作中提出過，有千餘年長的時間，西洋哲學的問題、趨向和特徵，都是由柏拉圖決定的；尤其是在形上學方面，柏拉圖一直成為傳統哲學的主流。到了洛克，才把哲學導向一個新的方向。

洛克感到以往的哲學家動輒高談宇宙，對於人類認知的能力卻絲毫不加懷疑，於是他強調哲學工作首先應該探究人類理解力的限度和人類知識的可能性。洛克對於人類認知能力作了一番審查工作之後，乃劃定知識的範圍、確定性和證據，使哲學不在認知能力的範圍外徒費精力，洛克的工作替近代知識論開闢了一條廣闊的途徑。

傳統哲學的成就，大抵屬於形上學和知識論系統的建立，但是他們往往忽略了人的內在生命，對於人類本身的問題無所瞭解。正當體系哲學的重壓下，尼采異軍突起，首倡生命哲學，給西洋哲學注入新的血液。

尼采哲學和前人顯得大為不同，他不願因襲前人，因為他看出前人所走的路犯了許多錯誤，最大的錯誤莫過於把一個完整的世界割離為二——在具體真實的世界之外，虛構另一個世界，他們更把虛構的世界視為真實，把真實的世界反倒視為虛假。[1]這種二元論的世界觀，始於柏拉圖，柏拉圖把宇宙分為兩個世界——表相世界和理型世界。他以為我們所經驗的現象世界是變動不居、幻滅無常的，它只是個表相的世界，在這個世界中，我們既無法發現客觀的實在性，也無法求得永恆的價值，所以柏拉圖認為我們應該運用理性追求一個永恆不變的理型世界。柏拉圖斷言任何經驗事物都是虛假的，唯有它的「理型」才是完美的，他的理型論替西方二元論的宇宙觀奠立了一個牢固的基礎，影響所及，將近兩

1. 懷特海（A. N. Whitehea）稱之為「具體性誤置的謬誤」（Fallacy of misplaced concreteness）。

千年之久。[2]

柏拉圖的兩個世界之說，到了中世紀恰好和希伯來宗教「人間」、「天國」之說相吻合。本來，柏拉圖的哲學就給神學留下一個很大的篇幅，而他的卑視肉體、輕視感情以及否定現實世界，與基督教思想更是一拍即合，無怪乎尼采會稱他為「先基督存在的基督徒」。在這些觀點上，柏拉圖哲學和基督教思想深為尼采所痛惡，尼采熱愛生命、重視創造熱情、肯定人世間的價值，並且視自然世界為唯一真實的世界。所以尼采力破基督教，同時追溯根源而直擊柏拉圖。

從柏拉圖下達笛卡兒、而至於萊布尼茲（Gottfried Wilhelm Leibniz, 1646-1716），尼采作了一個歷史的透視，他指出他們把一些虛構的抽象觀念視為客觀的實在。尼采還說：

> 我們和所有柏拉圖學派與萊布尼茲學派在思想方式上最大的不同點便是：我們不相信有所謂永恆的概念、永恆的價值、永恆的形式、永恆的靈魂，而哲學對我們僅意指概念「歷史」的不斷擴展。[3]

以往的哲學家總喜歡談「永恆」、論「絕對」，把一些抽象的觀念鋪排而成一個虛構的世界，把虛構的世界當作「實在界」，而後又把實在界說得極其渺茫、極其怪誕。他們談宇宙論最後總要搬出所謂「造物主」作為自己學說的護符，這一切的思想都是「幻影崇拜症」。[4]

依尼采看來，從柏拉圖到萊布尼茲，歷代的形上學家都犯了幻影崇拜症。萊布尼茲以後，德國出現了一位集大成的人物——康德（Immanuel Kant, 1724-1804）。這位矮小的教授胸懷大志，他企圖解決哲學上所有的難題，他的成績使一般人認為他是柏拉圖以來最偉大的哲學家。然而尼采對他的評價卻不如一般人那麼高，尼采對於康德的道德哲學批評得

---

2. 十九世紀的科學思想（如伽利略〔Galileo Galilei〕和牛頓〔Sir Isaac Newton〕的物理學）便受傳統二元論世界觀的影響，誤把自然割裂為二：一是知覺或經驗中的自然，另一是引發知覺或經驗，作為知覺或經驗之原因的自然。懷特海稱這種思想犯了「自然二分法」（bifurcation of nature）的謬誤；洛克的「初性」（primary quality）和「次性」（secondary quality）便是根據這種「自然二分法」的思想產生的。
3. 引自喬治．摩根（George A. Morgan），《尼采的意義》（*What Nietzsche Means*）。
4. 「幻影崇拜症」這一名詞為李石岑提出。李石岑，《尼采》（臺北：啟明書局，一九六一），頁四三。

很厲害，他認為康德想證明「每個人都是正當的」，這簡直是笑話。[5]康德把道德律的存在毫無疑問地視為「先驗綜合判斷」，並以為所有理性的人都能認識它。康德把這個道德律作為建立意志的自由、靈魂的不朽、上帝的存在，以及道德世界的秩序之基礎，他肯定「先驗綜合判斷」的可能為一無可置疑的前提，其實他所肯定的前提是很成問題的。依尼采看來，道德律並不具什麼先驗性，它只不過是人為的習俗罷了！

尼采並沒有忽略康德的優點，他稱讚康德的智慧與大勇，並承認他在哲學上具有決定性的貢獻。[6]但是在另一方面，康德頗受尼采的微詞，例如他死守在大學裡、他屈服於政府，並和宗教信仰妥協等等；尤其普遍道德律的存在問題上，尼采的攻擊是很致命的。

在一般人看來，康德無疑是個極偉大的哲學家，但在尼采眼中，他只是個「哲學工作者」。尼采告訴我們，哲學工作者和哲學家本身應有所區別，工作者——包括康德和黑格爾（Georg Wilhelm Friedrich Hegel, 1770-1831）——繼承傳統價值，他們容納過去，形成一個新的形式。但是真正的哲學家是「征服」未來的，他們創造新價值，他們有強烈的責任感關懷人類命運，他們是歷史的主要推動者。

尼采卑視哲學的理想為安全隱居的生活與客觀的沉思，他認為哲學家應該像個醫生

——外科醫生，能運用自己思想的利劍來解剖時代；哲學家不僅探討外物，更須解剖自己。尼采強調哲學家用他自己的血來寫作。如果以這個標準來衡量康德和黑格爾，顯然他們的思想都很退縮。

康德的獨創性雖然不如柏拉圖和尼采，但他的組織力卻是驚人的。想不到康德之後，又能出現一個黑格爾。康德把所有的問題都網羅到他的體系之中，把形上學弄得和蜘蛛網一般；黑格爾認為宇宙的本體就是「絕對理性」，自然乃是理性的表現，他把宇宙的一切事物都納入一個理性的系統之中，因此凡是主觀情意和非理性的存在都受排斥。這個觀點為尼采所極力反對，在他認為，理性固然重要，但是非理性更不可忽視。在現實生活中，一個人從早到晚絕大部分的行為是受非理性的情意所牽纏，你不時會無因無由地感到憂鬱，或不明不白地感到空虛，你時而意氣昂揚，忽而又垂頭喪氣。情緒的變化是多麼微妙！多麼難以捉摸！然而不能因為難以捉摸便置之不理，我們應該體驗回省的功夫，作

5.《愉快的智慧》第三卷。
6. 參看考夫曼，《尼采》。

分析徹查的工作。只有當理性能落實到情意的層面上時，才不會失為浮泛空洞；只有當理性能深入到非理性的層域中時，才不會失為觀念遊戲。在西洋哲學史上，尼采是第一個關心非理性情意的人，並且賦予它以極高的價值。以往的哲學都莫不以理性繩諸萬事萬物，然而人非機械，他的表現內容不一、形態各殊，如果以一定的理性法則來衡量，則不僅抹殺人的情意部分，同時也貶抑了人的個性。

黑格爾的哲學強調「整體」而忽視「個體」，然而如無個體，何來整體？個體如果殘缺，怎能有完整的整體？黑格爾這種浮泛的思想受到尼采和齊克果（Kierkegaard, 1813-1855）強力的攻擊，他們都強調個體性（individuality）與特異性（particularity），關心每個人在現實中所發生的特殊問題，重視自我生命真實的感受，反對用理性來固化自我。

傳統的哲學都以理性觀察宇宙、觀照人生，並運用邏輯的推演程序，而建立以理性為思想中心的系統。然而人是一個非邏輯的存在，「存在」常常是違反邏輯的或為非邏輯的，所以無法納入特定的形式中，因而尼采極力反對系統化。在傳統的觀念裡，一個哲學的建立，系統化是必要的條件，這是自古以來成為不爭的事實，但尼采獨排眾議，以為「建造系統是孩子氣的」。首先，他認為人的存在是變動性的、開展性的，而系統則是封閉性的；系統造成之後，就把自己的思想囚住了。

以往的系統哲學家要求確定性（certainty），但尼采認為渴求確定性是弱者的象徵，因為強者是愛好不確定與冒險性的。尼采認為宇宙並非確切不移的，思想並非一成不變的，人生乃是一個無限反應的過程，反應是自由自主的表現，如此思想才能不斷地創新。

尼采並不是一個系統的思想家，卻是一個問題的思想家（a problem-thinker），他和蘇格拉底一樣，無所懼地探索——向思想的禁地上探索。尼采認為，思想便是一種「探險」、一種「征取」。

西洋哲學自尼采之後，體系哲學解體，一切空洞理論都受唾棄。尼采出現之後，將哲學由「非存在」（non-existential）的架構上，轉向「存在」的進路，他揭示生命的感受，引起現代心靈無盡的共鳴。

基督教的頹敗史

尼采出生在德國，那時普魯士軍隊在歐陸建立德國政治上的霸權、科學與工藝突飛猛進、樂觀主義盛行。然而在他看來，武力的勝利並不意味著文化的勝利，而那時代一切物質上的進步只不過是為了他們的奢侈與舒適，所以在他的眼中，這時的德國已變得自滿而沒有靈魂。

尼采對於現代的各種景況作了一個敏銳的觀察，[7] 他發覺頹廢者的精神彌漫著這個時代，虛無主義者的價值支配著現代的世界。尼采尋找它的根源，最後在基督教找到了答案。

於是，尼采對於整個基督教做了一個徹底的批評。在他展開批評之時，他把拿撒勒（Nazareth）的耶穌和信條中的基督、耶穌的使命和門徒的信仰、原始福音和現代基督教，作了一個區別。在他看來，現代基督教的種種活動完全違反原始福音的旨意，門徒信仰歪曲了耶穌的使命，拿撒勒的耶穌和信條中的基督也大不相同。

關於拿撒勒的耶穌，尼采有兩個畫像，一是尼采在《反基督》一書裡，說耶穌：

> 反抗正人君子，反抗「以色列的聖人」，反抗社會上的僧侶階級——並不是反抗它的崩潰，而是反抗階級、特權、形式化；否定任何教士或神學家。……這位無政府主

義者，喜歡接近被逐的人和「罪犯」，如果福音是可信的話，在今日他可能會被視為政治犯而被送往西伯利亞。[8]

這是可敬的反叛者的畫像。二是尼采在《查拉圖斯特拉如是說》的〈自由之死〉一章中說到耶穌：

7. 尼采從不同的領域裡來觀察現代文化的特徵。在社會上，各階層發生很大的變動，中產階級控制大局，下層階級與婦女得到解放；各種制度的崩解，包括家庭和傳統上的信仰；暴虐群眾的一致性（tyrannical mass-uniformity）削弱了個體性。在政治上，民主的興起，虛偽的領袖必須籠絡群眾，國家至高無上，愚昧的國家主義。在經濟生活上，社會充斥著商業化的價值，為著營業的目的，而降低了文化的興趣，工作過度、無意義的浪費精力，機器使工人淪為非人的奴隸。在科學上，古老道德與宗教的觀念已告破滅，而沒有力量能造新的觀念以代替舊的觀念，人不再是神聖的創造之中心，而是在宇宙的機械秩序中的一個無意義的偶生物。專家們從哲學的控制中解脫出來，然而在「客觀性」或「為知識而知識」的口號下，專技性的知識成為逃避內心空虛的一個途徑。在教育上，庸才居高位，主要的目的是替政府製造充當特別用場的奴隸。在宗教上，一個妥協的、懦弱的基督教，由一個恐懼的宗教變為舒適的宗教。在哲學上，哲學家都變成為政府的御用者。

8. 《反基督》。

他只知道希伯來人的眼淚和悲哀，以及正人君子的憎恨——這希伯來人耶穌：求死的意念攫取著他。

他若留居在曠野，遠離正人君子，也許他能學會如何生活，學會如何愛大地——也學會如何笑罷！

相信我，兄弟們！他死得太早了；如果他活到我這般年紀，他會撤銷他自己的教義！

但是他還沒有成熟。這青年的愛是不成熟的，他也不成熟地憎恨著人類和大地。他的靈魂與精神之翼還是被沉重地拘束著。

這是生命否定者的畫像。

耶穌由於反抗猶太教的傳統秩序而被視為一個反叛者，就這一個觀點來說，他正從事於「價值的轉換」，這是很值得尊敬的。但尼采卻否定他對於我們的時代有什麼意義：

當我們在禮拜聽到鐘聲時，我們便不免自問：這是可能的嗎——一個天神，與塵世婦人生子；一個智者，叫人停止工作，拋棄法庭，卻要注意世界末日的徵象；一種正義，要將無辜者代作犧牲；一個說教者，叫他的徒眾飲他自己的血；對於奇蹟的祈求；十字架的形象當作一個時代的象徵；期望一個來世，便是那世界的門——這一切是多麼的荒誕！[9]

耶穌接近俗眾與罪犯，他的價值也賴於這班庸俗的徒眾來肯定，而耶穌對於生命的否定態度，尤受尼采指責。耶穌去世後，由於他的慘死，門徒乃借信仰之名，隱蔽著狂熱的憎恨，復仇的情緒在他們心中燃燒著，因而耶穌的教義盡被曲解。歷代基督徒從來沒有實踐耶穌的教言，教會完全違反耶穌的教訓，教士完全失去耶穌的反叛精神，他們僅僅承襲他否定生命的教義——承襲了最壞的一面。

尼采透過幾個階段來追溯基督教的歷史，從歷史的發展上，他對於基督教的性質重新加以解釋。尼采指出，柏拉圖之攻擊情感、貶抑本能，替基督教的發展鋪下了一條路。在

9.《人性的，太人性的》第三章。

基督教成立以前，柏拉圖學派與斯多葛學派的反自然之倫理（The anti-natural ethics），以及猶太人神學的改變，對他們都有很深的影響。基督教成立以後，這些觀念成為他們最基本的教義，憎恨肉體，視自然衝動為罪惡，建立另一世界的形上學。

在尼采看來，舊約中的猶太人充滿著自信，他們的道德符合於他們的自然條件，他們的部落神乃是他們感謝生命和他們潛能意志的投影。但是當政治失敗之後，他們不惜任何代價以求生存，這代價便是將真實的東西加以曲解、加以偽化，最典型的例子便是改變道德價值。教士將耶和華從一個部落的神改為一個普遍的神，一個表現懦弱價值的「善」神，[10]並虛構罪惡與懲罰的故事，解釋猶太人的被逐乃因原罪之故。猶太的教士——罪的發明者——他們主要的工作便是解說不幸與犯罪是相關聯的。

猶太在羅馬的統治下，創造了一種怨恨的道德，他們以復仇的心理開始作「奴隸的反叛」。

耶穌的出現，宣揚一個「佛教式的和平運動」，他主要的教義，不是一種神學的獨斷或教儀，而是一種生活方式——求內心平和的生活方式。所謂「天國」，乃是一種內在的狀態，在耶穌看來，任何人都是「上帝之子」，他否認「選民」的說法，他反對猶太人的社會基礎與猶太人的教堂，因而遭致他的死亡。

福音立刻變了質，即連他的嫡親弟子們——無知而單純的俗眾，也誤解他。尼采認為，死於十字架上乃是新的生活方式的一個典範，因為它表現了在最羞恥的凌辱下卻能免於憎恨與抵抗。但是門徒並不能把握這點，他們都激盪著復仇的激情，所以他們把耶穌解釋為好戰的默西亞（Messiah），法利賽（prushim）的死敵，以及上帝的唯一兒子，他建立了一個外在的天國，以榮耀他的門徒，而審判他的敵人。

最先造成這一項大曲解的人便是保羅，他將獨斷與教義引進基督教，以代替它原先之為一種生活方式，然後準備恢復教士的特權。在他之後，他的工作仍在一步步的向前推展，終使教會和政府、戰爭、仇恨、拷刑、審判、懲罰，以及整個世俗活動聯繫在一起，教會的作風和耶穌的教義完全相反。無怪乎尼采說：「只有一個基督徒，他已經死於十字

10.《反基督》：「如今他卻變成一個鬼鬼祟祟的、膽小的以及謙遜的東西；他勸說『靈魂的平和』，容忍、甚至『愛』朋友和敵人。他不斷的道德化，他爬進每個私德的人心中，他變成每個人的神，他成為一個大同主義者。從前，他代表一個民族，一個民族的力量，一個民族心靈的侵略與權力欲；如今他只是個善意的神。」

架上。」[11]而基督教的歷史，始於十字架上的死亡，它是一部被誤解的歷史。

在這種情形下，猶太教戰勝了原始基督教，而基督教經過猶太教化以後，征服了羅馬。尼采解釋，原先這個愛與和平的宗教完全顛倒過來，轉變為有組織的復仇運動。保羅使這個運動贏得整個帝國的下層社會，他把基督教形成一個神祕儀式的宗教，形成一個普遍反抗異端的運動。最後迫害的刺激煽起了憎恨的火焰，[12]這群激情的信仰者遂發動攻擊而獲得勝利。

尼采感到難以說明次一個階段的基督教——它轉為統治階層，訴諸統治者的本能來控制群眾，使基督教成為一個龐大的「群體宗教」（flock religion），它教人要服從。基督教由一個低層階級的運動轉變成為上層階級活動，它和帝國結合的結果，在基督教的傳統上注入了完全不同的因素。

尼采認為，基督教定居於羅馬，也漸漸地受到條頓野蠻人的習俗影響，而注入了野蠻的色彩。[13]基督教之條頓化、野蠻化，在「宗教裁判所」的酷刑上表現得尤為明顯。

中世紀的教會成為製造罪惡的場所，由於它本身的腐敗及政教衝突的結果，基督教的盛勢逐漸衰弱。到了近代，經過若干世紀無數自由思想家的攻擊，基督教不得不再柔順起來。然而教徒們世俗活動的欲望依然未滅，結果盡其所能地迎合群眾的口味，並享受文明的成果。因而，如今基督教成為一個適合於俗眾的「舒適的宗教」，教士們生活優遊，成為寄生蟲型的人物。

尼采和齊克果一樣，痛擊現代基督徒的生活，他們自稱信奉古老的信仰，卻過著舒適的世俗生活。每個星期，他們或許有六天過著背於良心的日子；第七天他們成群集隊地擠進教堂，低吟著：「主呀！請祢寬恕我的罪，我敬愛祢，請祢祝福與我。」這就是所謂信仰，信仰成為整批的交易，事實上基督教早已名存而實亡了。

基督教已名存而實亡，他們的中心信仰也告崩潰，尼采遂宣稱：「上帝已經死了！」

11.《反基督》。

12. 尼采在《反基督》中說：「基督徒具有某種殘酷感以反抗自己並反抗別人；基督徒恨所有不同思想的人，他們具有迫害的意志。基督徒也恨驕傲、勇敢與自由的精神；基督徒憎恨各種感官，憎恨歡欣的感覺以及歡悅的本身。」

13.《反基督》：「當基督教離開它的本土，離開最底層的階級，但它開始在野蠻民族中尋找力量時，它不再遇到疲倦的人，而是遇到內心殘暴的民族——強壯而粗劣的人。這時，基督教需要粗野的概念與價值以控制野蠻人，例如聖餐時飲血，輕視文明，以及祭典時的盛列。」

上帝的死亡和價值的轉換

「上帝死了！」

尼采假借一個狂人的寓言，發布上帝的訃聞。一天早上，有個狂人手提燈籠跑進市場不停地嚷道：「我尋找上帝！我尋找上帝！」許多人圍觀著。他跳到人群中，叫喊著：「上帝在哪裡？我告訴你！我們殺死了他——你和我！」[14]

「上帝的死亡」，乃意指另一世界的理想之被排斥，人類生命不再有一個「永恆的背景」，也不再受絕對的信仰所約束。超自然的境界已經消逝，它不僅不容於現代的知識，也不適於現代的生活方式。

「上帝的死亡」，意指恢復自我的責任，恢復自我的決定。毫無疑問地，尼采哲學的大前提是無神論。[15]

基督教上帝的存在，沒有證據。若有，都是反對它的證據，因為一切遭遇既不仁慈，也不理智，復不真實。

上帝的存在與否，事實上是微不足道的事。但是，既然尼采心中沒有上帝的影子，那麼何以說是上帝死亡呢？因為說上帝「死亡」，豈不意指它曾經活著嗎？

原來尼采所謂的「上帝」，是指一般人心中的上帝，尤其是基督徒心中的上帝。尼采反對基督教的上帝，因為他看出，它之存在於人心中，實足以減損人的價值與意義。

尼采認為，基督教的上帝是怯懦者與病弱者的上帝，也是頹廢的上帝。凡是堅強的、勇敢的、征勝的與驕傲的東西，都會被銷蝕，基督教的上帝「不再是生命的變形或永恆的存在，而是頹廢生命之矛盾體」。[16] 所以尼采認為基督教的上帝是「這地球上所有最敗壞的神的概念」，他堅決認為這種敗壞的神的概念應予剷除。

許多學者以為尼采宣布上帝死亡與超人誕生，乃是推翻舊神而另建新神。由是斷定尼采是個新宗教的創始者，這種說法完全是一項未經思考的附會。

---

14. 雖然，尼采的格言「上帝已死」，首先出現在《愉快的智慧》中，其實他在第一部著作《悲劇的誕生》中就已經寫著：「我相信古代德國的寓言，所有神祇都必須死去。」

15. 尼采在自傳中曾說：「『上帝』、『靈魂不朽』、『拯救』、『超越』，這些只是觀念，我並不注意這些，也從不在這上面浪費時間。」（《看，這個人．我為什麼如此聰明》）在《反基督》中，尼采又說：「上帝的概念是偽造的，道德的概念也是偽造的。這些牧師完成了一個偽造的奇蹟。」

16. 《反基督》。

尼采只希望成為一個哲學家，決不想做新宗教的創始者，他也決不是一個新宗教的創始者。在尼采看來，所有宗教創始者都缺乏理智的真誠（intellectual integrity），他們渴求反理性的事物。[17]尼采痛斥虛偽與欺騙，而宗教家都是善於編造美麗謊言的人，什麼來生啦！天國啦！其實都是虛幻的，尼采也蔑視沒有疑問的弟子，[18]他在自傳中宣布：「我不要信仰者……我不向俗眾講話。」

尼采的基本精神全然是反宗教，他反對崇拜、犧牲、獨斷、教條、儀式教會組織及屬靈思想，這一切都是構成宗教所必須的要件。尼采肯定生命、呼籲大家忠實於生命，「守實於大地」（remaining true to the earth），他重視人類生命自身所具的價值，他欣賞本能，歌頌大地與肉體。然而一切宗教都是離棄生命，貶抑本能與肉體，尤其是基督教，它們全然否定生命，並視大地為泣涕之谷。它們一切的價值都是頹廢的、敗壞的、垂死狀態的！

「上帝的死亡」只是個象徵語言，它意示著古老中心價值的腐朽。古老的價值喪失了力量，然而人不能夠生活在無價值之中。尼采是一個有強烈道德責任感的人，他熱切地關懷著人類應走的方向與選擇的準則，他的工作大部分在於否定西方傳統價值觀念，他認為人們在考慮新的價值之前，首先應該瞭解古老價值是不足取的。

「價值的轉換」是尼采哲學的一個中心課題，它意指改革、徹底推翻古老的價值表，尼采將否定（no-saying）和轉價（revaluation）聯繫在一起。

尼采在《查拉圖斯特拉如是說》中說：「凡是墮落的，都應該把它推倒。」正如新約上所說的，新布不補在舊衣上，新酒不裝在舊瓶裡。古老的價值（尤其是傳統的道德價值），在尼采看來是不可避免地要趨於淪亡——一棵垂死的樹不可能因結著新的果子而得救。

道德重估

一切價值的轉換中，道德價值的轉換居於首位。

尼采看出我們的文明表面看來是健康的，其實已經受到嚴重的威脅。因為揭開我們文

17.《愉快的智慧》。

18. 尼采在《查拉圖斯特拉如是說．贈予的道德》中說：「你們還未曾尋找自己，便找到我了。所有的信仰者都是如此，因此所有的信仰都是微不足道的。現在我要你們拋開我而尋找你們自己。」在《愉快的智慧》中，尼采就說過同樣的話：「做一個男子漢，別追隨我，追隨你自己！你自己！」

明的底層，發覺裡面充滿了頹廢與怨恨的色彩。尼采乃追溯根源，結果發現，歐洲道德傳統實以基督教為主流，於是尼采對於基督教的批評乃集中在道德的問題上。

在尼采之前已有不少人攻擊基督教，尼采的批評所以顯得特殊，乃在於他抨擊基督教道德甚於基督教教條。尼采看出，前人攻擊基督教所採取的歷史和科學的路線，並沒有產生多大的效果，於是他轉移方向，徹查基督教在道德上的影響，他發現基督教教人憐憫、自我否定、禁欲主義，結果把這世界塗上了濃烈的悲觀色彩。基督教這些憐憫的說教者，只看到人的動物性，他們缺乏對於人的尊嚴的尊敬。如果按照基督教的道德觀點或生活觀點來看，世界豈不變成一個大病院。

基督教企圖傳播憐憫的德行來攻擊人的尊嚴，因為憐憫本身就包含「俯就」，同時還包含「蔑視」（可不是嗎？我們從來不憐憫我們所崇拜的人）。基督教傳布憐憫之情，以縮限人的能力與獨立性，使每一個被憐憫的對象都不能自立——你愈不能自立，便愈需外力的援助，於是基督教那套「神之救助」的幻想，便籠罩著你。

同時基督教又夢想著最後的審判和永恆的地獄之火，他們一方面講謙遜、溫和、苦難，另方面卻根據這些理想來審判別人。於是，憎恨乃成為道德的核心，甚至於他們所宣揚的「愛」，也只是無能的憎恨之模品。

道德的目的，乃在於求人的自我完成，而基督教的道德觀卻有害於人的自我完成，因而必須加以揚棄。

尼采解剖基督教的道德觀，同時他也研究人類道德的發展歷史，他發現以前盲目的道德服從習俗，建立在迷信的恐懼上。不管任何人違反了習俗，都會使整個群族感到有罪，他們對於違反習俗的人，都期待著超自然的懲罰。他們視受難為美德，視殘酷為美德，視虛飾為美德，視復仇為美德，視否認理性為美德，這些都是群族道德所具有的共同特徵。尼采把道德分為群族道德和個體道德，不過他認為迄今所有的道德都還具有某些集團性。

群族道德最古老的類型是「群體道德」，尼采說，群體形成的基礎是怯懦與恐懼，強者則本性上是獨立的。因此，一個群體重視一致與平等，憎恨差異與獨立性，所以群體道德傾向於凡俗，訴諸平庸。一方面，群集動物由於不能自立而需要領導，群居的生命養成強力的服從本能；另方面，一個群體常迫害天生的領導者——優越的強者。

尼采指出，群體道德的著重點在歷史過程中曾經發生變化。早先處在一個危機的環境中，由於恐懼的心理，群眾養成好戰的衝動，只要對於團體有利的行為都被讚揚。但是，當外在危險消除時，恐懼就轉向群體中的某些分子，他們並求安全、和平。群體道德共享頹廢道德的價值：訴諸憐憫、免於痛苦、苟且偷安。

群體道德起於無產階級的社會，主人道德與奴隸道德則相附於社會上層與下層之別。「主人道德」（master morality，可譯成「自主道德」）是一種自我肯定，它的價值來自於自我主宰（self mastery），它表現著奮發的精神；「奴隸道德」是一種自我否定，它呈現出懈怠的心態。前者是健康的道德，後者是頹廢的道德。健康的道德由健康的本能所指引，它在於肯定生命，發揮潛能意志。頹廢道德卻受萎靡的生活所左右，作為一個頹廢者，絲毫不能抵抗刺激，任何東西都容易損傷他。頹廢者的心理常常充滿著無能的怨恨，教士為受難者尋找他怨恨的對象，便說一切受難者都是由於罪。從這裡出發，這些人又產生了自我的憎恨。

尼采觀察人類道德的種屬之後，他診斷現代道德便是傳統群體的、頹廢的及奴隸的道德之混合，它們同時也構成了基督教道德的主要成分。這諸種德行，根深柢固地影響於世人，習俗上所謂的「好人」（要不偏不倚、要圓和、要通達、要識時務……），其實一經分析，這些人不是無能的頹廢者便是群集動物（a flock animal）。習俗上所謂的「好人」，乃是寄生蟲型的人物——自滿、保守、缺乏創造性。

在這一個新的時代，我們要培養負重和踏實的精神，以肩負創造和生長的使命。我們需要養育剛健的生命，剛健的生命乃是力的表現，驍勇（特別是道德上的勇邁）、堅毅自信，都是力的表現——從「衝創意志」中激發出來。

衝創意志

「衝創意志」（The will to power）是尼采超人哲學的動力。

尼采之前的叔本華，首倡意志哲學，他認為世界是意志的產物，這個意志乃是「求生的意志」，也就是求生的意欲。它是盲目的，無止境的，永遠無法滿足的，所以它常把人生捲入痛苦之中，人生充滿了痛苦，唯有在藝術的沉思與禁欲的實踐中才能獲得暫時的逃避。尼采早年的思想深受叔本華的影響，但是由於叔本華對於生命的消極態度而終使尼采感到不滿。尼采拋棄叔本華的思想，但他還保留了「意志」的概念，然而尼采立即指出叔本華誤解意志的性質與作用，因為叔本華將意志貶為欲望，而忽略它是自主的要素。

意志為自主的要素，它是力量的源泉，尼采稱這種意志為衝創意志。尼采所謂的衝力（power）乃是來自人類的本能，它是屬於人的內部的潛能，而非外在的權力。

通常，「power」一字具有下面幾個意義：一是物理的作用力（physical force）；二是生命的能量，活力的強度（vital energy, vitality, vigor strength）；三是心智的能量，道德力（mental energy, moral strength）；四是社會的或政治的主宰力、影響力（social or political ascendancy mastery, influence）。[19]

英文的「power」通常是指暴力或社會支配力（brute force or social domination），但是尼采用「Macht」，是指充滿活力的或智力的能量和才能（vital or intellectual energies and ability）。

許多人誤以為衝創意志便是權力意志，更由此而誤會尼采倡導「強權即公理」之說（他被希特勒〔Adolf Hitler, 1889-1945〕和墨索里尼〔Mussolini, 1883-1945〕奉為神明，實為莫大的曲解）。事實上，他所說的「衝創意志」只是指人類活動最基本的動力，尼采試圖用這心理學上的一種最內在的衝動來說明人類的行為。

尼采早期的思想為二元的傾向，即理性與熱情並重，後來卻發展成這一元動力系統。

我們在敘述這一觀念之前，且先追尋它的演變經過，原來尼采在他第一部著作《悲劇的誕生》中發揮了兩種精神——阿波羅（Apollō）和戴歐尼修斯。阿波羅代表古典希臘天才的一面——創造和諧與均衡之美的力量；戴歐尼修斯則代表一種衝創力、無窮的生命力，他沉醉狂歡，為破壞一切形式與法則的力量，反抗一切限制，做不休止的奮鬥。這兩者被尼采視為同等的重要，在後來的著作中，這兩者的關係發生變化，他們不再企圖維持均衡，戴歐尼修斯不再是不拘形式的狂亂作風，他吸收了阿波羅的精神，在面對艱難的情境中，他變成肯定生命的一個象徵。戴歐尼修斯所貫注的生命是燦爛的、歡欣的、剛強的，當尼采將「衝創意志」引入他的思想時，所有二元的傾向都化歸為這一基本動力的表現。

「衝創意志」是在文化上的戴歐尼修斯原理及在自然中的生機原理（the vital principle），它是一個心理學上的概念，離開昇華作用（sublimation），便無法瞭解尼采這個概念；[20]它是一種提升力（sublimated power），它被昇華而為創造力。

---

19. 引自摩根，《尼采的意義》。

20. 在這一點上，尼采對於佛洛伊德心理分析學派有很大的影響。

威廉・詹姆士（William James）曾經說過：「一個天才就是此人能夠發揮自己的潛能到十分之七八的程度，而一個平常人則只能發揮自己的潛能至十分之一二的程度。」尼采的看法也是如此，個人生命價值的高低，全都有賴於他自己所能發揮的潛能之多少，全都依此而決定。

尼采所謂的超人便要不斷發揮自己的潛能，不斷自我創造、自我超越。尼采的「衝創意志」便是一種「自我創造的意志」，也是一種「自我超越的意志」（the will to self-transcendence）。

尼采處於一個各種傳統加速崩潰的世界中，古老的宗教信仰、社會結構、道德標準、生活理想，一切都已崩落，或正要崩落。他努力去瞭解這個逆境，徹查它的根源，預見它的結果，並求建立一個未來的文化哲學。

從尼采所有的著作中，我們可以找出他的思想發展的路痕，他試圖把啟蒙運動帶進浪漫主義運動，以糅合兩者的力量。尼采借助於浪漫主義的深知睿見，也就是對於人類非理性的部分之更加基本的瞭解，深入發掘啟蒙思潮的真質；他又以自由熱情的尊敬來代替盲目的崇拜，以此來武裝浪漫主義。這就是他的「衝創意志」的心理學含義，他以此新血注入啟蒙運動；這也是他的「自我超越」觀念的含義，他以此新血注入浪漫主義。所以尼采的理想人物就是一個能均勻地糅合理性和熱情於一身的人。

本文原名〈尼采〉，原收於陳鼓應編《存在主義》，臺灣商務印書館，一九六七年初版

尼采哲學的價值重估

「忍受這永恆重現的觀念，我們需要：從道德中解放出來，需要新的方法去對抗痛苦的事實（將痛苦視為一種工具，作為愉快的根源，沒有累積的不愉快的感覺）。欣然承受一切不確定的東西，欣然接受實驗主義，作為對極端的宿命論的對抗，廢除必然的概念、廢除本身的知識。」

——尼采《衝創意志》

尼采哲學對西方思想界的影響

◆對西方價值觀的重估

一位英國學者說過，十九世紀德國出現了三大思想家：馬克思（Karl Marx, 1818-1883）、佛洛伊德和尼采，他們對二十世紀的人類社會產生了重大的影響。他們之間的思想觀念，雖然有很大的歧異，但卻有其共同處：他們都是無神論者，認為相信神乃是人的懦弱和盲從的表現；[1] 他們都對傳統觀念及現存價值提出過震撼性的挑戰，企圖將人類從囿於陳規陋習的思想囚籠中解放出來。在對人類的心理動機、意志及內在生命的發掘與探討上，佛洛伊德和尼采在方向上較為接近，佛洛伊德還曾讚賞過尼采的某些心理學觀點，曾說尼采「比其他任何活過的人都更能深切地認識自己」。[2]

尼采哲學的核心是價值觀，他對於傳統文化發出了「一切價值轉換」的呼聲；他批評西方二元論的世界觀，認為傳統哲學、宗教、道德的價值準則，都應隨二元論世界觀的崩潰而加以拋棄；他指責西方傳統哲學注入了過多的神學的血液；[3] 他抨擊自柏拉圖以至康德所建構的「蜘蛛網式」的抽象概念體系是「違反自然」，且遠離人生、疏離生命。[4]

希臘哲學與基督教文化為歐洲文明兩大先河，尼采在古典文化的研究中十分讚賞古希臘悲劇文化，他發現悲劇文化中的酒神戴歐尼修斯因素為生命活力與創造衝動的象徵，這觀點奠定他日後思想發展的基礎。他在悲劇文化與基督教文化的對比中，發現基督教的厭世觀腐蝕著生命的戰鬥意志，散播著萎靡溫馴的羊群式道德。尼采認為基督教這種羊群式的道德意識，已普遍根植於西方人心中，致使他發出「一切價值重估」的呼聲。

早在《曙光》中，尼采就提出「對事物作價值重估」（〈少量藥劑〉），並且在批評基督教「在這廣大的世界中只不過是個小角落」時，提出「對過去作一切價值評估」（〈需要的犧牲〉）。在《愉快的智慧》中，尼采說：「新生事物經常被視為『惡的』，它要征服

---

1. 史丹（**J. P. Stern**），《尼采》（*Nietzsche*），分析馬克思、佛洛伊德和尼采三者思想的同異。
2. 根據瓊斯（Ernest Jones）的記載，引自考夫曼著，陳鼓應、孟祥森、劉崎譯，《存在主義》第一章（北京：中華書局，二〇二〇）。
3. 尼采在《反基督》指出：「我們整個哲學——血管裡具有神學家的血液。」他並批評德國哲學界及康德哲學，已被神學家們的血液所敗壞。
4. 在《反基督》中，尼采批評抽象概念之束縛生命活動，並說康德是個巨大的蜘蛛。在自傳中，尼采自詡對西方傳統文化「兩千年來違反自然及人類墮落之攻擊的成功。」（《看，這個人．悲劇的誕生》）

並推翻舊的界碑和古老的虔信。」(〈什麼保存了人類〉)他宣稱:「一切東西的價值都要重新評估。」(〈你相信什麼〉)在後期作品《查拉圖斯特拉如是說》和《反基督》等著作中,尼采對基督教文化展開了全面的攻擊,他的攻擊面不僅包括基督教虛妄的信仰、頹萎的人生觀與遁世的世界觀,而且尤其側重在抨擊基督教之病弱生命的道德觀。尼采之宣告「上帝已死」及其對基督教價值觀的批判與否定,動搖了千年來西方人思想信仰的基石,這方面的影響之深遠是無可比擬的。

尼采推崇希臘悲劇文化,他認為「這種悲劇文化最重要的特色,是以智慧取代科學的地位而作為我們最高的目標」。(《悲劇的誕生》)正當近代西方處在科技猛進,商品經濟蜂擁發展而樂觀主義信念流泛的時代,尼采卻敏銳地覺察到這時代的文化危機及文明社會的病根。在《悲劇的誕生》中,尼采說這個時代,「科學指導人生,將個人局限於某些可解決的問題的狹窄範圍內」,在這著作裡,他「對科學的樂觀主義改變悲劇的方向」作了歷史根源的探討,並指出我們現代文化的陰鬱面與荒蕪性。在《看,這個人·反時代的考察》中,尼采認為:「它暴露了我們的科學事業的危險性,以及對於生命的腐蝕性和毒害性——非人化和機械主義導致生命的病態;工人的『非人格化』。」在《偶像的黃昏》

中，尼采沉痛地說：「十七年來，我不厭其煩地揭露我們當代科學研究帶來的毀滅精神的影響。科學的巨大領域使今日每一個人屈於粗暴的被奴役狀況，這就是為什麼不再出現具有更全面、更豐富、更深沉的性格教育和教育者的原因之一。我們的文化所遭受的苦難莫過於如此眾多專橫的雇工和人性的凋殘，與它們的願望相估，我們的大學實際上是造成這種精神本能的萎縮的強制殿堂。」（《偶像的黃昏．德國人所缺乏者》）

尼采對現代科學主義及文化的庸俗主義深表不滿，他「攻擊資本主義的世俗性」；[5]批評中產階級的知識分子眼光狹隘，「對於真正重大的問題從不關心一顧」（《愉快的智慧．科學的偏見》），他還描繪「美國人的淘金狂熱，工作之窒息的急遽——靈性的缺乏正像毯子似地展布著。現在的人多羞於喘息，即使稍長時間的沉思也似乎會使人感到良心惴惴不安。人們思考時手上還捏著一隻錶，如同在用餐時眼睛盯著股票市場的新聞一樣。」（同上，〈閒暇和懶散〉，下引同）這一幅美國式生活的縮影，即使在一百多年後的今天讀來，也還是使人感到如此生動逼真。而這「缺乏靈性」，「將一切高尚的趣味縊死」

5. 引自日本工藤綏夫著，李永熾譯，《尼采——其人及其思想》（臺北：水牛出版社，一九六九），頁二一。

且導致「人際之間缺乏真誠交往」的生活情景，卻正像毯子似地向世界各地展布著。尼采所揭露的現代人精神上之「無家可歸性（homelessness）」（同上，〈我們無家可歸者〉）所抨擊的種種「現代風」，[6]也正是當代文學與存在主義所經常關注的一項論題。

◆對現代哲學和文學的影響

尼采的影響是多方面的，特別在哲學和文學的領域裡，現代西方哲學主流派別之一的存在主義，便與尼采思想有密切的淵源。[7]考夫曼教授說：「在存在主義的演進過程中，尼采占著中心的席位：如果沒有尼采，那麼雅斯培、海德格和沙特是不可思議的。並且，卡繆《薛西弗斯的神話》的結論，聽來也像是尼采遙遠的回音，卡繆也曾經詳細地寫過尼采。在沙特的主要哲學著作《存在與空無》（*L'Être et le néant*）中，尼采是第一個被提到的名字。雅斯培撰寫過兩大冊有關他的書籍，且在其他的幾本著作中也詳細討論過；而海德格，在他後期的作品中，比雅斯培更為重視尼采。」[8]是的，在存在主義哲學影響力最大的這幾個人之中，海德格寫過四本論述尼采的著作，而沙特雖沒有發表過有關尼采的專著，但他哲學的基點，卻始於尼采宣稱的「上帝已死」的命題。沙特在論人文主義的演講中明確表示：「存在主義不是別的，只是一種企圖，從一種前後一致的無神論觀點去獲得所有結果的看法。」沙特從無神論中所獲得的最重要的結論便是，如果沒有上帝，就沒有任何普遍必然的道德律和絕對確定的價值觀念。事實上，這就是尼采的聲音。

6. 在《反基督》裡，尼采批評「現代風」的弊病：「懶散的和平、怯懦的讓步、現代是非觀念的整個道德上的不淨。」在《愉快的智慧》中，憤慨地表示他不能忍受這時代拋擲其如此之多的「時髦垃圾」；他抗議這是個嘈雜喧囂的時代，「對於一個思想家來說，這真是個邪惡時代」。

7. 「存在主義」之作為一個學派及其基本主張，彼此的看法是相當分歧的。如考夫曼在《存在主義》的導論上說：「存在主義不是一種哲學，只是一個標籤，它標示著反抗傳統哲學的種種逆流，而這些逆流本身又殊為分歧。……在每一種『存在主義者』的名單上都被列名的三位作者——雅斯培、海德格和沙特，他們在根本的問題上，意見都不相同。……拒絕歸屬於思想上任何一個派系，否認任何信仰團體（特別是對於各種體系）的充足性，將傳統哲學視為表面的、經院的和遠離生活的東西，而對它顯然不滿，這就是存在主義的核心。」一般的說法是，「存在先於本質」為這學派的基本命題，但柯普勒斯東（Frederick Copleston）在他的《當代哲學》書中〈存在主義導論〉一章上，認為這樣的說法還不夠，他還提出存在主義強調人的主體性及從行動者的立場去從事哲學活動等主題。參看陳鼓應編，《存在主義》（臺北：臺灣商務印書館，一九八八），頁二九～四四。

8. 考夫曼，《存在主義》。

儘管現代的存在主義，一方面是以基於異常的宗教體驗而明確意識到自己之「存在」的巴斯噶（Blaise Pascal, 1623-1662）或齊克果為其思想源流，但卻產生出另一種傾向，即逐漸遠離了巴斯噶或齊克果所指向的目標——與基督在人格上的交會，而與反基督的尼采發生了共鳴，從而探索無神性的深度。[9] 在無神論方面，尼采宣稱「上帝已死」，否定傳統以上帝為創造泉源及準則的價值觀，建立以人為中心的價值觀，這對西方思想界引起了很大的衝擊。尼采推崇希臘悲劇人生觀，貶抑基督教之奴隸道德觀，進而對西方傳統文化進行「一切價值的轉換」。這些論題對當代哲學與文學都有很大的啟發，對於存在主義影響尤大。

雖然學者們常把尼采置於存在主義的先驅人物之列，但我們不可混淆彼此的不同點。在尼采的作品中，我們呼吸不到存在主義那種疏離感和挫敗的情感；在存在主義的著作中，我們也感受不到尼采那種昂然的生命力和奮發的意志力。

「存在主義只是尼采所產生的多面影響之一。把尼采稱作存在主義者，表示對他全部影響力的認識不夠。」考夫曼教授還說：「任何時代很少思想家能夠和他的影響力相等。在英國和美國，長久以來都慣於把他和納粹黨連在一起。尼采影響力的特異之處並不是納粹黨——整個說來，納粹黨對於他的任何一本著作都沒有作用——厚顏無恥地利用他，而是在他死後的一世代中，他深深地影響到如里爾克（Rainer Maria Rilke, 1875-1926）、赫塞（Hermann Karl Hesse, 1877-1962）、湯瑪斯・曼（Paul Thomas Mann, 1875-1955）、司蒂芬・喬治、蕭伯納（George Bernard Shaw, 1856-1950）、紀德（André Paul Guillaume Gide, 1869-1951）和馬爾盧這樣的人物。的確，尼采的影響力及於德、法的整個文學界和思想界。雅斯培、海德格和沙特的存在主義只不過是這多方面影響的一面而已。」

確實，尼采的「影響力及於德、法的整個文學界和思想界」。此外，他的作品也給現代深層心理學的研究提供了不少富有啟發性的觀念。

早在一八六八年，尼采以「自我觀察」為題寫了九篇短文，「作為佛洛伊德的先驅者，尼采已經在這些短文中認識到自我是個多面體，自我的各個組成部分處在矛盾之中，他還意識到進行自我分析的種種危險性。」[10]其後在《愉快的智慧》中，尼采談到人們進

9. 參看松浪信三郎著，梁祥美譯，《存在主義》（臺北：志文出版社，一九八二），頁六八。
10. 海曼，《尼采評傳》。

行自我觀察時，應深入「隱藏在『意識』背後的意識」。（《愉快的智慧．向物理學家致敬》）在《人性的，太人性的》裡，尼采提出腦功能最受影響是記憶能力之說，以及關於笑的心理分析，這與佛洛伊德的理論有很多相似之處。[11]尼采在談到「求真意志」時，提及「死亡意志」的概念，這概念為佛洛伊德日後（一九二〇）在《超越歡樂的原則》中所發揮。[12]

尼采認為，被壓抑的衝動在夢幻中得到滿足，包括夜夢和晝夢。佛洛伊德以《夢的解析》（*Die Traumdeutung*，1900）一書為精神分析學奠基，而尼采比他早二十年到三十年就對夢的作用和機制作出類似的分析。對於無意識的研究，尼采似乎已觸及日後心理學家榮格所提到的「原始意象」的觀念，[13]他說：「在激情的奔放中，在夢境與瘋狂的幻想中，人可以重新發現他本來面目和人類的史前模樣：動物性及其猙獰狀；在這種情景下，他的記憶會追溯到遙遠的往昔，而他的文明形態是從遺忘這原始經驗即拋開這記憶之後發展成的。」（《曙光．遺忘》）他還說：「我發現自己對過去的人性與獸性，乃至整個原始時代以及一切有感覺的存在體的過去，在我身上繼續沉思著、愛著、恨著、推論著。」（《愉快的智慧．表象的意識》）尼采認為這種「表象意識」是經常如夢般地浮現出來的。

尼采還在意識的背後進一步探討其深層的心理活動，「由於意識的靈敏性，往往使一些敏銳的人也會以為意識活動的背後，並沒有隱藏什麼似的。」（《愉快的智慧・無意識的德行》）而「意識乃是人類器官最晚也是最近的發展，因此它是最粗糙而無力的。無數的錯誤都源於意識。」（同上，〈意識〉）尼采一反眾說，對意識活動作出極低的評價，他認為：「意識只是人與人之間一種聯繫的網，隱士便不需要它。……人和其他生物一樣，不停地思想，卻不自知；思想之成為意識不過是其中最小的一部分，可以說是最表面和最壞的一部分。這種思想的意識以語言的方式表達出來，亦即溝通的記號，由此而揭露意識的起源。總之，語言的發展和意識的發展是並進的。……人是群居的動物，意識並不真正屬於人的單獨存在，而是由於他的社交和群居的天性。」（同上，〈人類的稟賦〉，下引同）這裡，尼采似乎認為意識和語言的發展是為了人與人的交通，所以它是屬於群體性

---

11. 海曼，《尼采評傳》。
12. 考夫曼英譯，《愉快的智慧》附注。
13. 周國平，《尼采在世紀的轉折點上》（上海：上海人民出版社，一九八六），頁一五六、一五八。

而導致人的個殊性的沉沒。尼采進而評論：「意識領域所感知的，乃是一種皮相、一種普遍化、一種象徵、一種群體的特質。一切成為意識化時，便聯繫著一種深切的曲解、虛偽化、膚淺化。」他還說：「意識只是經驗偶然事件，並不是它必要的或本質的屬性；換言之，我們所謂的意識只不過是我們精神和心理世界的一種狀態。」（同上，〈老問題：德國人是怎麼回事？〉，下引同）尼采認為德國的思想家都沒有盡心去探索精神和心理世界的深奧處。他贊同萊布尼茲的說法：「我們的內心世界是十分豐富、廣涵而且隱祕的。」尼采強調對於意識背後深層心理的探索，使他日後成為學界公認的佛洛伊德心理分析學派的先驅者。

由於尼采作品在西方世界影響的多面性與積極意義，我們有必要對他的學說重作一番認識與評估。

尼采的思想，非以形式系統表述，而以隱喻性的散文或散文詩表達，這就增添了在「概念分析」上的困難。有位法國學者強調對尼采思想得從他的「整個思想氣氛」來理解，[14]我們不應只為「批判」而斷章取義或割裂其原義。不幸因著歐戰時期納粹黨「厚顏無恥地利用他」，使得尼采學說遭到災難性地誤解。因之二十世紀三、四〇年代間，英語世界對他的認識流於浮面，[15]五、六〇年代以來，蘇聯的學界對他也有很深的曲解。[16]所幸戰後德、法思想界——無論是學界中的存在主義、結構主義或當代文壇，尼采的作品產生了十分嚴肅而正面的影響，尤其是尼采對西方傳統的價值觀及其對近代文明生活的反

---

14. 法國學者德勒茲著，休・湯姆林森（Hugh Tomlinson）英譯，《尼采與哲學》（*Nietzsche and Philosophy*），〈給英譯的前言〉。

15. 英美學者的簡化與誤解。在英語世界裡，一般西哲史如梯利（Frank Thilly）的《西方哲學史》，誤解尼采要「爭取權力」，「創造英雄崇拜的種族」。如羅素的《西方哲學史》雖有不少獨到的見解，但論及尼采時竟誤解他為「喜歡無情、戰爭」，並將尼采和馬基維利（Niccolò di Bernardo dei Machiavelli）相比，說尼采「所景仰的全都是軍人」，甚而任意評斷尼采筆下的「高貴人」是一個「完全缺乏同情的人，無情、狡猾、殘忍，只關心自己的權力」。另一本美國通俗的哲學史，威爾・杜蘭（Will Durant）的《西洋哲學史》論及尼采時，第一句話就說：「尼采是達爾文（Charles Robert Darwin）之子、俾斯麥（Otto von Bismarck）的兄弟。」這類的誤解，在二十世紀三〇年代的英語世界是相當普遍的。

16. 蘇聯學界的曲解，可以斯・費・奧杜也夫（Stepan Fedorovich Oduev.）的《尼采學說的反動本質》（允南譯，一九六一年上海人民出版社出版）為代表，該書指責尼采「和法西斯主義思想聯繫」，具有「好戰的本質」，並指控他為「資產階級的哲學家」、「帝國主義反動派的首席思想家」、「德意志種族主義者」。這些指控，與尼采學說完全無關，這類充斥於蘇聯學界的論斷，顯然是由於未及研讀尼采的原著所致，而在學風和認知的態度上，殊不可取。

思。近一、二十年來，尼采原著的英語本大量印行，[17]有關他的學術專著亦相繼發表，[18]這給予我們在研究上提供了很多的便利。

本文試圖根據尼采的作品中闡述他的文化觀及其學說的主要概念。前者介紹尼采對希臘悲劇文化的觀點，以及對基督教文化和德國民族文化的批判，後者介紹他的「超人」、「衝創意志」、「永恆重現」等重要學說。

希臘文化傳統的再造

◆悲劇的起源

古典語言學的研究，使尼采打開了希臘思想寶庫的大門。從希臘文化中，開啟了他對那時代的人生觀的廣闊視野。

早在普夫達就學時期，尼采便致力於古典問題的探討。他認為德國戲劇起源於史詩，而希臘戲劇則發源於抒情詩並含有音樂的因素，這個認識在後來他的第一部著作《悲劇的誕生》中得到深入的發展。[19]

一八六九年，尼采在巴塞爾大學（University of Basel）發表就職演講，題為「荷馬（Homer）與古典語言學」。他認為語言學不是一門純科學，而是與藝術緊密交織重疊在一起的。這種對古代文化的理想化，也許是源於日爾曼人對於南方的懷舊情緒，然而古典主義者應該

---

17. 尼采著作的英譯本，最早有奧斯卡．李夫（Oscar Levy）所譯《尼采全集》，共十八冊（紐約：麥米倫出版公司〔Macmillan Publishers Ltd.〕，一九〇九—一九一一年版）；稍後有湯瑪斯．康芒及克利夫頓．法迪曼（Clifton P. Fadiman）等合譯的《尼采哲學》（紐約：蘭登書屋〔Random House〕，一九二七年版）；五〇年代有考夫曼譯《袖珍尼采文集》（紐約：威金出版社，一九五四年版）。六〇年代之後，尼采著作的單行本大量譯出，其間最稱著者，為考夫曼與荷林達所譯。考夫曼譯本有：《查拉圖斯特拉如是說》、《善與惡之外》、《悲劇的誕生》、《華格納事件》、《道德的譜系》、《看，這個人》、《愉快的智慧》（以上各書，陸續在一九六六—一九六九年間由紐約蘭登書屋出版，《愉快的智慧》在一九七四年出版）。荷林達譯本有：《反基督》、《偶像的黃昏》、《善與惡之外》、《看，這個人》（各書均由英國企鵝出版集團印行，分別在一九六八年、一九七三年、一九七九年出版）及《曙光》、《反時代的考察》（兩書在英國劍橋大學出版社，一九八二—一九八三）。此外，考夫曼和荷林達合譯《衝創意志》（紐約蘭登書屋一九六八年出版）。

18. 英語世界研究尼采的專著，較稱著的有：喬治．摩根，《尼采的意義》（*What Nietzsche Means*, 1941）；考夫曼，《尼采——哲學家、心理學家、反基督者》（*Nietzsche: Philosopher, Psychologist, Antichrist*, 1950）；阿瑟．丹托（Arthur C. Danto），《哲學家尼采》（*Nietzsche as Philosopher*, 1965）；里察．夏哈特（Richard Schacht），《尼采》（*Nietzsche*, 1985）；尼罕馬斯（Alexander Nehamas），《尼采：以文學為生命》（Nietzsche: Life as Literature, 1985）。

19. 海曼，《尼采評傳》。

填平理想與現實之間的鴻溝。他表明這樣的觀點：「所有的語言活動都應當孕育於並包含在某種哲學世界觀之中，如此，在個體或彼此分離的細節像所有能被拋棄的東西那樣消失之後，只剩下了它們的總體，即一致性。」[20]從這時開始，尼采便將古典語言學和藝術、哲學緊密結合，並提出他對希臘傳統的獨特看法。在《悲劇的誕生》中，他提出了兩點與眾不同的觀點：

其一，希臘人對人生的悲苦有敏銳的感受，他們之所以能克服悲觀主義而表現出旺盛的活力，乃是由於悲劇精神所產生。而悲劇精神乃來自於希臘的兩種自然藝術傾向——那就是阿波羅因素和戴歐尼修斯因素。對於希臘文化形成的主要因素，尼采在阿波羅形態之外，突出了戴歐尼修斯現象，並且有力地掌握住戴歐尼修斯現象的消長為希臘文化盛衰之主要線索。

其二，尼采將希臘文化劃分為蘇格拉底以前和蘇格拉底以後，兩個不同的階段，而對蘇格拉底以後的文化精神表現非常不滿。他認為正是由於蘇格拉底的影響，遂將悲劇中的戴歐尼修斯成分完全排除去，這是導致希臘文化衰落的關鍵因素。[21]

在《悲劇的誕生》中，尼采試圖說明希臘悲劇精神的起源，探討克服悲觀主義的悲劇人生觀，並瞭解戴歐尼修斯因素及蘇格拉底文化轉變的契機。

尼采在他的第一本著作中，便對美學價值作了肯定，[22]他認為藝術的發展是在人的生命中兩種對立因素不斷互相作用的結果——那就是阿波羅和戴歐尼修斯。這兩種勢力之間，由於相互激盪而引發出彼此更活潑的創造力。

阿波羅和戴歐尼修斯是「兩個獨立的藝術世界，即夢幻世界和醉狂世界」（《悲劇的誕生》）。這兩個名詞是借自於希臘神話中的太陽神和酒神，用以象徵藝術創造活動中兩種基本的心理經驗。

阿波羅是光明的象徵，代表「個體化的原則」，「支配著我們內在夢幻世界的美麗形

---

20. 海曼，《尼采評傳》。

21. 尼采在自傳中認為《悲劇的誕生》有兩項特殊的見解，他說：「在這書上，有兩個特殊的發現：第一，在希臘文化中把握了戴歐尼修斯的現象。第一次，對於這現象提供一個心理的分析，以此視為一切希臘藝術的基礎。其次，第二個發現是對於蘇格拉底思想的解釋。在這裡第一次把蘇格拉底認定是希臘文化衰落的關鍵，視為頹廢的典型。」（《看，這個人．悲劇的誕生》）

22. 尼采對於美學價值的肯定是始終如一的。在他晚期的思想裡，仍然強調藝術的世界觀。他說：「一個反形上學的世界觀——不是別的，只是一個藝術的世界觀。」（見考夫曼編，《衝創意志》〔*The Will to Power*〕）

象」（《悲劇的誕生》）。它在冷酷的現實上，塗上一層美學的面紗，創造一個理想的形式與美的世界——通過奧林帕斯（Olympians）的神話，通過史詩和造型藝術來表現。

戴歐尼修斯是生命之流的象徵，它衝破一切障礙，排除一切限制，代表奔放生命的活力。在戴歐尼修斯的慶典中，人群簇擁，載歌載舞，沉醉狂歡，「戴歐尼修斯的歡呼，突破個體化的力量，而展開一個返回『存在母體』的途徑」；戴歐尼修斯的激奮，欣喜地貫穿整個自然，猶如春天活力的來臨。在這激奮的情懷中，個人臻於忘我的境界，它的典型藝術形態，就是悲劇和音樂。（《悲劇的誕生》）

阿波羅和戴歐尼修斯的歷史發展的線索是這樣的：

希臘文化的第一個階段是為荷馬時期（約西元前八世紀或稍早）。這時期純粹是阿波羅的勢力，以荷馬的史詩為代表——「在阿波羅的庇護之下，發展著荷馬的美的世界」，而多立克藝術（Doric，雕刻與建築），亦為這形態的表現。與此同時，不可抵擋的戴歐尼修斯的衝動，也開始自發性地出現於希臘。戴歐尼修斯的歌舞、音樂，淵源於小亞細亞，約於西元前七世紀介紹進希臘，而迅速地成為一股強勁的潛力。[23]阿波羅和戴歐尼修斯「這兩種勢力，在經過長期不調和之後，神祕地結合在一起，產生了一個既為阿波羅也

為戴歐尼修斯的雙重性的結果」。（《悲劇的誕生》）

悲劇是抒情詩的最高發展。希臘的抒情詩在西元前七世紀由阿基羅庫斯（Archilochus）建立起的文學風格，「抒情詩有賴於音樂精神」（《悲劇的誕生》），它透過音樂歌唱出來，而與音樂是不可分的。一般而言，抒情詩首先是作曲家，而後成為一個戴歐尼修斯的藝術家。

荷馬和阿基羅庫斯代表希臘詩歌（史詩與抒情詩）發展的兩個主流。尼采推崇荷馬和阿基羅庫斯，認為這兩位詩歌的先驅者，「向整個後來的希臘歷史，射出川流不息的火花。」他對於後者的評價尤高，認為阿基羅庫斯的特殊貢獻是將民歌帶進文學的領域。尼采認為，「史詩完全是阿波羅藝術，而民歌則為阿波羅和戴歐尼修斯兩者結合的最簡樸的藝術形式」（《悲劇的誕生》），由此發展出埃斯庫羅斯（Aeschylus）和索福克里斯（Sophocles）輝煌的希臘悲劇。於此，尼采提出他的獨特看法：[24]「悲劇產生於悲劇合唱

---

23. 參看絲克（M. S. Silk）與史丹，《尼采論悲劇》（*Nietzsche on Tragedy*）。
24. 在《悲劇的誕生》中，尼采說：「關於悲劇的起源，從來沒有被嚴肅地提出過，也沒有被解決過。」

隊。」（《悲劇的誕生》）。

對於悲劇合唱隊的藝術表現，尼采有這樣的描述：「在戲劇合唱隊的過程中，戲劇的基本現象是：把自己投射到自身以外。在行動中，就好像真的進入了別個身體、別個人物之中，這種藝術不再是吟誦史詩者的藝術，因為史詩吟誦者並沒有把自己與他的想像物打成一片，只是像畫家一樣，把他們看成自身以外的觀想物件。但在這裡，我們看到的，卻是將自己投入陌生者之中。這現象不是特殊的，而是普遍的，整個群體都在這種方式下歡暢奔放融為一體。」這就是戴歐尼修斯式的狂歡。「戴歐尼修斯的刺激鼓舞，把一種藝術力量傳給大眾，使人臻於特殊的情境中。」這種情境，尼采稱之為「從阿波羅形象中所產生的戴歐尼修斯合唱隊」。悲劇中的阿波羅和戴歐尼修斯這兩種錯綜關係的進展，用尼采的話：「戴歐尼修斯說著阿波羅的語言，而阿波羅也說著戴歐尼修斯的語言；因此，便達到悲劇和一般藝術的最高目的。」（《悲劇的誕生》）

由於悲劇藝術取得這種成就，尼采遂認為，真正的文化便是生命中各種力量和形式所結合的統一體。這種藝術觀使他否定悲觀主義的人生觀，而肯定悲劇精神的人生觀。

◆悲劇的人生觀

叔本華對早期尼采的影響，在《悲劇的誕生》中明顯表現出來。這影響主要反映在以藝術轉化人生悲苦的論題上，但對於叔本華的悲觀主義，尼采則加以摒除。

尼采的思想，自始至終是宣揚悲劇精神而反對悲觀主義的。在尼采的自傳中，提到《悲劇的誕生》時，他明白地說：「這書的副標題：『希臘文化與悲觀主義』是一個不可含混的標題。這表示首要的就是說明希臘人如何排除悲觀主義，如何克服悲觀主義。希臘人不是個悲觀主義者，悲劇就是個證明，這一點叔本華是錯誤的。」（《看，這個人．悲劇的誕生》）的確，尼采在他這第一本著作中所著力描繪的一個重要主題，便是希臘的雄健的人生觀。

希臘人是一個非常敏感的民族，特別容易感受細微而深刻的痛苦。尼采認為希臘人洞察人生的驚險可怖，但他們並不背離人生，而是面向人生，他們透過藝術的「轉化」與「提升」，[25]將這世界以一種美學的態度加以肯定。正如《悲劇的誕生》中所說的：「希臘

25. 里察．夏哈特在《尼采》一書中特別強調，「提升」（over coming）與「轉化」（transfiguration）兩個概念在《悲劇的誕生》中的重要性。

人雖然洞察自然和歷史的破壞性，但他們卻不曾陷於佛教那樣地否定意志的危險中，藝術拯救了他們，透過藝術，他們重獲生命的意義。」

從荷馬的藝術世界開始，他的奧林帕斯諸神的人物，便顯示著「旺盛而意氣昂揚的生命，將一切善與惡的，都點化而為美好的。」（《悲劇的誕生》，下引同）尼采描述說：

希臘人創造了許多神祇，以顯示他們對於生命的肯定。透過阿波羅之美的動力，漸漸地從原始泰坦（Titan）的恐怖統治中，發展出奧林帕斯眾神的喜悅統治，猶如玫瑰花從荊棘叢中萌芽一樣。不然，一個如此過度敏感，如此情緒激動，如此深受苦難的種族，怎能忍受人生呢？那顯示人生完滿，並保證存在價值的藝術衝動，產生了奧林帕斯世界，這世界實為反映希臘意志的一個變形鏡。

荷馬的藝術世界是阿波羅精神的表現，「在阿波羅時代中，人的意志熱切地渴望著留在世上，即使他的悲歎，也變成一首讚美歌」。

阿基羅庫斯的抒情詩是戴歐尼修斯藝術的表現。透過戴歐尼修斯音樂，發出詩的火花，發展到最後，乃出現悲劇合唱隊。

埃斯庫羅斯和索福克里斯的悲劇藝術，則為阿波羅和戴歐尼修斯二元結合的最高藝術成就。他們世界中的悲劇英雄人物（如索福克里斯的悲劇英雄為伊底帕斯〔Oidipous〕，埃斯庫羅斯的悲劇英雄為普羅米修斯〔Prometheus〕），莫不在荊棘的人生途程中歷盡艱辛，以艱苦卓絕的精神，克服萬難而開拓生命。那些悲劇英雄人物的堅毅行為，便是戴歐尼修斯精神的體現。[26]

總言之，悲劇的人生觀，表現出希臘人生氣蓬勃的戰鬥力、豐富而旺盛的意志力——這也就是戴歐尼修斯精神的體現。

◆蘇格拉底文化

一八七〇年春，尼采在巴塞爾大學作了兩次演講，其中以「蘇格拉底與悲劇」為題，

26.《悲劇的誕生》：「希臘悲劇舞臺著名人物，如普羅米修斯、伊底帕斯等，都是戴歐尼修斯這個英雄的化身。」

指責蘇格拉底和尤里披底斯（Euripides）導致希臘悲劇的衰落。[27]

在《悲劇的誕生》中，尼采認為三大悲劇之中，到了尤里披底斯就起了重大的改變，他的藝術變成為「新希臘喜劇」。「悲劇只以一種退化的形式留存著。」尼采指出：「尤里披底斯的基本意向，就是把悲劇中原始而普遍的戴歐尼修斯成分完全除去，並且在非戴歐尼修斯藝術、習慣和哲學的基礎上，建立他的戲劇事業。」所以尼采批評尤里披底斯「墮落為一種『貶低希臘精神』的人物」。（《悲劇的誕生》）

透過尤里披底斯所表現的人物，「既不是戴歐尼修斯，也不是阿波羅，而是一個叫蘇格拉底的新生魔鬼。從此產生了新的對立：戴歐尼修斯精神和蘇格拉底精神的對立。希臘悲劇藝術就在這種衝突之中消失了。」（《悲劇的誕生》）

蘇格拉底是發誓要反對悲劇藝術的，所以他除了觀看過尤里披底斯上演一部新戲之外，據說他從來不進戲院。尼采譏諷蘇格拉底「唯一真正欣賞的詩是伊索（Aesop）寓言」，他「不能以任何心情洞察戴歐尼修斯的深處」。（《悲劇的誕生》，下引同）並且，蘇格拉底將樂觀的因素帶進悲劇中，過分成長而蔓延到戴歐尼修斯的領域，遂「使悲劇變成了上流社會的家庭劇」。

蘇格拉底和尤里披底斯的目的是密切相聯的，尤里披底斯走向了「蘇格拉底的傾向」，企圖以非戴歐尼修斯因素去建立他的「悲劇」。尼采批評說：「一旦戲劇不再從音樂中產生，不再從戴歐尼修斯曙光中產生，那麼它就只有採取戲劇化的史詩形式出現，也就是說，採取那排除悲劇效果的阿波羅形式出現」，而「一旦音樂精神從悲劇中離開，悲劇也就死亡了。」（《悲劇的誕生》）

尼采認為：「在所有具有創造力的人們中，本能是積極創造的力量，而意識則是批評者與勸阻者，但蘇格拉底則相反，本能是批評者，意識卻是創造者。這真是個怪物！」（《悲劇的誕生》，下引同）總之，由於蘇格拉底的主智、辯證、科學的樂觀主義及其「對戴歐尼修斯藝術的敵視」，遂導致悲劇精神的消失。尼采指出這是希臘文化由盛而衰的關鍵因素。[28]

尼采將古代西方文化分為三種主要不同的類型：「即蘇格拉底文化、藝術文化和悲劇

---

27. 海曼，《尼采評傳》。
28. 《悲劇的誕生》一八八六年版的序言〈一個自我批評的嘗試〉，其中說自柏拉圖之後，希臘人轉向樂觀主義；浮淺、做作、竭力追求邏輯與邏輯化的世界，這是衰退意志、精力疲憊的徵兆。

文化；若以歷史例證區分，可以說它們是亞歷山大文化、希臘文化和婆羅門文化。」尼采認為，從藝術觀點來看，蘇格拉底文化實可稱為「歌劇文化」。他說：「歌劇建立在與亞歷山大文化相同的原則上。歌劇是理論型的人的產物，是徹底外行而非藝術家的產物。」尼采批評歌劇是藝術中「一種淺涉文藝的表現」，是「根本沒有音樂氣質的人所需要的」；它將膚淺的娛樂性加在音樂上面，注入淺薄的樂觀主義，而「剝奪了音樂中偉大戴歐尼修斯意義」。（《悲劇的誕生》）

尼采認為：「我們整個近代世界便是在亞歷山大文化的籠罩之下，這個世界的理想是產生理論型的人。蘇格拉底就是這類型的祖先。」（《悲劇的誕生》）這種文化由於排除戴歐尼修斯因素，而導致創造意志的衰退。

縱觀尼采的哲學，戴歐尼修斯觀念不僅成為《悲劇的誕生》中的一個基本概念，也是貫穿他整個哲學思想發展的一個突出的主線。由戴歐尼修斯意志，其後發展為超人動力的「衝創意志」，由戴歐尼修斯現象而發展成為尼采批判基督教文化之病弱性、以及近代文化之庸俗性的基本動力。

近代德意志文化的批判

◆「俾斯麥是馬基雅弗利主義」

尼采所欣賞的希臘文化，跟他所處的時代精神是十分不協調的。

尼采從二十五歲到臨終都在外國度過，在這二十五年間，他吸收了不同的世界觀，學習到從不同的角度觀察事物、反省問題。距離感及宏觀的視野，使他從外眺望德意志國家及其民族文化的發展，洞察出其中嚴重的危機。

尼采認為，自蘇格拉底迄今，悲劇文化經歷了三種死亡的途徑：第一次死亡是由於蘇格拉底的辯證法思想；第二次死亡是由於基督教的懦弱化；第三次死亡是由於近代的庸俗化。而尼采對於希臘悲劇文化所懷抱的理想，與他那時代所流行的樂觀主義的信念是截然對立的。

尼采所處的那時代，黑格爾哲學體系籠罩著思想界，達爾文學說征服著世界，在這同時，普魯士軍隊在歐洲大陸建立了德國的強權政治；科學和技術突飛猛進，因而到處流露著樂觀主義的信念。然而，尼采卻貶稱這個時代為虛無主義。[29]

尼采對於德國社會文化的空氣，越來越感到憂憤，最主要的因素有兩個：一是由於對德意志帝國戰勝法國後，所瀰漫著一股驕盛空氣的反感；[30]二是由於對華格納藝術向現實妥協而變質的憤慨。

在一八六八年以前，尼采對於德國的現況並沒有異議。一八七〇年德意志首相俾斯麥（Otto Eduard Leopold von Bismarck, 1815-1898）發動普法戰爭，迫使法國簽訂法蘭克福和約，德帝從法國掠得五十億金法郎的貼款，而用之於加強兵力及軍備工業的發展。一八七一年德意志帝國宣告成立，這帝國逐漸建立在「鐵與血」的基礎上，而成為一個軍事專制的國家。尼采對於德意志帝國走向強權政治、軍國主義傾向的不滿，正如他在自傳中所宣稱的：「我是最後的一個反政治的德國人。」（《看，這個人．為什麼我如此聰明》）

對於俾斯麥的強權政治，尼采表達了他這樣的一些意見。早在一八六六年六月初，尼采給母親的信中認為：「俾斯麥具有勇氣和不可動搖的冷酷之心，但是他低估了人民的道義力量。」在同年七月十七日，尼采給友人威廉．賓德的信中抨擊俾斯麥的入侵政策，指出：「高尚的目標是絕不通過邪惡的手段來實現的。」這表達了他高興看到德意志統一，但又痛惜奧地利失敗的複雜心情。[31]

在《曙光》中，尼采批評俾斯麥等「這班大人物，已經把德國這具有豐富感覺的民族，導向誤途」。（《曙光．極端崇拜》）在《愉快的智慧》中，尼采批評俾斯麥為「馬基雅弗利主義（Bismarck's Machiavelism）」（《愉快的智慧．老問題：「德國人是怎麼回事？」》）。在

---

29. 考夫曼，《尼采》。

30. 丹麥的布蘭德（Georg Brandes）教授，早在一八八九年第一次向世人介紹尼采思想時，便已指出普法戰後尼采對德國社會文化的不滿。他說：「法德戰爭已經過去一年半了，德國人妄自尊大的思想浪潮也達到了頂峰。勝利的狂喜一變而為亂嘈嘈的自吹自擂。公眾們普遍認為，德國文化已經戰勝了法國文化。……僅僅一年前，尼采本人還以最大的熱情構想著德國的未來，期盼著它能迅速擺脫拉丁文明的束縛，他並已從德國的音樂中聽到了最令人鼓舞的徵兆。但是，現在他覺得，一種思想墮落已經無可爭辯地從帝國的基礎中生發出來，並彌漫於整個社會。尼采堅持認為，所謂文化首先表現為一種藝術風格的整體，而這一風格又貫穿於某一民族生活的全部表現方式之中。另一方面他指出，所謂學得很多，知道很多，既不是文化的必要手段，也不是文化的一種象徵，它顯然是與原始風尚相聯繫的。換句話說，它是與風格的缺乏，或者對各種風格的拼湊相聯繫的。尼采的論點十分清楚：一種由拼湊起來的風格而構成的所謂文化，是無法使任何敵人、特別是像法蘭西這樣的敵人屈服的。尼采引證了歌德與愛克曼（Johann Peter Eckermann）的一次談話：「我們德國人還是在昨天。無疑地，在過去的一百年中，我們一直在非常勤奮地開掘著我們自己，然而，大概還需要幾個世紀的時間，我們的人民才能吸收到足夠的知識和比較高級的文化。因為在過去相當長的一段時期內，他們都還是一些野蠻人。」」引自布蘭德著、安延明譯，《尼采》（北京：北京工人出版社，一九八五）。

31. 海曼，《尼采評傳》。

《偶像的黃昏》中，尼采帶著譏諷性的口吻說：「爬上權力的寶座是代價昂貴的行當；權利使人愚昧……德國人——他們曾被稱為思想家的民族；他們依然在思想嗎？今日的德國人已經厭倦了理智，德國人不信任理智，政治吞沒了一切對真正事物的嚴肅性，我擔心這真是德國哲學的終結。在國外人們這樣問我：『還有其他德國哲學家嗎？還有任何德國詩人嗎？還有什麼優秀的德國著作嗎？』我感到羞赧；但是我在沮喪的情況中仍鼓起勇氣回答說：『是的，還有俾斯麥』。」

尼采雖然和實際政治沒有發生直接衝突，但也算得是個持不同政見者，在他的作品中，也常表露對現實政治的不滿。在尼采早期所寫的《悲劇的誕生》、《歷史對人生的利弊》及《教育家叔本華》（*Schopenhauer als Erzieher*）這三個作品中，已經直接地攻擊當時的「國家」，將它描繪成為惡魔。[32]

在《曙光》中，尼采指出：「有些人統治著，由於他們有統治的欲望，另一些人統治著，為了免於被統治——後者是兩種罪惡中較輕的。」（《曙光．統治》）他抨擊德國「這個民族的風格是多麼的低俗！在高官顯位、權勢榮華面前，表現得多麼奴性！」（《曙光．德國人的德性》）

自普法戰後，德意志帝國蓄意鼓吹狹隘的愛國主義。尼采對於當時統治階級的憤慨，在《查拉圖斯特拉如是說》書上的〈新偶像〉與〈痞徒〉中，表現得尤為鮮明。

在〈新偶像〉裡，尼采譴責德意志民族至上的論調說：「他們給民族高懸了一把刀與各種肉欲。這謊言從它的口中爬出：『朕即國家，即民族』。」他抨擊當時統治階級「攫取權勢和大量的金錢」，彼此爭奪權勢，如同爬行的猴子一般，「他們互相推擠，而陷於泥濘的深淵」。他還攻擊偶像崇拜，譏諷大獨裁者說：「『在世界上沒有比我更偉大的：我是上帝發號施令的手指』。這怪物如是咆哮著，於是長耳朵和短視的都跪伏下來。」這正是日後希特勒一類人物的寫照。

在〈痞徒〉中，尼采抨擊近代資本主義社會中貪欲無度的都市生活，攻擊那班「嗜權的、舞文的、肉欲的賤眾」。其中有一段話表達了他對當時德國政情的憤慨：「當我看到這些統治者的所謂統治，只是跟那班痞徒作權勢的交易和論價時，我便遠離他們！我掩住

32. 研究尼采的學者多持這種看法。如考夫曼說：「尼采雖然批評『國家』，但他基本上並不是個社會或政治哲學家。」（見所著《尼采》）威廉．沙爾特（W. Salter）說，尼采個人是「非政治性的」（見所著《思想家尼采》〔*Nietzsche the Thinker*〕）。

鼻子，走過一切昨天與今天：真的，所有過去和現在都散發著文氓的惡臭！」尼采目睹政風的敗惡，而沉痛地避走異邦。

尼采的這種態度，是對當時德意志帝國所彌漫的不正之風的直接反應。他說：「當戰爭過去了，奢侈、輕視法國及編狹的民族主義，使我感到厭惡。和歌德時代相比，我們走得多遠啊！可厭的肉欲主義！」他認為，當前的教育只是為了現實的目的，這種發展的趨向，改變了文化崇高的目的。[33] 的確，新德意志國家在普法戰爭以後的氣氛中，使尼采最為憂慮的是，它變得妄自尊大、物質主義、文化的庸俗化，這種精神擴散到知識界、教育界各個階層。正當尼采對德意志帝國所彌漫的政治與文化的空氣充滿厭惡感時，又遇著「華格納事件」的刺激。原先，尼采對華格納寄予無限的厚望，視華格納音樂為重振德國藝術的先聲。自尼采欣賞華格納的劇作《特萊斯坦》（*Tristan*）開始，他就成為一個「華格納的崇拜者」。（《看，這個人‧為什麼我這樣聰明》）一八七六年秋，德國在拜魯特（Bayreuth）創立音樂節，演出華格納的全部作品，尼采興致沖沖地趕往參加，然而這時的拜魯特已成為帝國的一個「文化」中心。尼采原本期待華格納成為一個文化的挽救者（a cultural redeemer），結果他發現自己竟參加了一個庸俗的節日（philistine festival），尼采驚歎華格納變成「日耳曼帝國所賴以建立的精神典範了」！（同上，〈人性、太人性的〉）從此，尼采對德國的文化界懷著完全失望的心情，而「德國人」這名詞，在他心中就是「中產階級者，在思想上和道德上安於現況及順從習俗者」。[34]往後的年代裡，尼采對德國的一切，從未停止他的不滿和攻擊。

◆「普魯士對所有文明國家是一種非常危險的勢力」

尼采對於德國現況的不滿，主要是在文化問題上，其言論散見於他的書信和著作中。讓我們先看看尼采給朋友的書信中，[35]在提及德國時所作的批評：

33. 引自威廉・沙爾特，《思想家尼采》。
34. 荷林達，《尼采：其人及其哲學》（*Nietzsche: The Man and his Philosophy*）。
35. 尼采的書信集英譯本有：奧斯卡・李夫主編的《尼采書信選集》（*Selected Letters of Friedrich Nietzsche*，由盧多維奇〔Anthony M. Ludovici〕英譯，一九二一年紐約花園城達布爾代公司出版）；考特（Kurt F. Leidecker）編譯的《尼采未出版的書信》（*Nietzsche Unpublished Letters*，一九五九年紐約哲學圖書館出版）。本文所引，參看彼得・福斯（Peter Fuss）和亨利・沙皮洛（Henry Shapiro）編譯的《尼采：書信中的自我畫像》（*Nietzsche: A Self-Portrait from His Letters*，一九七一年哈佛大學出版社出版）。

一八六九年五月二十二日　尼采在瑞士的巴塞爾給華格納的信上，表露他對德國知識界的困惑與危機的憂慮。

一八七〇年七月十九日　尼采給羅德（Erwin Rohde, 1845-1898）的信，提到普法戰爭驚人的爆發。他說：「我們這早已貧困的文化，統統掉到一個很可怕的惡魔手中。」

一八七〇年九月十一日　尼采在爾冷耿（Erlangen）給華格納信，敘述普法戰爭中，他三天三夜照顧傷患。這些病人都受了重傷，子彈穿過他們的骨髓，有的皮肉都腐爛了。這可怕的經驗，使尼采看透了戰爭的恐怖。

一八七〇年十一月七日　尼采在巴塞爾給戈斯多夫（Carl von Gersdorff, 1844-1904）信中，表現他對德國的看法因戰爭而有重大的改變。他說：「我很擔心我們將來的文化情況，我認為現在普魯士對所有文明國家是一種非常危險的勢力。」

一八八〇年十一月　尼采在義大利的熱內亞（Genova）給歐佛貝克（Franz Camille Overbeck, 1837-1905）的信上，表達他卑視「唯心主義」，尤其是德國的唯心主義。他抨擊「德國精神」只是浮誇的、庸俗的，表示以後再也不要接觸所謂「德國精神」。

一八八四年四月末　尼采在義大利威尼斯（Venezia）給瑪爾維達（Malwida von Meysenbug,

1816-1903）的信上，提到他和他妹妹的破裂，是由於她的反猶太的種族主義。尼采表示：「我永遠不可能和那滿腔仇恨的、復仇性恨透猶太人的鵝子和好！」

一八八五年三月二十一日　尼采在法國的尼斯（Nice）給他母親和妹妹的信上表示：「我對『德國國粹』運動沒有興趣，何況是所謂『光榮的』種族的純淨。恰恰相反，恰恰相反！」

一八八六年夏天　尼采在瑞士的西爾思．瑪利亞（Sils Maria）給歐佛貝克信上說：「生活在現代的德國，對我來說是非常不健康的；使得我中毒，使得我蹩腳。每逢我在德國的時候，我對人們的厭惡便增長到可怕的地步。」

一八八六年九月二十四日　尼采給瑪爾維達信上說：「在德國，有一股惡風經常吹向我，但我沒有必要反擊他們。這環境對我來說，是十分不適合的。今天德國人所關心的，我卻漠不關心。……華格納的主意下意識地流向羅馬去，它在人們內心所隱藏的，就像俾斯麥在外面所做出來的。」

一八八七年二月二十四日　尼采在尼斯給萊因哈特（Reinhard Tristan Eugen Heydrich, 1904-1942）信上說：「德國政治只是冬天的一種變態，而且是一種壞天氣。在我看來，最近這十五年來的德國，簡直變成麻木的狀態。現在的德國，像刺猬一樣，我對它失掉了最後的尊敬，它代表著有史以來最呆板、最頹廢、最不真實的德國國魂的形態——這幽魂吞下多少沒有靈魂性的東西呀！我不能原諒任何跟它妥協的人，包括華格納，都在美化一個大謊。」

一八八七年五月十二日　尼采在瑞士給瑪爾維達的信上說：「現在的歐洲，只有法國和俄國的知識分子，使我感到親切，我對這批『德國至上』的同胞，反而沒有什麼認同可言！」

一八八八年二月十九日　尼采在尼斯給喬治．布蘭德（Georg Brandes, 1842-1927）的信上，以史特勞斯（David Friedrich Strauß, 1808-1874）為例，批評德國沙文主義者是「文化市儈」。

一八八八年十月十八日　尼采在義大利的都靈（Torino）給歐佛貝克的信上表示，他在各條戰線上反對德國。他認為這個不可靠的民族，會給我們的文明帶來巨大的災難，他抨擊德意志帝國在歐洲能統一時偏要搞分裂。

一八八八年十一月二十日　尼采在都靈給布蘭德的信上說，《看，這個人》一書，反對一切跟基督教有關的東西。在這書中，受到最嚴厲攻擊的乃是德國人，他們已使西方歷史上最偉大的時代——文藝復興運動——喪失了它的意義。他們在文藝復興時攻擊天主教，其實是為了試圖保存基督教。

一八八八年十二月七日　尼采在都靈給奧格斯特・斯特林貝格（August Strindberg, 1849-1912）的信上說：「它（指他的自傳《看，這個人》）是徹底反德國的，它完全和法國文化站在一道。為了維護我反對德國的野蠻暴行，我要送幾本給俾斯麥和德皇，以表示宣戰。」

在尼采所有的書信中，凡是提到德國的地方，無不大肆抨擊，而無一贊許之詞。普法戰後，德國的政治氣氛與文化空氣令他有窒息之感。從上面所引述的信件中，可知尼采反對反猶太的種族主義，他攻擊德國的國粹主義，譴責所謂「德國國魂」是一個吃人的幽靈；痛惡「德國精神」的浮誇、庸俗；他擔心德國國家主義的危害，認為這個民族會給文朗帶來巨大的災難。在政治上，他不滿俾斯麥的強權作用；在文化上，尼采認同於法國文化。書信中的這些觀點，同樣表現在他的著作上。

◆「德意志伸展到哪裡，就敗壞了哪裡的文化」

尼采對文化問題的興趣，早在他受教育的青年時代就開始，他不只因著大學期間的專業研究而關心古典文化，亦因著受叔本華與歌德等人的影響而關心當代文化。他受叔本華的一個重大影響，在於對美學、藝術的重視。而歌德方面，對希臘文化的推崇及對當代文化的平庸化病症與所謂「進步」風尚之批評，則對他頗有啟發。[36]

在《悲劇的誕生》中，尼采對於近代文化的不滿便有所表露，他認為：「西方文化的每一個時期，即使表面上看來是屬於原則性而值得稱讚的，但當它和希臘的典型比較時，就失去了光彩和生命。」他批評整個西方近代世界是在亞歷山大文化的籠罩下，「徹底的通俗化，對眼前事物之無價的頌揚」，他期望「在我們這衰竭的文化沙漠裡，能使戴歐尼修斯精神再生，把戴歐尼修斯的行列，從印度帶向希臘」。「在現代文化荒蕪的廢墟上，能透過音樂藝術的神奇而看到德國精神恢復活力和淨化的一線希望」，尼采發表《悲劇的誕生》的動機之一，就是感到德國人在吸收傳統文化的精華方面已趨於枯竭，他憂慮德國文化和希臘文化之間的聯繫如此薄弱，甚至於大多數學院裡的人，對希臘文化竟也「達到一種不嚴肅而輕忽的關係，以至於常常放棄希臘人的理想，並完全曲解所有古典研究的真正意義」。尼采在回顧《悲劇的誕生》一書的寫作過程時還說，他對所謂「德國精神」是「持著一種無望和無情的觀點」，認為「它是所有藝術形式中最缺乏希臘精神的。」

一八七二年春天，《悲劇的誕生》剛發表，尼采就在巴塞爾大學以「德國的教育機構之未來」為題，發表了五次演講。在演講中尼采認為，德國政府表面上關心提高文化水平，但實際上是想降低教育水準。教育在國家手中會成為一個有力的武器，他認為現代國家並不想改善國民的文化素質，相反只想讓人民馴服恭順，滿足現狀，只需要具有專業知識的科技人員，而不需要讓他們掌握一般的人類文化，因此他不相信普及教育能夠解決民族文化的問題。他說，新聞學是一種傳播知識、淡化知識的手段，真正的哲學家應當使學生接觸瞭解希臘文化，還要反對「庸俗文化」。尼采批評德國人使用母語的能力太低，學校提倡的是書生氣，而不是真正的文化。[37]

---

36. 參看絲克與史丹合著，《尼采論悲劇》。
37. 海曼，《尼采評傳》。

在尼采第二本著作《反時代的考察》中，對於他本國人引以自豪的教育體制及文化界現況有著敏銳的批評。該書第一篇論文〈懺悔者與作家〉（"David Strauss, der Bekenner und der Schriftsteller"），便以當時德國文化界所推崇的史特勞斯作為庸俗文化的代表而施以抨擊，他指出：「在德國，公眾輿論似乎禁止在這個戰勝國裡討論戰爭帶來的各種邪惡與危害。」他認為：「在最近普法戰爭所造成的種種禍害中，最為有害的就是那個被公眾輿論所製造、又為公眾廣為接受的錯誤，認為在那場戰爭中德國文化也同樣大獲全勝，並應為之掛上勝利的花環。這種幻覺是極為有害的。」事實上，「戰後，法蘭西文化依舊存在，而我們德國人還將像以往一樣依賴法蘭西文化。我們不應忘記，在各方面，我們都和以往一樣要依賴巴黎，我們不得不這樣做，因為迄今為止，還沒有過真正的德意志文化。」然而，在德國知識分子中竟有不少人附和輿論，隨時準備為德國在戰爭中的勝利而歡呼，鼓吹文化上的勝利還不准發表異己之見。尼采說：「我稱這種勢力，這一類人是文化庸人（Cultural philistine）。」

在《反時代的考察》一書的第二篇論文〈歷史對人生的利弊〉中，尼采批評「這個時代整套雜亂的虛偽教育」；「時代的整個空氣都充滿了如此錯亂喧雜的聲音」，使人們變成「隨聲的被動者」；而「一切現代的哲學思維都受到政治的與警察式的管制，被政府、教會、學府、習俗與人類的怯懦所限制」。尼采認為每個人和每個民族都需要過去的知識與經驗，時而是紀念的歷史（monumental history），時而是好古的歷史（antiquarian history），時而是批評的歷史（critical history），這不同形式的歷史都是為人生的目的服務。然而我們的時代，人生與歷史的關係是極其混亂的，一個民族的歷史文化，應是一個生生不息的整體，然而我們的教育卻不是一個有生命的東西，沒有內在與外在的相應，現代人只是拖著一大堆不消化的知識石塊，使人成為「走動的百科全書」（walking encyclopedias）；現代人「用抽象與計算來表示自己，而漸漸地失卻自己！」對於德國當時的歷史教育，尼采有這幾點批評：一是古典教育的缺乏，使青年人變成沒有歸宿感。二是青年人被教導一種非人性的、戰爭應殺的暴力歷史。三是自利主義的教育，使人「從地平線的無限裡撤回到自己身上，回到最小的自私的範圍內」。四是基督教史觀教育：「一切較高的教育與教化都被這色彩憂鬱而暗淡地蒙住。」「它在一切的新栽植，勇敢嘗試，自由熱望是懷著敵意的；它反對每個向著未知事物的飛翔，因為它在那裡沒有愛，沒有希望。」五是黑格爾史觀：「將人們引向現實的偶像崇拜」；「在『歷史的威力』面前折腰與低頭，就像中國人機械似地向每個威力面都點頭稱『是』，不管這威力是一個政府，是一個輿論，或是一個大多數。」

在《曙光》中，尼采批評：「整個德國的大趨向既與啟蒙運動敵對，又與社會的革命敵對。」（〈德國人對啟蒙運動之敵對〉）

在《愉快的智慧》中，尼采批評德國人受中世紀思想的影響，「中世紀的黑暗時代意味著歐洲的酒精中毒——德國人對生命的不滿，本質上乃是一種寒冷冬天的疾病」（〈悲觀主義者即受害者〉）；他批評德國是個缺乏理性的民族，而「猶太人則能教導人們作更精細的區別和嚴格的推論，以及更明晰、更易懂的方式寫作」（〈學者的根源〉）；[38] 尼采還表達他對德國現行體制的不滿：「現在的政治，正把德國人的精神變得徒有其表。」他並抨擊德國時下正鼓吹國家主義和種族仇恨，他沉痛地指責：「在我們民族的心靈和血液中正流淌著毒素，它使我們的軀體潰爛生瘡，它導致歐洲各國紛紛像逃避瘟疫似的彼此隔離和封鎖。」（〈我們無家可歸的人〉）

《查拉圖斯特拉如是說》這部哲學散文詩，是要改造現狀而投寄希望於未來的作品。該書〈文化之邦〉一章，反映了他對資本主義商業文化發展中種種光怪陸離的生活現象之無可忍受的沉痛心情。

在後期的作品中，尼采對於德國文化現況的抨擊尤烈，他的自傳裡不停地有所表達。例如他有這樣一類的言論：

「我的血液中具有多民族的天性。」

我的本性，使我具有一種超越於地域的、民族的、有限範圍的眼光；我的祖先是波蘭貴族，所以在我的血液中具有多民族的天性。

——《看，這個人．為什麼我如此聰明》

「我只相信法國文化。」

我沉浸於少數幾位法國老作家的著作：我只相信法國文化，而認為今天歐洲一切

38. 考夫曼英譯本在本節注釋中，認為尼采在這裡將自己和反閃族主義分開。從另一節（即《愉快的智慧．演員的問題》）中，尼采說：「猶太人是個適應力極優越的民族」，並說：「猶太人是天生具有文學才能的民族。」這也可作為考夫曼解釋的有力證據。

自稱為「文化」的東西，都是誤解的——更不用說德國文化了。

在德國，我所遇到少數較高文化的事例，都是淵源於法國。……只要德意志伸展到哪裡，就敗壞了哪裡的文化。

——《看，這個人·為什麼我如此聰明》

「德意志伸展到哪裡，就敗壞了哪裡的文化。」

像我這樣，在最深的根性處，跟條頓人的東西都格格不入，以至於只要一接近德國人，就會阻礙我的消化。……

為什麼我永不寬恕華格納？就是他降格屈從於德國人——他成為一個德意志帝國主義者。

德意志伸展到哪裡，就敗壞了哪裡的文化。

——《看，這個人·為什麼我如此聰明》）

「德國文化沒有意義、沒有實質、沒有目的。」

德國文化沒有意義、沒有實質、沒有目的，只是「公共輿論」。再沒有比這更為有害的誤解，竟以為德國軍事上的勝利，就證明德國文化比法國文化優越。

——《看，這個人．反時代的考察》

「德國人精神上貧乏而貪婪。」

我必須攻擊德國人，因為他們在精神上不斷變得更懶惰、更貧乏，而且以貪婪的胃口去攝取不相容的東西，把「信仰」與科學態度、基督教的博愛與反猶太主義、建立「帝國」的權力意志與謙卑的福音，毫無消化不良地囫圇吞下去！

——《看，這個人．華格納事件》

尼采在生前最後出版的《偶像的黃昏》中，仍然抨擊「德國的精神已變得越來越粗陋，越來越淺薄。……我時常與德國的大學有所接觸：在學者中彌漫著一種什麼樣的氣氛，多麼貧乏的精神，變得多麼自滿，溫水一般！」他指出：「如果一個國家把自己消耗在權力，盛大的政治、經濟事物、世界商業、議會機構、軍事利益。如果他在這方面消耗了他的大量理智、嚴肅、意志、自我征戰，則其他方向就會貧乏。……德國作為一個大國崛起的當下，法國則作為一個文化國家而獲得了重要性。大量當代的精神嚴肅性和激情已轉移到法國。」（〈德國人所缺乏者〉）

總之，從尼采的作品中，看到他抨擊近代文化之「徹底的通俗化」；他譴責近代經濟主義之「非人化和機械主義導致生命的病態」；他指出德國的大趨向跟啟蒙運動和社會革命是敵對的；他批評德國軍事主義導致德國文化的盲目性與貪婪性。當時德國的發展趨勢，使敏銳的尼采警告說：「德國人的良知積壓了四百年來所有反文化的最大罪行。」（《看，這個人．華格納事件》）

從尼采的原著中，一貫且越來越強烈地看到他對德國民族文化的不滿。可見二十世紀三、四〇年代英美言論界、以及五、六〇年代蘇聯思想界，交相指責尼采為德意志種族主義者或納粹主義者，是毫無根據的，而且是顛倒黑白的！

尼采對德國文化的不滿（擴言之是對整個西方近代文明的不滿），探索其病根，乃導源於基督教文化。上比於古希臘的悲劇文化，則基督教的病態性更加彰顯，所以基督教遂成為尼采哲學攻擊的一個核心問題。

基督教文化之價值轉換

◆ 基督教既非阿波羅式，也非戴歐尼修斯式

「烈酒和基督教，是歐洲人的麻醉劑」（《愉快的智慧・問題與答案》），也是歐洲人給予其他民族的毒品。而基督教的價值觀更是麻醉人類的有害物，所以基督教成為尼采思想的最大敵對者。

尼采對於基督教批判的思想發展的線索，大致是：第一個時期對基督教保持「敵意的沉默」，第二個時期對基督教之反科學及其基本教義之批評，第三個時期則對基督教之世界觀、人生觀展開全面性的攻擊——特別是在基督教的道德觀方面。

《悲劇的誕生》雖沒有提及基督教，但確如尼采寫這書的十四年後所說的：對它持著「敵意的沉默」。尼采在這書對世界所作的審美解釋，與基督教的論點正相反：「例如上帝之絕對真理，這真理將所有藝術都丟棄在虛偽的領域。」基督教的價值系統不僅是反對藝術的，而且也含著對「生命的極端仇視」，它是「一種病入膏肓、陰鬱、疲憊，以及生物由於缺乏陽光而變得蒼白的徵象。」（一八八六年新編序〈一個自我批評的企圖〉）

在尼采的自傳中，提到《悲劇的誕生》時，也明白地說：「全書的特色是對基督教表現出一種深沉的敵意的緘默：基督教既非阿波羅式的，也非戴歐尼修斯式的；它否定一切審美價值——而這正是《悲劇的誕生》一書所唯一肯定的價值。在最深刻的意義上說，它是虛無主義的，可是在戴歐尼修斯的象徵中，卻是達到了最大的肯定。」

關於宗教的負面作用，尼采在《悲劇的誕生》中說過這樣的話：「一切宗教的先決條件，就是神話到處被麻痺。」可見尼采不僅將神話的價值和宗教截然分開，而且視宗教為腐蝕神話質素的麻痹品。

尼采出身於宗教家庭，他的反基督思想發展是饒有意趣的。大約在尼采進入普夫達中學以後，他開始接受良好的古典教育，漸漸開啟了他的思想視野；古典文獻的天地，展開了一個和他家庭信仰截然不同的世界。

一八六一年，由於尼采對於文學的愛好，致使他對基督教教義與主張投以冷眼，使他對「上帝的存在，靈魂不朽，聖經的權威，聖靈神跡等，產生懷疑」。[39]

一八六五年六月間，尼采給他妹妹的信上說：「人們有多種途徑可循：如果你希望得到心靈的平靜和安寧，那就去信仰吧！如果你要為真理而奉獻，那就去探討！」這年秋天，尼采讀到叔本華的《意志與表象世界》（*Die Welt als Wille und Vorstellung*），其中的無神論思想是他所受到的重要影響之一。

在萊比錫大學（Universität Leipzig）期間，尼采從古典希臘文化遺產中所汲取的豐盛營養，不僅為他的思想發展奠定了堅實的基礎，也形成他的反基督的思想泉源。

◆ 基督教信仰與希臘神話的最大區別

在尼采第二期作品《人性的，太人性的》裡，對基督教信仰的批評，主要是從科學及其心理學的觀點出發。

尼采指出：「在實在性上，宗教和科學是沒有任何關聯的——他們簡直生活在不同的星球。」（《人性的，太人性的．宗教的真理》）他說，宗教信仰是盲目的，沒有科學的分析；由於宗教受到科學的威脅，所以那些神學家就添加了一些偽造的哲學理論到它的系統中。尼采分析宗教崇拜起源時，認為古人並不知道自然的規律，由於沒有自然規律的概

39. 參看絲克與史丹合著，《尼采論悲劇》。

念，所以人們以為自然界的變化是神力或魔力所致。宗教缺乏「自然發展」的整個概念，乃將人對奇蹟的幻想投放在自然律上，宗教崇拜只是給自然加上一個規則，而不是探討它本身的規律（同上，〈宗教崇拜的起源〉）。尼采還從心理學的角度，分析「基督教貶抑人格，將人陷沒於深沉的泥沼中，這是過度的、病態的情緒」（同上，〈什麼是基督教中非希臘的因素〉）。

在《人性的，太人性的》一書〈什麼是基督教中非希臘的因素〉一節中，尼采指出希臘神話和基督教之間的一個最大不同點，在於希臘人並不覺得荷馬的神祇是高於他們，而猶太人則不然，他們視神祇與人們的關係為主僕關係。

在《愉快的智慧》書中，尼采進一步分析基督教和希臘神祇的區別：其一，基督教的神被視為至高無上的東西，人們需匍匐在他的跟前，而希臘人所崇拜的神卻是平等的。其二，希臘傳統的世界，沒有罪的感覺。基督教卻宣揚：「你要悔改，上帝才給你榮耀。」基督教所預設的一個強有力的上帝，喜好復仇，所謂罪孽，乃是對神的褻瀆，而不是對人類本身。其三，基督教將人和上帝分成兩個對立的階層，將世界分成自然與超自然的不同領域。他們崇揚超自然，視自然界的一切都是卑下的，而希臘人則肯定自然，崇尚人生。

基督教以瀆神為萬惡之首，而希臘人則以瀆神為莊嚴而具高貴感，以此為悲劇產生的根源（見《愉快的智慧．罪的起源》）。由是觀之，希臘人神話中的神與人的關係是：平等的、無罪感、自然主義、以瀆神為莊嚴之悲劇精神。這些都是和基督教教義迥然不同的。[40]

在《曙光》這一作品中，尼采指責基督教教人盲從，視懷疑為罪惡（〈懷疑為罪〉），批評基督教的罪惡報應說（〈朝向人類的新教育〉）、基督教發明了罪的觀念（〈德行與罪的演員〉）、發明贖罪說（〈有良心者的謬妄〉）並捏造地獄說（〈精神虐待〉）。這些評論亦屢見於尼采第三期作品中。

---

40. 在《愉快的智慧》中，尼采還描述了「聖潔的殘忍」，並批評基督教所誇耀為人類最偉大的「宗教戰爭」，不過是教派之間的爭嚷，只是由所謂「靈魂永生」一類的小小概念爭論所掀起的一場殘酷的大屠殺（見該書〈宗教戰爭〉）。在《愉快的智慧》中，最值得注意的是，尼采借一個狂人之口宣告「上帝已死」的訊息。

◆基督教之病弱世界

尼采在第三期作品中對基督教教義的批評，[41]在觀點上是和他第二期作品相一致的。其間的相異處，除了第二期作品受到科學實證主義的影響之外，其表達方式則為文學性隨感式的點滴透視，而第三期作品對基督教的論點，則不再是零零散散，而是從哲學性的總體觀點作出系統性的批判，也就是提到一個世界觀和人生觀的高度對它展開全面性的批判——特別是對基督教所固守的道德堡壘的攻擊。[42]

在《查拉圖斯特拉如是說》中，尼采對於基督教的人生觀之論為人死觀及其兩個世界之說，在〈序言〉中已有概括性的評論。此外，可以〈死亡的說教者〉及〈來生論者〉兩章為其代表。

在〈死亡的說教者〉（第一卷）詩章中，尼采批評基督教宣揚：「人生只是苦惱」、「肉欲是罪惡」、「憐憫是必需的」；基督教的人死觀，將人的生命「懸在稻草上」、「包在濃郁的鬱悶中」，暮氣沉沉，弄得人像一具具「活棺材」。

在〈來生論者〉（第一卷）詩章中，尼采批評遁世者將自己的幻想拋擲到人類以外去，由於「痛苦和無能而造成一切來生世界」。事實上，彼岸的世界是貶抑人性的非人世界，只是「天上的虛空」。尼采勸告那些蔑視肉體與大地的「病人與垂死者」，「別再埋頭於天上事物的沙灘中」，要抬起頭來，為大地創造意義！

在基督教的各種教義中，憐憫和罪孽說是尼采攻擊的兩個焦點。「憐憫造成包圍一切自由心靈的沉悶空氣」（第三卷〈歸來〉）。在〈憐憫者〉一章中，尼采抨擊基督教所散播的憐憫意識如病菌一般地蔓延著、藏匿著、侵蝕人的身心。在《查拉圖斯特拉如是說》中，並抨擊基督教宣揚人人有罪，「如黑鉛一般地壓著」，鎖禁人心，使信徒們個個變成「病夫」（第一卷〈蒼白的罪犯〉）。

---

41. 尼采第三期作品對基督教教義的批評，這裡著重介紹《查拉圖斯特拉如是說》和《反基督》兩書的觀點，未及引用自傳中的意見，但有些材料仍有參考價值。例如，尼采說：「『上帝』、『靈魂不滅』、『拯救』、『彼岸』，這些都只是概念而已，我從不留意這些，也從不在這上面浪費時間，甚至在小時候就這樣。」（《看，這個人・為什麼我這樣聰明》）「它們都來自有害的謊言，所有這些概念，如『上帝』、『靈魂』、『美德』、『罪惡』、『來生』、『真理』、『永生』等等。」（同上）「我揭露了基督教道德的面具。……它是一種罪行的心理上的欺騙。……是違反生命的罪行。」（同上書，〈為什麼我是宿命論者〉）

42. 在《曙光》中，尼采對基督教道德已多所批評，如抨擊基督教宣揚屈服、卑順、憎恨、復仇等概念。

對罪與憐憫的教義，尼采在《反基督》一書中，再度施以猛烈的抨擊。[43] 尼采指出基督教偽造歷史，「他們將自己民族的過去歷史轉變為宗教事項，也就是說，他們把它轉變為對耶和華所犯罪過的無聊的拯救和懲罰機構、對耶和華虔誠和報償機構」。教士們假借「上帝的意志」，誘使信徒們向他們「繳納各種稅捐」，所以尼采說「教士們靠『罪』來過活」。《反基督》一書中，對基督徒作了許多心理分析，尼采從基督教信仰中指出「基督徒對自己和對他人的虐待感；怨恨所有和他的思想不同的人；具有迫害意志」。尼采還討論了《聖經》中贖罪說的生理基礎和「贖罪者的心理學問題」，他說：「福音把我們帶進那個奇怪而病弱的世界，像俄國小說中那些社會廢物、神經錯亂者和孩童似的白癡，似是要獲得一個避難所。」

尼采認為基督教罪孽說將人帶進一個「病弱的世界」。《反基督》中他稱「基督教為憐憫的宗教」，他敏銳地指出：「憐憫與那些提高我們活力而使人奮發的情緒相反，它具有一種抑鬱的效果。當我們感到可憐的時候，我們的力量便被剝奪了。這種為苦痛所加於生活上的力量之喪失，又進一步地為憐憫所增加與擴大了。憐憫使痛苦蔓延，在某種情況下，它可以導致生命與活力的完全喪失。」因而，尼采抨擊：「憐憫阻礙了發展律」，

「憐憫是虛無主義的實現，也是助長頹廢的主要工具」。

然而，基督教卻視憐憫、謙卑、順從為美德，將人馴化為「家禽的動物」，[44] 因而尼采稱基督教道德為「奴隸道德」。

---

43. 《反基督》一書，主要抨擊基督教的「敵視生命」，此外還批評它的敵視科學，凡是帶有科學傾向的人，都被視為「上帝的敵人」。對於基督教之扭曲真實而虛構一個想像的因果、想像的目的論及想像的自然科學，尼采提出了這樣的評論：「在基督教中，道德宗教與真實，可以說一點接觸都沒有。除了想像的原因（『上帝』、『靈魂』、『自由』、『精神』、『自由意志』，因此也包括『不自由意志』）以外，什麼都沒有，除了想像的結果（『罪惡』、『贖罪』、『神恩』、『懲罰』、『赦罪』）以外，也是什麼都沒有。想像物（『上帝』、『魔鬼』、『靈魂』）之間的接觸；一種想像的自然科學（以人類為中心的，沒有任何自然原因的蹤跡）；一種想像的心理學（除了自我誤解，除了藉助宗教道德特質的象徵語言如『悔改』、『良心的痛苦』、『魔鬼的誘惑』、『上帝的顯現』等，以解釋那些適意的或不適意的一般感情以外，一無所有）；一種想像的目的論（『上帝之國』、『最後審判』、『永恆生命』）。這個純粹虛構的世界是遠遜於夢幻世界的，因為後者反映現實，而前者曲改現實，剝奪現實的價值且否定現實。一旦『自然』的概念被捏造為『上帝』的對立者，則『自然的』就必須變為『不可寬恕的』的同義語，這整個的虛構世界根源於對自然的事物（對現實）之憎惡，這是看到『現實』而產生的深刻困擾之表現。」

44. 在《查拉圖斯特拉如是說》第三卷〈侏儒的道德〉中說：「他們所謂道德，便是使人謙卑而馴服，如是，使人變成最好的家禽。」在《反基督》中說：「基督徒成為家禽動物、羊群動物、病弱動物者。」

◆ **基督教之羊群式道德**

在《善與惡之外》書中，尼采發現了兩種主要的道德類型，即自主道德和奴隸道德。在高等的文明裡這兩種道德混合起來，即使是同樣一個人，也可以發現這兩種道德的因素同時存在。可是要把它們分辨清楚，在自主道德中，好與壞、高貴與蔑視是相等的；在奴隸道德中，它的標準是，什麼對於懦弱者與無能者是有用的或有益的，就是道德。像憐憫、謙遜和順從被標榜為美德，而健壯而獨立的人被認為是危險的，因而被認為是「惡」的。所以用奴隸道德的標準來看，自主道德中的好人就會被認為是「惡」的。奴隸道德是羊群道德，它的道德評價是由羊群般的教徒的需要而定的。[45]

這觀點在《道德的譜系》書中被更系統化地表達出來，在這本書裡，尼采用怨恨的概念來解釋傳統道德（基督教道德）產生的根源。他說，一個能發揮自己積極性而創造較高價值的人，是因為他有充沛的生命力與豐富的生活內容。由於他的充沛健壯，因而使溫馴的人感到害怕，為了要使充沛健壯的人溫順，所以懦弱者就宣稱他們的家禽價值是絕對的。他們的怨恨感情，並不公開承認，而由曲折的方式和道德觀來表現，可是研究道德生活的心理學家能夠覺察到這種怨恨的存在，而將它複雜的運作方式暴露出來。

因而，我們在道德的歷史上，看到兩種不同的道德態度的衝突，從較高層次來看，這兩種道德是可以共存的。換言之，如果羊群式的人本身不能產生較高價值的事物，而能滿足於自己道德觀念的話，彼此仍可共處，不過羊群式的人不滿足於此，他們千方百計將自己的價值觀念加到所有人的身上，把它當作一個普遍的價值。依尼采看來，羊群式的人物在這方面的努力，西方的基督教可為其代表。因此，當尼采說要超越善與惡時，便是要超越基督教羊群式的道德觀。

尼采從道德歷史的演變觀點出發，將道德類型區分為兩種，並把奴隸道德和基督教聯繫起來，而把自主道德和古希臘精神聯繫起來。他譴責基督教的奴隸道德把人的身體、衝動、本能、感情、心靈自由及美的價值，都加以貶抑，而認為自主道德可以激勵人朝著各種可能的途徑及更高的方向發展，這類型的道德「包含了更加肯定生活的世界觀」。尼采強烈地相信，傳統的基督教道德對於現代人是過時無用的，他認為，隨著社會及世界上的

45. 本節有關「奴隸道德」的介紹，引自柯普勒斯東《哲學史》（*A History of Philosophy*）一九八五年合訂本第三冊第七卷。

條件的變化，需要有一種新的道德——一種作為「世界公民的新道德」。[46]

◆「上帝已死」的意義

在尼采反基督教的戰鬥中，最具有震撼性的，莫過於發布「上帝已死」的宣言。尼采第一次提到「上帝已死」的觀念，是在《愉快的智慧》中，他說佛陀死後，他的影像在洞窟裡仍然展示了幾個世紀。「上帝已死」，而人們所採取的方法亦復如此，所以尼采認為：新的鬥爭在於，我們必須把他的陰影消除掉。[47]

尼采並借一則富有詩意的寓言透露出「上帝已死」的訊息。這寓言描繪一個狂人提著燈籠到市場上高叫：「尋找上帝，尋找上帝。」他向人們宣說：「上帝到哪兒去了？我告訴你們，我們殺死了他。」（《愉快的智慧．狂人》）

尼采用散文詩的語言，引喻基督教世界觀的破滅是必然的。由於科學的進步，舊的托勒密天文學的信念被打破了：「按照近代科學的世界觀，人們不可能再相信基督教關於上帝的傳統觀念。」[48]

毫無疑問，尼采哲學的基本前提是無神論，他描述自己是本能的無神論者。在他看來，沒有任何證據證明基督教上帝是存在的，相反地，所有的經驗正是否證它，「因為從發生的一切看來，既不仁慈，也不理智，且不真實」，[49]這乃是一個心理學和歷史說明的問題。[50]宗教信仰起源於人類蒙昧無知的時代，現在的世界不是中世紀時代的歐洲，在近代科學世界觀及社會文化的發展下，基督教信仰之趨於衰微是必然的事，接著是，對基督教價值和基督教道德教訓之絕對性和普遍可行性的懷疑。[51]這樣，必然引起西方思想界的混亂或面臨虛無主義的情境。

46. 賓克萊著（L. J. Binkley）；馬元德、王太慶等譯，《理想的衝突》第四章（北京：商務印書館，一九八三）。
47. 《愉快的智慧．新的鬥爭》：「自從佛陀死後，他的影像在洞窟中仍然展示了幾個世紀──一個巨大而可怖的影像。上帝已死，但是如果依照人們的方式，仍然會建構一些洞窟，他的影像數千年內仍會在其中閃現。──而我們──我們必須戰勝他的陰影。」
48. 賓克萊著；馬元德、王太慶等譯，《理想的衝突》第四章。
49. 引自喬治．摩根，《尼采的意義》。
50. 里察．夏哈特認為，「上帝已死」也是一個心理學的及社會文化的結果。見所著《尼采》。
51. 柯普勒斯東在《當代哲學》（*Contemporary Philosophy*）一書〈無神論存在主義〉文中說：「現在，尼采說，一旦對基督教所謂上帝的信仰沒有了，那麼相信基督教道德規範為一種普遍有效的道德規範的信心，最後也必然會跟著消失。說得更普遍一點，如果沒有上帝，就沒有任何普遍必然的道德律，也沒有任何絕對客觀的價值。」

尼采認為，西方人從孩提到成長便被教導了一些道德價值，而這些道德價值是和基督教信仰連起來的，甚至依賴於基督教信仰。因此，如果西方人喪失了他對這些價值的信仰，他也會失去他對所有價值的信念。由於西方人只認識一種道德觀念，而這種道德觀念長期被基督教視為聖典的一部分，並給予一個神學的基礎，因而當人們認識到「上帝已死」，基督教價值的崩潰時，西方思想界必然會落入虛無主義的境地。

尼采將虛無主義分為兩種：一種是「主動的虛無主義」，一種是「被動的虛無主義」。[52]打破基督教價值觀，使人們從上帝所釐定的價值體系中解放出來，[53]尼采認為這種主動的虛無主義一定要來，它是「推動歷史前進的必經途徑」，[54]是「創造新價值之前所必然面臨的過程」；[55]它會在「震動世界的意識形態戰爭中表現它自己」。[56]等到新價值的創造者——超人——出現時，虛無主義的情境乃得以克服。

在《查拉圖斯特拉如是說》一書中，尼采一開始就宣告「上帝已死」，超人誕生。這時期的尼采，認為基督教的本質，不僅與實在性（Reality）敵對，而且與生命敵對。

就世界觀而言，尼采的焦點在於攻擊傳統哲學和神學的「形上學的假設」（metaphysical hypotheses），而「上帝的假設」是世界解釋的一個中心論題——這乃是「神學中心的解釋」。[57] 尼采認為，這種世界的解釋都是虛構的，與「實在性」敵對的。

就人生觀而言，基督教之敵對生命，成為尼采攻擊它的核心論點。上帝的概念是與生命敵對的，尼采對這觀點的表達越來越強烈。

在《偶像的黃昏》中，尼采說：「上帝的概念是生存的最大的反對者。」

在《反基督》中，尼采說：「只要有上帝這觀念，對生命就已經是宣戰了！只要有上帝這觀念，對大自然與存在的意義，就已經是宣戰了！上帝是一種反對這世界的毀謗的公式，也是每一個有關超越另一個世界的謊言的公式！」

---

52. 尼采說：「虛無主義有兩種含義：一、作為精神力上升徵象的虛無主義，即主動的虛無主義；二、作為精神力衰頹與後退的虛無主義，即是被動的虛無主義。」參見《衝創意志》第一卷，考夫曼編譯英文本。

53. 參看布朗修（Maurice Blanchot），〈經驗的限度：虛無主義〉（"The Limits of Experience: Nihilism"）一文，收在艾利森（David B. Allison）編《尼采新論》（*The New Nietzsche*）。

54. 德勒茲說：「尼采診斷虛無主義為推動歷史前進的運動。對於虛無主義概念的分析，沒有人比他做得更好。」參見休·湯姆林森英譯本《尼采與哲學·序》。

55. 參看阿瑟·丹托，《哲學家尼采》。

56. 引自柯普勒斯東，《哲學史》合訂本第三冊。

57. 見里察·夏哈特，《尼采》第三章，〈形上學的謬誤〉。

在《看，這個人》中，尼采說：「人類的精神導師和領導者們——所有的神學家，都是頹廢者。因此，他們將一切價值的重估都轉變為對生命的敵視；因此，他們所謂的道德，乃成為所有『頹廢者的變態症候』（the idiosyncrasy of decadeuts）。」

總之，尼采認為，基督教或上帝的信仰是否定生命的，而戴歐尼修斯精神或超人的意志是積極肯定生命的。

超人學說

◆超人學說不是英雄崇拜

尼采宣稱「上帝已死」，對傳統文化進行一切價值的重估。他認為，西方傳統文化自蘇格拉底開始，便已喪失希臘文化中戴歐尼修斯的因素，尤其是基督教文化，那是與戴歐尼修斯精神正相敵對的頹廢文化，基督教的世界觀、人生觀及其道德觀，早已成為新時代人類前進道路上的障礙。以此，他在一個新的世界觀、人生觀的基礎上，建立新價值的創造者——「超人」的形象。

尼采哲學以超人學說而著稱，但「超人」這概念卻最遭誤解。尼采死後，尤其是第二次世界大戰期間，他的「超人」學說竟被曲解為與他原意完全相反的、所謂「德意志種族主義者」之誣稱。

尼采生前已經指出超人與「基督徒」、「虛無主義者」正相對立，並力斥將他的學說混淆為「英雄崇拜」的思想。他說：

「超人」這個字，是指一種具有最高成就類型的名稱，這種人與「現代人」、「善人」、「基督徒」以及別的虛無主義者正相反。但「超人」這名詞幾乎到處被無知地誤解為正是查拉圖斯特拉所全然要拋棄的那些評價，如將「超人」誤為「聖者」、半「天才」的人。還有些博學的笨牛，因此而猜測我是達爾文主義者，甚至有人認為我的學說是那不自覺的大騙子卡萊爾（Thomas Carlyle）的「英雄崇拜」思想，這種英雄崇拜是我深惡痛絕所要厭棄的。

——《看，這個人・為什麼我寫出如此優秀的作品》

的確，尼采是反達爾文主義的，在他死後編輯的《衝創意志》書中多次標明著（見該書〈反達爾文主義〉、〈反達爾文〉），他批評達爾文將外在環境的影響估計過高。早在《愉快的智慧》中，提到達爾文學說時就說：「最近，最糟糕的是達爾文主義那種為『生存而掙扎』的片面之見的學說。」「整個英國的進化論充滿著英國那種過度擁擠而令人窒息的空氣。」（《愉快的智慧．再談學者的起源》）尼采的超人學說也絕不是卡萊爾「英雄崇拜」的思想，卡萊爾以為，偉人創造歷史，社會依賴於英雄崇拜，沒有英雄則成混亂無政府狀態。但尼采認為，超人並不是一個統治者或一種維持社會的工具價值。

有人因為尼采欣賞拿破崙（Napoléon Bonaparte）和凱撒（Cæsar）的某些方面，而誤解他的超人思想。事實上，尼采欣賞拿破崙，不是因為他在軍事上的勝利或他的皇冕，而是將他作為一個「良好歐洲人」的象徵，這正是德國要走向國家主義道路的對立面。尼采肯定拿破崙具有「統一的歐洲」（《愉快的智慧．我們對歐洲較具活力的信念》）的構想，[58]他並不欣賞拿破崙在戰場上的能力，而是欣賞他如何在艱難中創造自己及其具有開闊的心胸，這也就是黑格爾所稱之為「世界精神」的——這精神也啟發過貝多芬（Ludwig van Beethoven）和歌德。尼采並不認為拿破崙是個超人，在《道德的譜系》中稱他為「最後的人和超人的綜合」；尼采也很不欣賞拿破崙不人性的品質，在《衝創意志》的札記裡，批評拿破崙「被他自己要運用的東西腐蝕了，以致失去了他性格中的高尚部分。」尼采還嘲笑「拿破崙是一個紙鷹，當人把光移走，他就成了一片可憐的紙！」

尼采也曾欣賞過凱撒，但當論及他的政治作風時，批評凱撒是個「專制者」。（《愉快的智慧．腐化的特徵》）至於尼采對凱撒所欣賞的，也不是戰爭或政治的成就，乃是他的熱情，並能控制他的感情。他面臨著一個普遍腐敗的社會，仍能自我整合、自我創造和自我自宰；他在條件極壞的情況下，克服自己的病痛而繼續奮鬥。[59]

尼采的觀念是反偶像主義的，「英雄崇拜」的思想正是他「深惡痛絕所要厭棄的」。至於誣指他的「超人」學說為德意志種族主義者，更是毫無根據的說詞。

58. 考夫曼說：「尼采一貫地反對國家主義是夠明顯的，他對一個『統一的歐洲』的觀念，並非國家主義，他從來沒有殖民非洲的主張。」見《愉快的智慧》英譯本注。

59. 有關尼采對卡萊爾、拿破崙及凱撒的評論，參看考夫曼《尼采》。

◆「超人是大地的意義」

事實上，尼采的超人學說，乃是針對基督教的頹萎遁世觀而提出的一個積極開拓生命的人生觀。

在《查拉圖斯特拉如是說》的序言中，尼采宣稱：上帝已死，超人誕生。關於超人的意義，說了這樣一段重要的話語：

我告訴你們什麼是超人。人是要超越自身的某種東西。對於超越自己，你們做了什麼呢？一切存在者都能從他們自身的種類中創造出較優越的來。你願意做大潮中的退潮嗎？……

聽呵！我告訴你們什麼是超人。

超人就是大地的意義。讓你們的意志說：「超人應該是大地的意義吧！」

我的兄弟們！我極願你們對大地忠實，別信那些傳說來世希望的人！他們都是荼毒者，無論他們是自知或是不自知。

他們是生命的侮蔑者、自甘頹廢與自我荼毒者，對於他們，地球厭倦了：「快讓他們去吧！」

從前把瀆神看做是最大的褻瀆，但是現在神已經死了，這些褻瀆者也一同死去。如今最可怕的罪惡是對於大地的不敬；這些褻瀆大地的人，把不可思議的靈魂高舉在大地的意義之上。

從前靈魂蔑視肉體，那時以為這種蔑視是最高尚的事：靈魂希望肉體瘠弱，慘白和饑餓。以為這樣就可從肉體和大地中逃開……

誠然，人是條汙穢的川流。一個人必須成為一個大海，可以容納汙穢的川流而不失其淨。

看呵！我教你們以超人：他就是這大海。

關於超人的涵義，這段話裡有兩點最為重要：一是說，「人是要超越自身的某種東西」，這是就人類或個人而言，激勵人要發揮潛力以超越自己。二是說，「超人就是大地的意義」，這是就世界觀而言，為否定傳統二元論世界觀，肯定大地（人間世）為唯一的實在世界。下面對這兩層意義略加申說：

「人是要超越自身的某種東西」 尼采認為，每個存在體都具有巨大的「衝創意志」，他稱之為「創造的生命意志」（《查拉圖斯特拉如是說．自我超越》）。這種意志的發揮，使人們可以不斷地自我塑造、自我發展，這層意思在《查拉圖斯特拉如是說》中一再提到。例如，在第一卷〈創造者之路〉中說超人是：「那想創造以超越自己的人。」在第三卷〈漫遊者〉中，以登山作比喻，曉喻人們要不懈地「超越自己」，以「達到自己的峰頂」。在〈序言〉中，尼采還說：

> 人是繫於禽獸與超人之間的一條繩索——一條凌駕於深淵之上的繩索。
> 一種危險的途程，一個危險的回顧，一個危險的震顫與停足。
> 人的偉大處，在於他是一座橋梁而不是一個終點。

「人是一個橋梁而不是個終點」。這是說，人生是個不斷前進的活動過程，其路途之坎坷，其進程之驚險，猶如「一條凌駕於深淵之上的繩索」，在艱辛怖懼的生命過程中，要以堅忍的毅力，排除萬難，開創新義。這就是尼采早期所肯定的希臘悲劇的人生觀。

「人是個橋梁」是個超越過去而奔向未來的存在，這也就是尼采在另一處所描述的：人的存在如「千百橋梁與階梯，投向未來。」（第二卷〈毒蜘蛛〉）在尼采看來，人是個自我創造、自我超越的主體。這觀點對當代的存在主義也有很大的啟發。

「超人就是大地的意義」這是尼采哲學的根本要義。上面所引尼采借查拉圖斯特拉之口宣示超人意義的一段話，乃明顯針對基督教背棄現實的世界觀及其唯靈論的人生觀而發的。它的要點是：一、指責基督教「褻瀆大地」，這是抨擊基督教之虛構來生論而否定現實世界的美好價值。二、指責基督教信仰為「生命的侮蔑者」，這是抨擊基督教的敵視生命。三、指責基督教教義之「蔑視肉體」，這是抨擊基督教的虛妄的唯靈論。「怨恨生命和大地」（同書，〈肉體的蔑視者〉），這是尼采對基督教批判的一句概括性的話。總之，西方傳統二元論世界和基督教之敵視生命的厭世觀，成為尼采攻擊的核心論題。

在西方傳統思想裡，超越世界及其唯靈論的論調固然彌漫於基督教統制的時代，而始作俑者則可上溯於大哲學家蘇格拉底與柏拉圖。蘇格拉底雖不避死難，但他的勇氣是由於他相信死後可與眾神一起享受永恆的福祉。所以羅素（Bertrand Arthur William Russell,

1872-1970）有這樣的批評：「〈斐多篇〉之重要，就在於它不僅寫出了一個殉道者的死難，而且還提出了許多學說，這些學說都成了基督教的學說，聖保羅和教父們的神學，大部分是直接或間接從這裡面得來的。如果忽略了柏拉圖，他們的神學就差不多是不能理解的了。」[60] 柏拉圖的〈美諾篇〉和〈斐多篇〉，竟認為「知識是靈魂從生前的存在裡帶來的」。他的形上學將整體的世界割裂為二，即現象世界與形相世界，視前者為幻滅無常的影像世界，後者為永恆價值的理型世界。這種價值倒置的兩元論世界觀，正成為延續千餘年的基督教所謂天國與人間、來世與今生兩個世界說之張本。

形上學家所虛構的「超越世界」，乃是宗教「另一世界」演變的「一個旁枝」。在《愉快的智慧》裡，尼采評論說：「在宗教思想的統治下，人們習慣了『另一世界』的概念——當宗教思想被摧毀了，人們便由於一種不舒服的空虛和喪失感而不安。從這種感覺又再次生出『另一世界』，但這回不再是宗教的、而僅是形上學的。但是在原始時代最初導致假定『另一世界』的，並不是某種衝動或需要，而是由於在解釋自然事件中出現的一個錯誤，一種智力上的失誤。」（〈宗教的起源〉）在《偶像的黃昏》中，尼采批評「千年來哲學家所從事的一切思考都成為概念的木乃伊（conceptual mummies）。」（〈哲學中的理性〉）無論這種「另一世界」的概念，或空洞概念的盲目崇拜（conceptual idolaters），都可上溯於柏拉圖思想。於此，尼采批評：「柏拉圖逃離現實而只想著蒼白的精神圖畫中的事物。」（《曙光‧尊重事實》）他批評柏拉圖有觀念狂（ideomania），說他對於形式（form）幾乎有宗教式狂熱。他還說：「以往的哲學家都恐懼感官，他們以為感官會誘使人走出自己的世界——走出『理想』的、冷靜的世界。『耳朵裡的封蠟』幾乎是那些哲學思維的寫照；生命是樂章，而真正的哲學家卻不再聆聽，他棄絕了生命的樂章。」這樣，他們的哲學生命便愈來愈蒼白，因而尼采歸結說：「總之，所有哲學上的唯心主義都是有些病態的，就和柏拉圖那樣。」（《愉快的智慧‧為什麼我們不是唯心主義者》）

尼采指出，柏拉圖和基督教信仰，都是肯定「另一個世界」而否定我們這個人生、自然和歷史的現實世界（《愉快的智慧‧我們仍舊虔誠》）這種二元對立及價值倒置的思想傾向，連康德都不免受影響，所以尼采抨擊說：「哲學已被神學家們的血液所敗壞，……實在（reality）已被降為單純的現象（appearance），而一種虛構的世界卻被尊為實在。」

---

60. 羅素著、馬元德譯，《西方哲學史》卷一，第二篇第十六章。下引同。

（《反基督》）事實上，並無柏拉圖等唯心論者所謂的「真實的世界」，那不過是神話罷了！（《偶像的黃昏．真實的世界如何終於變成神話》）世界只是一個，就是我們所存在的這個生生不息的現實世界。

以此，尼采宣稱：「超人是大地的意義。」乃是對西方傳統二元論世界觀所作的一種價值轉換。歸結地說，尼采所謂的超人，乃是敢於作一切價值轉換的人，敢於打破舊的價值表，特別是基督教的價值表，並以其豐富的生命力來創造新價值的人。[61]

衝創意志的概念

◆「衝創意志」根源於戴歐尼修斯因素

超人表現著充沛的生命意志。有的學者將超人學說歸入尼采意志哲學的範疇，因為超人學說反對懦弱、缺乏生氣，而以衝創意志為其生命的本質。

尼采認為，世界是創造的，創造世界的不是上帝，而是「衝創意志」，尼采稱它為「Der Wille zur Macht」，英譯為「The Will to Power」。

「The Will to Power」以往中譯為「權力意志」，這是個錯誤的譯名，容易使讀者產生誤導，以為它是講究政治權謀的意志。事實上，尼采是反對政治權謀的。

在尼采思想中，文化的意義遠大於政治。尼采的意志力哲學不是一種政治權力的涵義，政治問題在他的觀念中只占很少的部分。考夫曼教授說「尼采反對野蠻主義，而政治的權力在他看來本質上是一種野蠻主義的形式」，[62] 他很不欣賞德國，正當德國很強盛的時候，他對德國進行強烈的批判，表示政治權力是敗惡的。

早期的尼采認為，世俗的權力是邪惡的。在《悲劇的誕生》中，他說：「政治本能占絕對優勢的國家，必然會趨向於極端的世俗化，羅馬帝國便是這種國家最明顯、最可怕的表現。」而他所肯定的「悲劇英雄人物，便是把我們從追求塵世滿足的貪欲中解放出來」。

在《反時代的考察》第三篇〈教育家叔本華〉中，尼采抱怨有權力的政府、教育，憎恨孤獨的哲學家。在《愉快的智慧》中，他攻擊「那些有權勢的人對自己可笑而荒謬的作

61. 參看柯普勒斯東，《哲學史》合訂本第三冊第七卷。
62. 考夫曼，《尼采》。

為沒有任何羞恥感，他們將自己所喜好的而令人厭惡的東西強加於人，使人變成一種新的習慣，最後形成一種新的需要。」（〈改變鑒賞力〉）在《查拉圖斯特拉如是說》中，則更加不停地抨擊權勢人物及權勢欲之伸展（見〈新偶像〉、〈痞徒〉、〈毒蜘蛛〉、〈著名的智者〉、〈自我超越〉、〈路過〉、〈三件惡事〉各章）。在《偶像的黃昏》中，直指「權力使人愚昧」，並沉痛地指責一個國家把自己消耗在權力的爭逐，導致文化的停滯與精神的貧乏，因而認為「在文化意義上偉大的都是非政治甚至是反政治的」。（〈德國人所缺乏者〉）

以上是尼采對政治權力的態度，但他對「力」（Power）的概念，卻有兩重看法：在《反時代的考察》第四篇〈華格納在拜魯特〉中，曾批評青年的華格納不滿足地追求權力與榮耀，但他能將權力轉化為藝術創作。在《人性的，太人性的》中，批評華格納被世俗的成功與權力所腐化，為了保持和增加它們，就和政府、教會以及公眾輿論妥協。從華格納身上，尼采似乎看到「力」的兩面，一種是世俗權力的意念，另一種則轉化為藝術的創作力。《曙光》之後這概念轉向了心理現象的分析。63

在《愉快的智慧》中，尼采提出「力量感的原則」，一年後，這概念在《查拉圖斯特拉如是說》中發展為「衝創意志」的學說。衝創意志這個概念第一次出現是在《查拉圖斯特拉如是說》中，而這概念的產生可以追循這樣的一個發展線索。

一般都認為，尼采的意志論淵源於叔本華，但在尼采的思想中，自始就不接受叔本華「求生意志」的悲觀論調，即使在他早期深受叔本華影響的時候，在他最早的作品《悲劇的誕生》中所讚揚的希臘意志也是「一種充滿喜悅的生命活力」，他呼籲「大膽地過著悲劇人的生活，把戴歐尼修斯的行列從印度帶向希臘」。

基督教是走向和希臘意志相反的方向。尼采認為，它是「毀滅意志所能採取的一種最危險、最邪惡的方式，也是一種病入膏肓、陰鬱、疲憊以及生物由於缺乏陽光而變得蒼白的象徵」，「基督教使生命自我嫌惡」。（《悲劇的誕生·一個自我批評的企圖》）由此，尼采就更加重視希臘意志中的戴歐尼修斯因素，而排除基督教的「毀滅意志」。

希臘意志中的戴歐尼修斯因素為尼采所推崇，而衝創意志實是淵源於此。在《反時代的考察》第二篇〈歷史對人生的利弊〉中，尼采論及：「一個人、一個民族、一個文化都有它可塑性的能力（the plastic power）。這種能力在自身中表現出來，能改變和容納自己

---

63. 考夫曼，《尼采》。

的過去或外來的事情，能治療創傷，代替已經失去的東西，並創造已破損的規模。有些人沒有這種能力，很容易一受挫折就消沉，好像一點小小的外傷就流血致死。」這裡所講的可塑性的能力和它日後所發展的意力概念是相一致的。

在《愉快的智慧》中，尼采第一次提到「衝創意志」這個概念，認為它是「生命的意志」。（〈再談學者的起源〉）在他寫《查拉圖斯特拉如是說》的時侯，才將之系統地總結為一種理論，視它為普遍內在於一切存在體的動力。

統言之，尼采使用衝創意志這個名詞的原意，是他發現宇宙間每個存在體都具有一種特別的意志力，推動著本身與自我發展。在我們人類中，每個人都有巨大的潛力，用他的話來說，有一種「創造意志」（Will to Procreation），它是「向著更高、更遠、更複雜目標發展的動力」。

◆「衝創意志」是「創造生命的意志」

在《查拉圖斯特拉如是說》的〈一千零一個目的〉、〈自我超越〉和〈救贖〉這幾章裡，都曾提到衝創意志。這概念第一次見於〈一千零一個目的〉，原文是這樣的：

查拉圖斯特拉看過許多地方、許多民族，因此他發現了許多民族的善與惡。查拉圖斯特拉感到，世界上的力量沒有比善與惡的力量更大的了。

任何民族若不先估定價值，便不能生存；假若一個民族要維持它自己，它必不可依持鄰族所定的價值為價值。

我發現甲民族以為善的，乙民族以為可鄙而輕蔑。我發現在這裡被視為惡的，在那裡卻飾以紫色的榮光。

……

一張價值表建立在每個民族之上。看呵，這是他們的勝利紀錄；看呵，這是他們衝創意志的呼聲。

他們認為凡是困難的事，便是可稱讚的；

凡是不可免而艱難的，便叫善。

……人就是價值的估定者。

這裡，尼采提出道德的相對論，認為不同的民族有不同的道德觀念；不同的民族有不同的價值準則，但這都由衝創意志所產生。這裡，尼采又提到人是價值估定者，凡是發揮毅力、克服困難的，就是「善」。

在〈自我超越〉中，尼采再度肯定推動著人們往前進的就是衝創意志，即使在價值估定時也是如此。他借查拉圖斯特拉之口，滔滔而談：

現在這條河載著你們的船前進：這河必須載著它。雖然波浪沸湧，怒濤阻舟，那有什麼要緊呢！

大智者啊！你們的危險和你們的善惡的判斷，不是這條河，而是那意志的本身；衝創意志——這生生不竭的創造生命意志。……

生命自己向我說了這奧祕。「看呵」，她說，「我必須不斷超越自己的」。真的，你們稱這為創造意志，或者向著更高、更遠、更複雜的目標發展的動力。……

凡有生命之處，就有意志；但不是求生意志。我告訴你們，乃是衝創意志。……最大的惡也是最大的善的一部分，但這是創造性的善。

讓我們的真理打破一切該打破的東西罷！許多房子還要建立起來！

這裡，尼采明確地說衝創意志是永不耗竭的「創造意志」、「創造生命的意志」，這也和〈救贖〉章所說的「意志是一個創造者」具有相同意義。

◆衝創意志是一種經驗的說明性的理論

在上面所引的〈一千零一個目的〉裡，尼采說查拉圖斯特拉看過許多地方、許多民族，最後發現了每一個民族的價值表都是衝創意志的呼聲。在〈自我超越〉裡又說：「我發現有生命之處，就有衝創意志。」據此，考夫曼教授認為，尼采衝創意志的理論是建立在經驗觀察的基礎上。[64] 對這觀點，柯普勒斯東也有清楚的解釋，他認為：我們不可以將尼采談到這個世界誤解為具有形而上的超越的意義。因為尼采不斷地攻擊這種分別，即在這個世界之外虛構一個超越的世界，並把它們對立起來，而又認為這個世界只是一個表

64. 考夫曼，《尼采》。

象，超越的世界才是真正的實在。尼采認為這個世界絕不是一個幻覺，衝創意志也不在超越的世界中存在著，在他看來這個宇宙是一個統一體，這個世界是一個生成變化的過程，任何地方、任何事物都看得到表現著它自己的衝創意志，因此他得出這樣的結論——衝創意志是宇宙中內在的實在。

尼采這個理論是對宇宙的解釋、是對宇宙的一種描寫，而不是把它當作一種形而上學的理論，因為形而上學的理論是把它當作可見世界背後的東西，而且是超越性的東西。

尼采的心理當然受到叔本華很大的影響，但他並不是因為讀了《意志與表象的世界》就跳到一個宇宙的一般理論。比較妥當的說法是，他在人的心理過程中，覺察到衝創意志的表象，然後把這觀念擴充到一般有機的生命裡。所以，尼采的這個理論並不是一個觀念的、形而上學的假定，而是一個範圍很廣的經驗假設。

永恆重現

◆赫拉克利特變動說之影響

尼采的意志哲學，展現了兩方面的視野，一是超人學說，另一是永恆重現的概念。前文論及衝創意志是建立在經驗基礎上一個說明性的假設理論，現在論述的永恆重現也是一個預設的概念。

永恆重現的概念，令許多讀者感到含混不清，有的學說認為它和超人學說是不一致的，[65]較多的學者則認為這二者間看來有矛盾，但仍認為它們是相容的。[66]永恆重現這概念的確使人費解，但尼采晚年曾經強調它的重要性，所以學者們不能不對這個概念進行探討。下面先介紹這個概念形成的過程。

尼采在自傳《看，這個人》中，談到《查拉圖斯特拉如是說》這本書的寫作時說：

65. 布朗修認為「永恆重現」這概念在邏輯上是混淆的。見艾利森編，《尼采新論》。

66. 參看考夫曼，《尼采》；柯普勒斯東，《哲學史》合訂本第三冊第七卷。此外海德格也認為永恆重現和超人是一致的，但他是從「存有」（Being）的觀點去作解釋的，而事實上尼采恰恰是反對「存有」的形上學觀點，他是從生成變動的觀點去解釋宇宙的。

現在我要告訴你們關於《查拉圖斯特拉如是說》的歷史，這著作的基本概念——永恆重現，也就是人類能夠達到最高肯定的形式，是在一八八一年八月間形成的。

那根據尼采自己所說的，這概念形成於一八八一年八月間。在他的著作上，這名詞第一次是出現在《愉快的智慧》第四卷第二八五節。在這卷的最末一節（第三四一節）對這概念有這樣的說明：你現在過的生活與過去的生活，你仍要一直過下去，包括痛苦的生活和歡愉的生活。在尼采看來這是一種反覆出現的生活，一種考驗，一種挑戰，雖然知道生命是痛苦的，但仍能接受。

在《查拉圖斯特拉如是說》第三卷〈康復〉上，有一段話表達了永恆重現的思想：

我，查拉圖斯特拉，生活的辯護者，苦難的辯護者，循環的辯護者，我呼喚你，我的最深邃的思想！

萬物方來，萬物方去；永遠地轉著存在的輪子。萬物方生，萬物方死，存在的時間，永遠地運行。

萬物破滅，萬物新生；同一存在的空間，永遠地自我建立。萬物分離而相合，存在之環，永遠地忠實於自己。

每一刹那都有生存開始，「那裡」的球繞著每一「這裡」而旋轉，中心是無所不在的。永存之路是曲折的。

這段話裡提到三點：一、肯定生命，承受苦難的生命。二、宇宙間的事物是不斷地變動——分離而結合地運行著。三、宇宙間每個時間、每個空間都有新生事物出現。

《查拉圖斯特拉如是說》第四卷〈醉歌〉，對永恆重現有一段頌詞：

痛苦也是一種快樂，咒詛也是一種祝福，黑夜也是一種陽光……

噢，我的朋友們，你們曾肯定過快樂嗎？那麼，你們也會肯定一切痛苦的。一切事物都互相聯繫著、糾結著、相戀著。噢，你們熱愛這個世界。

你們是永遠存在著！永遠愛世界！而且向痛苦說「去吧，但還要回來！」因為，一切的快樂要求永恆！

世界是深邃的，
遠過於白晝所能想像的深沉。
痛苦說：去吧！
但一切的快樂要求永恆——
要求深沉、深沉的永恆！

在這裡，不難看出尼采認為歡樂與痛苦是交織在一起的，接受生命就是要接受生命的全部，即歡樂與痛苦的交織與交替。

在尼采的自傳裡提到這個概念的由來時曾經說，這概念是受到赫拉克利特（Heraclitus）永恆循環理論的影響。他說：

接近他，比在別處要使我感到更溫暖、更舒適、安逸。肯定萬物的流變與毀滅，在戴歐尼修斯哲學中的決定要素；肯定矛盾和鬥爭，生成的觀念，強烈反對實有（Being）的概念，在這些方面，使我認識到他一直是和我的思想最密切接近的。「永恆重現」的學說，就是萬物絕對而永遠循環的重現，查拉圖斯特拉的這個學說，也就是赫拉克利特所宣揚過的。

尼采和赫拉克利特一樣，認為世界變動不已。尼采否定世界的發展有一個終極目標，他反對世界事物發展是直線的目的論。尼采的世界觀比赫拉克利特的內容多些東西，它具有兩個重點：一、所有事情的發生都有一個基本規律。二、世界在兩個極端中演變，從簡單到複雜，從複雜到簡單。[67]

---

67. 里察．夏哈特認為這觀點也許是從叔本華哲學發展來的。叔本華認為大多數人是被迫承受生命，盲目意志推動著人活下去，或懼怕死亡而活下去，但有一種人認為生命是真實的，喜愛生命，因為其中有可愛的東西，所以也能接受不可愛的東西，可是這種人如果一旦明白這個真理，生命的本質是不停地受苦，如果這樣就寧可滅亡而不願活著，就要放棄這種忍受。尼采可能受到叔本華這種影響，可是有一點是很不一樣的，尼采知道生命是痛苦的，而且要不斷地受苦，但仍能欣然地接受，這就是希臘悲劇精神的人生態度。見里察．夏哈特，《尼采》。

◆理論之經驗假設：有限的「力」在無限空間之運轉

尼采生前，在一八八三至一八八八年之間，寫下許多零散的札記，他的親友在他死後把它們編輯成冊，名為《衝創意志》。這本書的最後一節是關於永恆重現的，這裡除了提到永恆重現這概念使人欣然接受一種悲劇的人生態度之外，還提供了我們兩點重要的材料：一是尼采將這概念和科學觀相結合，二是將這概念作為一種宇宙觀而提出。用它來代替及排除一切傳統玄學及有神論的宇宙觀，下面分別引述：

一切價值重估不再有確定性的歡愉，只有不確定性的歡愉；不再有「因與果」，只是不斷的創造；不再有保存的意志，只有衝創意志。

忍受這永恆重現的觀念，我們需要：從道德中解放出來，需要新的方法去對抗痛苦的事實（將痛苦視為一種工具，作為愉快的根源，沒有累積的不愉快的感覺）。欣然承受一切不確定的東西，欣然接受實驗主義，作為對極端宿命論的對抗，廢除必然的概念、廢除本身的知識。

從這兩則札記中，透露了一種肯定人生的訊息：宇宙間的事物雖然會一再重現，所重現的事物並不是一定性的歡愉，而包括許多「痛苦的事實」，但要「把痛苦視為一種工具，作為愉快的泉源」，這就是說，如果一個真正的戴歐尼修斯型的人，就會以一個堅定的、勇敢的、樂觀的態度來迎接宇宙事物的變化。

永恆重現這個概念的形成，不僅是由於尼采受到赫拉克利特的影響，而且還和當時科學的宇宙觀相聯繫，特別是能量守恆定律。在《衝創意志》中尼采曾明白地說：「能量守恆定律要求『永恆重現』。」尼采認為：

這世界是一個巨大的能量，沒有開始，沒有終結，只由很多的力（force）組成，這種力的總數不會增多，也不會減少。這些有限的力在有限的空間裡，不斷演變，像海洋一樣，衝浪似地永遠在波動，很多年以後，相同的浪波還會再回來。這些簡單的形狀，一直不斷努力前進，形成越來越複雜的狀態。從最寧靜的、最硬的、最冷的狀態，也會慢慢變成最熱的、最動盪的、最自我矛盾的狀態，在這豐富的東西裡，然後又回到「家」——回到原來的狀態。在這豐富的狀態、矛盾中互相衝擊，又回到和諧的歡樂中。在這過程中，它肯定它自己——肯定這道路的一致性。作為一個生成變化（becoming），不知道飽滿，不知道厭惡，不知道疲倦，這就是我的自我創造的戴歐尼修斯的世界……，這個世界就是衝創意志，此外無他，而你們自己也是這個衝創意志，此外無他。

尼采稱以上的觀點為「新的世界觀」，它可以概括為下面幾個重要觀點：

一、宇宙的能量是固定的，空間充滿了力，而時間是無限的，有限的力在無限的空間中活動，所以一定會有機會重新組合。在尼采看來這就像擲骰子一樣，在無限的時間內抛擲無限次骰子，則必然會重覆出現。

二、這世界永遠在變動中，它呈現著這樣的規律，即由簡單到複雜、由複雜到簡單循環發展的規律。

三、尼采認為這永恆重現的世界觀和基督教的世界觀，有這幾方面的不同點：首先，尼采認為這世界沒有開始，也沒有終了，基督教認為世界始於神的創造，而終於目的——一個最後審判、到永遠受罰或永生的世界。再者，尼采認為人是自我塑造的，而基督教卻認為人是神的被造物。接著，尼采認為衝創意志創造世界，生命的意義和價值是人類本身所給予的，而基督教卻認為世界是神創價值，是神所賜予的。

柯普勒斯東教授認為，永恆重現這理論被當作一個經驗的假設提出來，而不僅是當作一個有約束性的思想或對人的內在力量的測驗這方式提出。他說，尼采之所以重視永恆重現的理論，有一個主要的理由是，這理論填補了他哲學上的一個空缺。這理論在萬物生成變化之流中尋找它們自身的永恆性，而無需引進任何超越宇宙的實存概念，尤其是尼采用這理論來避免引進一個超越神的概念，同時也用於避免引進泛神論的論調。按照尼采的說法，如果這個宇宙永不重現它自己，且不斷產生新的形式，就會出現對上帝觀念的一種嚮往。而所謂有創造的神，在永恆重現理論中是被排除的，這理論同時也排除個人在超越世界的永生觀念。雖然永恆重現也提供了這觀念的代替品，一個生命過程中一次次地重覆，對一般人來說是個有限的吸引力。換言之，永恆重現表現了尼采要肯定這個現實世界的堅決意志，並認為一個真正強壯的人是真正的戴歐尼修斯型的人，這個人會以堅定的、勇敢的、歡樂的態度肯定宇宙。的確，在《衝創意志》中就表達了這些觀點：

如果世界有一個終點的話，它就到達了……然而，「精神」作為一個「生成變化」的形成之事實，證明這世界沒有終點，沒有最後的狀況，並且不可能成為「存有」。然而，古老的習慣是很頑強的，每個發生的事情都要和終極目的相聯繫，或者將世界和神相聯繫，這老習慣是很深固的，以至於要求一個思想家不能有這世界是漫無目的的想法。舊的宗教式的想法，希望世界仍有一個古老的創造性的神存在，斯賓諾莎在他著作中也表達了這種欲望。

最近達到的科學精神壓倒了宗教的精神，但仍然沒有清楚地用科學概念表達出來。世界只是力，世界不是無限的；沒有無限的力，所以沒有無限的世界。

這裡，非常明顯他批評了有神論的宇宙解釋，認為傳統玄學的實有概念仍是一種古老宗教的思維方式。尼采並指出，近代科學雖然否定神，但仍先說有一種原始的力量操作世界，因而他批評科學的世界觀仍不能脫離古老的思想模式。可知尼采永恆重現的理論，主要用意在於排除一切傳統玄學及神學之目的論的宇宙觀。

然而，尼采永恆重現的理論卻有很大的缺點。早在一九〇七年，喬治・齊美爾（George

Simmel, 1858-1918）在《叔本華與尼采》（*Schopenhauer und Nietzsche*）一書中便已指出，尼采建立這理論是失敗的，因為尼采雖努力將當時的科學觀（如物質不滅定律，能量守恆定律等）引進他的宇宙論裡，而認為有限的力在無限的時間中活動，從而得出一定會重覆出現的結論。可是，這或然性在數學上卻是無限小——幾乎近於零。不過里察·夏哈特教授則認為喬治·齊美爾雖然批評得很有力，但不影響尼采哲學的主要精神——如何增進生命。

尼采試圖運用科學的觀點解釋生命，他說：「宇宙有很多的『力』，彼此相連，而有共同的影響，我們叫作『生命』。」「精神只是一種方法式工具，為豐富生命的內涵而服務。」（《衝創意志》）

總之，尼采講的是生命的東西，而不是科學的。雖然永恆重現的理論在數學的或然律上幾乎是不可能的，但這理論在於試圖排除一切古老形而上學及有神論的宇宙觀，而以衝創意志作為創造世界的動力，仍然是值得肯定的。

結語

正如英國學者史丹（J. P. Stern）教授說的：尼采「不是一個唯心的哲學家」。他的思想不是講什麼是好，什麼是不好，而是講如何創造一種道德觀念。[68]他認為，我們評價歷史，一定要從人的創造性這方面來看。

縱觀尼采的生命哲學，它在西方崇尚「超越世界」的玄學傳統的主流思想中是獨樹一幟的。其發布「上帝已死」的訊息，宣稱對傳統文化（基督教文化）進行「一切價值重估」，以及對柏拉圖以來二元論世界觀的否定，並指責傳統哲學家注入了太多神學的血液，這在西方文化史上具有深刻的意義。

尼采誠然是個「精神界之戰士」（借用魯迅的話），他的作品似乎預告資本主義種種惡質化的弊害：拜金主義、軍國主義及現代化生活中的庸俗主義，即使在現在讀來，仍是如此動人心弦。他那浪漫主義代表作《查拉圖斯特拉如是說》所洋溢著熱腸孤憤、發揚蹈厲之激情，帶給人們無比的共鳴與啟發，它的確是「給予人類的一項偉大贈禮」。

然而，尼采的思想卻也有著很大的局限性。例如，由於他過分強調發揮個人主觀能動性，而忽視社會的共同基礎以及人群共進共策的一面。[69]
尼采思想介紹到我國，早在梁啟超時代，王國維、魯迅、陳獨秀等都受到不小的影響。尼采攻擊基督教傳播「奴隸道德」，萎靡人心，這與我國五四新文化運動之反封建禮教與提倡個性解放，正相類同。魯迅喚醒「群之大覺」，關心國民性的改造，陳獨秀之抨擊禮教「忠孝節義，奴隸之道德也」，即是尼采的回聲。

在今天，對於尼采的思想需要作一番重新的評估。我們應進一步研究他的作品，由於它對當代文學與哲學有著重大的影響，我們可從其中取得借鑒與啟發之處。無論是尼采對於傳統文化的態度或其開創思想新路上，都有許多可供參考的地方。在這裡，個人僅提出這幾方面的意見：

一、尼采是位舉世著稱的反傳統主義者，但他對於文化傳統，並非流於簡單化的全盤

68. 史丹，《尼采》

69. 周國平，《尼采在世紀的轉折點上》，對尼采思想的缺點有這些評論：「尼采脫離人的社會歷史進程考察人性。」「尼采式的個人主義終究是一種個人主義，它有發展個性的積極面，卻也排斥社會和蔑視群眾的消極面。」他「把社會與個人完全對立起來，片面強調社會對於個性的損害，而無視更重要的一面：社會是自我實現和個性發展的唯一場所。」

否定的態度。他強烈批判基督教文化而極力推崇古希臘的悲劇文化，並從悲劇文化的戴歐尼修斯因素中發展出他創造力的意志哲學。尼采對於西方傳統價值的反思、對現代庸俗文化的反省，以及從古典文化中吸取創作的動力與泉源，頗能糾正我國傳統派或西化論者在思考上的淺薄性。

二、在論及「歷史對人生的利弊」問題時，尼采認為：「一個人最內在的特質越深厚，他就越能消納過去的事物豐富自己；他把一切歷史的經驗，無論是自身或外在的，都能吸取過來，轉化為自己的血液。」然而，歷史意識過量時，是有害於現存者的（如好古意識過量時），它總是貶抑與阻撓變革者，而不知道如何開創人生。尼采對於歷史意識過量而妨礙現實開展與未來發展的批評，正指出我們文化保守主義者（如所謂「新儒家」）的弊害。同時，尼采也指出無歷史意識者的盲點，他說：「我們觀察動物，它是完全無歷史感的，只停駐在一個點狀的視界內」，「如果一個人的歷史意識和歷史知識是受限制的，那他的視線就像阿爾卑斯山谷的居民那樣狹窄」，這正道出我們文化界裡全盤西化論的「視線之狹窄」，由於缺乏歷史感與歷史知識，以致觀看問題便如動物般地平視著，而「只停駐在一個點狀的視界內」。尼采則認為：「人之所以成為人，他能思考、反省、比較、分析、綜合著去限制那無歷史的因素，這種能力，把過去運用到人生，並將已經發生的事再形成歷史」；「有歷史感的人，考察過去為著使他們投向未來，在生活中激勵他們的勇氣，點燃他們的希望。」（《反時代的考察．歷史對人生的利弊》）這史觀對我們的文化界頗有啟發之處。

三、文化傳統並不是單一的，正如哈佛大學著名教授史華茲（Benjamin Schwartz）在〈關於中國思想史若干初步考察〉文中說的：「中國的傳統並非是一個清一色的單元。」確實如此，正如古希臘思想是歐洲思想的泉源一樣，先秦諸子思想也是中國文化史上的一個黃金時代，儒家只不過是「百家」之一，在各家所具有的共同文化基礎及其在其上開拓的人文主義、人道主義、淑世主義、民本主義思想不僅成為我們優秀的文化遺產，而且也豐富了世界思想史的內涵。尼采宣稱「上帝已死」及抨擊西方哲學注入太多神學的血液所表現的人文主義精神，同我國先秦各家所提倡的人文主義思想有著人類歷史性的相互互映之處。在文學的領域裡，《詩經》以來所表現的現實主義文學傳統，《莊子》和《楚辭》以來所開展的浪漫主義文學傳統，和尼采作品中所表現的浪漫主義現實文學有其共同特色，而豐富了古今世界文學史。

在我們漫長的傳統中，儒家原只是先秦諸子百家之一，它所提倡的道德規範在歷史的沿襲和發展中成了泛道德主義，進而演變成尼采所指責的「奴隸道德」、「家禽道德」，千百年來桎梏著中國民族的心靈。因此，對於儒家進行「一切價值重估」及「價值轉換」，是我們思想界裡一項艱巨的工作。而另方面，墨家的「兼愛」思想、社會意識，道家的開放心靈、藝術精神，法家的法制觀念、悲劇精神等等優良的文化傳統被長期忽視了，對這些珍貴的文化資產也應重新肯定和再造，正如尼采對古希臘文化的發掘工作一般。

四、尼采作品中討論了個體意識和群體意識的衝突，其論點雖然有所偏失，但也可供我們對儒家的群體意識和道家的個體意識之間的對立和補充做一番深入的探討。此外，尼采的生命哲學及其調動個人的主觀能動性對我們當有無比的動力。

本文為一九八六年秋冬在北京大學講授「尼采哲學」課的講稿，一九八七年元月修改定稿。

尼采哲學與莊子哲學的比較研究

「什麼是善？凡是增強我們人類力量感的東西、力量意志、力量本身，都是善。什麼是惡？凡是來自柔弱的東西都是惡。」

——尼采《反基督》

「鳧脛雖短，續之則憂；鶴脛雖長，斷之則悲。故性長非所斷，性短非所續，無所去憂也。意仁義其非人情乎！彼仁人何其多憂也？……仁義其非人情乎！自三代以下者，天下何其囂囂也？」

——莊子〈駢拇〉

把尼采和莊子這一東一西、一古一今的哲學家放在一起做比較研究，可以說是一項十分有趣又相當困難的工作。這項工作之所以困難，主要有兩方面原因：

首先，他們的時代背景差距太大。莊子生活在西元前四世紀的中國，西周宗法封建制度禮崩樂壞的時代，他的思想是小農自然經濟的反映。而尼采是生活在十九世紀的德國，資本主義開始發展，他的思想是針對西方傳統哲學，特別是基督教文化價值提出了強烈批判。他們處於如此不同的時代，反映著各自不同的社會環境和文化傳統，這構成對他們的思想進行比較研究上的最大困難。

其次，他們都是文學性的哲學家，不是科學性的哲學家。他們思想的表達雖有實質系統，卻不具有形式的系統，特別是尼采，他是一個反體系的思想家。而他們思想的實質系統，和以往的哲學卻是大異其趣。他們著作中的語言文字及概念雅奧難解，他們的作品幾乎可以說是一部哲學詩，或者說具有高度藝術性的散文，他們所使用的詩的語言或文學性的語言，詞句的意含性大、蘊涵性廣，常常是一詞多義。從邏輯學的觀點來看，他們所使用的文字有時是含混而歧義的，尤其是莊子，一反常規，採用深寓哲理的寓言，來表達那芒忽恣縱的思想。因此，往往帶來理解上很大的困難。

尼采和莊子都是異端的思想家、道統的非議者、舊文化的離經叛道人物。莊子強烈地抨擊宗法禮制文化和封建禮教對人性的束縛，尼采尖銳地批判基督教文化的頹廢性和資本主義社會的商業化、庸俗化，他們都對市場價值和世俗價值提出了深入的反省和檢討。這就顯示出他們思想的獨特意義，不管是消極面還是進步面，他們的思想和正統哲學家的思想是很不一樣的，所以比較研究他們的思想是很有意義的。

「五四」以來，我們中國的思想家，如陳獨秀、魯迅、李大釗（一八八九—一九二七），都不同程度地受到尼采和莊子的影響，特別是在個性解放和精神自由方面。有一位作家曾這樣說：「從魯迅先生的思想發展過程中來考察，在初期——即在辛亥革命前後——魯迅先生是個個性解放的倡導者，而魯迅先生的主張個性解放，是承受尼采的部分的哲學思想的。這思想又和他那感受於中國農村社會裡潛存著的莊老的哲學，並在他舊學傳統中對於莊老哲學的濡染，因而養成的那種愛自由的精神，相融合的。」[1]

1. 巴人，〈魯迅的創作方法〉，收在《魯迅紀念特輯》（北京：新中國文藝社，一九三九）。

東西兩位哲學家所處的時代背景

據《史記》記載，莊子與梁惠王、齊宣王同時。馬敘倫（一八八四—一九七〇）《莊子年表》推定，莊子大約生於西元前三六九年、卒於西元前二八六年；聞一多（一八九九—一九四六）考證認為，莊子的卒年是西元前二九五年。我們可以斷定，莊子是戰國中期的人，就大的環境來說，莊子是生活在《史記》所形容的「天下共苦戰鬥不休」的時代，這個時代，戰爭的慘烈，正如與莊子同時的孟子所說的，「爭地以戰，殺人盈野；爭城以戰，殺人盈城」；《莊子．徐無鬼》也說，當時的諸侯是「殺人之士民，兼人之土地，以養吾私」；〈則陽〉還寫了一個蝸牛觸蠻的寓言，說觸氏和蠻氏「相與爭地而戰，伏屍數萬」，也反映出這一個戰禍連綿的時代大悲劇，反映出諸侯互相攻伐給人民帶來的悲慘事實。時代的慘狀，不能不反映到莊子的頭腦中來。

莊子是宋國蒙人，而宋國是一個小國，外部經常受到齊、魏、秦等霸強的侵凌，內部受到宋王偃的暴虐統治。莊子的生年，正當宋君剔成初立之年，剔成庸碌無能，被他的弟弟偃趕跑，偃自立為宋君；偃君的暴虐是有名的，被史書稱為桀宋，《史記．宋世家》說他「淫於酒婦人，群臣諫者輒射之」。莊子在〈人間世〉裡說衛君：「其年壯，其行獨，輕用其國，而不見其過」，其實就是偃君的寫照。正如〈山木〉所說的，莊子是處於「昏上亂相之間」，莊子生活在這樣的亂世，人民性命朝不保夕，他的思想敏銳地反映了這個時代知識分子的險境，同時也反映了人民的悲慘遭遇。

春秋戰國時代，階級關係發生劇烈變動，一個介於貴族和平民之間的士階層興起，而老、莊就是士階層中近於隱士的一系。《史記》說：「老子，隱君子也。」不過，老子畢竟還擔任過周守藏室之吏，他的社會地位當然遠比只在蒙縣做過一陣子看管漆園的小職員的莊子要高得多。

莊周家貧，這在《莊子》書上有明確的記載。〈外物〉說，莊周窮得要上監河侯那裡去貸粟；〈山木〉說，莊子穿破衣弊履；〈列御寇〉說，莊子處窮閭厄巷，靠織草鞋度日。根據這些記載，關於莊子的階級屬性，有兩點可以討論：一是他的出身問題，二是他的思想的代表性問題。莊子的出身，沒有任何文字上的記載證明他是「貴族」，而且我們也不能以成分論來給莊子作定論。至於他的思想代表性，也沒有任何史實根據。相反，他過著和顏回一樣的生活，窮處陋巷，織草鞋度日，充分說明了他的中下貧民階級地位。我們從整本《莊子》來看，他對於當時的貴族統治集團有強烈的不滿和抨擊，因此他的思想是代表士階層的要求，而不是所謂貴族的利益。士階層屬於國人階級，國人階級由士、自由農民和工商業者幾個階層所構成，國人階級早在周幽時代就已崛起，周幽王、周厲王時，國人已經起來參政。到了春秋戰國時期，國人階級的活動逐漸加強，春秋晚期，國人階級裡的士階層已經人才輩出，而且聚徒講學，他們到處遊說國君，企圖以此進入仕途。雖然莊子終身不仕，是士階層中的一個特殊者，但由他「其學無所不窺」的情況來看，他並不是一個純粹的貧民和小農，而是一個很有學問的平民性格的知識分子。

莊子受到多種文化的激盪，因而形成他思想的豐富多彩：

一、他的思想繼承老子思想而有所發展，並以「豐富多彩的楚文化為背景孕育形成的」。[2]楚文化所表現的富麗奇偉的想像力，從文學觀點來看，屬於浪漫主義，而與具有現實主義特色的中原文化有別。莊子所生活的宋國，正是中原文化與楚文化的交會區域，這兩種文化的熏陶，使他的思想顯得非常多彩而獨特，他思想的繁複性，與儒家作為中原文化的單調性很不一樣。

二、宋國是殷人的後裔，「殷人是比較愛好藝術的氏族」，[3]他們的文化「充分地帶著超現實的氣韻」，這種文化傳統對莊子的作品當有所影響。

三、莊子的創作多用神話作為素材，而中國的神話有崑崙神話和蓬萊神話兩大系統。顧頡剛（一八九三—一九八〇）先生認為，《莊子》一書正是這兩大神話系統的融合。[4]以上三個方面的文化因素，綜合地影響著莊子，形成了他那獨特的浪漫主義文風和豐富的想像力，亦成為他那蓬勃的思想源泉。

尼采出生於一個基督教的家庭，他的父親是路德派的一個牧師，在他五歲的時候，父親因腦軟化症而去世。後來，尼采就學於南堡（Naumburg）普夫達學院，接受古典教育，又先後進入波恩大學（University of Bonn）和萊比錫大學修古典文獻學。一八六九

2. 任繼愈主編《中國哲學發展史．先秦》。
3. 郭沫若，《屈原研究》，見《沫若文集》第十二冊。
4. 顧頡剛，〈莊子和楚辭中崑崙和蓬萊兩個神話系統的融合〉，載於《中華文史論叢》一九七九年第二輯。張軍和王景琳的碩士論文都引述了顧頡剛之說（張軍，《論莊子的浪漫主義》，一九八二年吉林大學古典文學專業碩士論文；王景琳，《莊子散文藝術研究》，一九八四年北京大學中文系碩士論文）。王景琳認為莊子接觸到崑崙與蓬萊兩大系統，屈原只接受了崑崙系統，而莊子接受「誕生於大海的蓬萊神話」比崑崙神話要大。

年，尼采到瑞士巴塞爾大學教授古典語言學，一八七九年離開教職。從此，他結束學者生涯，在南歐一帶漫遊，過著飄泊的創作生活。尼采一生寫了十多部著作，《查拉圖斯特拉如是說》是他的代表作，他的一生大部分時光都處在貧病交迫的境況，他從小患有嚴重的頭痛、眼疾、胃病，三十多歲以後，他就一直被疾病所折騰。不過，總的說來，尼采還是比莊子的生活處境要好得多，但是如果說他是「大資產階級的代言人」，或者說他是「頌揚壟斷階級的政策」，他的哲學「是德帝國主義的非官方的帥旗」，[5]那是非常牽強附會的。基本上說來，尼采是一個比較富有濃厚詩人氣質的哲學家、文學家。

尼采的生平活動過程，正是俾斯麥掌權的時代。俾斯麥於一八六二年出任普魯士首相，開始推行軍國主義強權政治；一八七〇年，他發動普法戰爭，接著建立德意志帝國。可是尼采認為，德意志軍事上的勝利，並不說明德國文化的優越性，他甚至很沉痛地批評「德意志文化沒有實質，沒有目標，只是『公眾議論』，再沒有比這更壞的誤解了」。[6]尼采抨擊俾斯麥的擴張政策，他說：「對周遭的一切充滿著無上的輕蔑——所謂『帝國』、『文化』、基督教、俾斯麥和勝利。」在他的自傳裡，尼采強烈反對德意志至上的、狹隘的民族眼光。對於俾斯麥的鐵血政策和軍事擴張主義、對於德意志國家主義，尼采在他的

《查拉圖斯特拉如是說》的〈新偶像〉一章中，也有很強烈的批判。

尼采的思想，受到了希臘悲劇精神、赫拉克利特哲學、叔本華哲學和浪漫主義運動的影響。

一、希臘悲劇精神。尼采在研究古典語言學和古典文獻學中，發現了希臘悲劇的兩種精神——阿波羅精神和戴歐尼修斯精神，前者表現了理性之光，後者表現了創造熱情。他認為，希臘文明是由這兩種精神互相激盪而形成的。

二、赫拉克利特哲學。對於希臘的哲學思想，尼采強烈批判了蘇格拉底和柏拉圖的哲學，唯獨推崇赫拉克利特的變動哲學。赫拉克利特的長流之說和一切都是鬥爭所產生的學

---

5. 尼采哲學遭到很深的誤解，主要是受了蘇聯學風的影響。在專著方面，有斯・費・奧杜也夫寫的《尼采學說的反動本質》，這本書完全不是出於學術討論的態度，而是使用政治栽贓的方式，對尼采的觀點進行惡意的解釋。早在一九四一年上海出版了勃倫蒂涅爾寫的《尼采哲學與法西斯主義》（段洛夫譯，潮鋒出版社），對尼采學說就產生嚴重的歪曲。五〇年代以後蘇聯學者所寫的西方哲學史，提到尼采的部分，盡多曲解。艾思奇先生說：「尼采露骨地表示了極端仇視人民群眾的思想，他把人民群眾看成『不過是供實驗的材料，一大堆多餘的廢品，一片瓦礫場。』」（《辯證唯物主義歷史唯物主義》，第十六章〈人民群眾和個人在歷史上的作用〉）這便是受了蘇聯著作的影響而造成的誤解，遍查尼采原著，並沒有這種言論。

6. 尼采，《看，這個人》。

說，對尼采有很大的影響。

三、叔本華哲學。大家都知道，叔本華哲學——特別是他的意志哲學——對尼采有所影響。但是，尼采也不同意叔本華「求生意志」的主張，而認為生命是「衝創意志」的表現。

四、浪漫主義運動。十八世紀後半葉到十九世紀上半葉，西歐各國興起浪漫主義運動，尼采正是生活在這個文學思潮之中，作為一個文學愛好者，他受到浪漫主義運動的啟發。羅素說過：「浪漫主義運動從本質上講，目的在於把人的人格從社會習俗和社會道德的束縛中解放出來。」「浪漫主義運動的特徵，總的來說是用審美的標準代替功利的標準。」「浪漫主義者不追求和平與安靜，但求有朝氣和熱情的個人生活。」「浪漫主義觀點宣稱反對資本主義。」[7]尼采的思想，正是承襲了浪漫主義所具有的基本特徵。

尼采認為浪漫主義是無拘無束、熱情奔放、豐富多彩的複雜感情的流露，儘管它激動人心，但過於粗獷，是他年輕時代所能接受和理解的藝術。在他思想發展的過程中，在浪漫主義和古典文化比較時，他對後者有較多的肯定，尤其是對希臘的悲劇文化——認為那是旺盛的生命力的表現。[8]

在《愉快的智慧》中，尼采談到〈什麼是浪漫主義〉時，他說：「什麼是浪漫主義？每一種藝術、每一種哲學都可看作是一種創傷的療劑，一種服務於不斷增長的和鬥爭的生活輔助物，它們總是預設苦難和受難者。然而有兩類受難者：第一類是那些由於生命過於健旺而受苦，他們需要酒神的藝術，同樣需要一個對生活的悲劇式觀點，一種悲劇的洞見。另一類是由於生命的貧弱而受苦，他們尋求休息、安寂及平靜，通過藝術和知識或通過陶醉、痙攣、麻醉和瘋狂，將自身贖回。所有藝術中的浪漫主義都相應於後一類型的需要，包括叔本華和華格納，這兩個是我那時誤解了最著名和明確的浪漫主義。」（《愉快的智慧》第五卷）在兩種類型的浪漫主義中，尼采否定悲觀主義者之生命衰退而尋求藝術逃避的浪漫主義；肯定酒神式的生命奔流的積極的浪漫主義。

羅素曾說：「儘管尼采批評浪漫主義者，他的見解有許多倒是從浪漫主義者來的。」[9]

7. 羅素著、馬元德譯，《西方哲學史》卷三，第十八章〈浪漫主義運動〉（北京：商務印書館，一九七六）。
8. 參看海曼，《尼采評傳》。
9. 羅素著、馬元德譯，《西方哲學史》卷三，第二十五章〈尼采〉。

不僅如此，從他的作品風格和思想風貌看來，本質上他仍是個浪漫主義者。

浪漫主義的風格

一般說來，浪漫主義具有下面幾個特徵：一、浪漫主義用熱情奔放的語言、瑰麗的想像和誇張的手法來塑造形象，表達內心世界的感情，抒發對理想世界的追求。二、浪漫主義歌頌大自然、詛咒城市文明、厭惡城市工業化，突出人與自然在感情上的共鳴。三、浪漫主義表達對個性解放的要求。讓我們從這幾項對莊子和尼采的浪漫主義風格作比較說明。

◆ 寓言的表達方式

莊子和尼采這兩位生活在不同時代和不同國度的浪漫主義者，都運用極富於想像力的寓言的方式來表達他們的思想和感情。首先使我們想起的，是他們寓言中所描寫的自己最喜愛的動物及其象徵的意義。

尼采說：「我需要將我的獅子和老鷹留在身邊，這樣我可以得知我力量強弱的徵兆。」（《愉快的智慧．新的家畜》）翻開《查拉圖斯特拉如是說》第一頁，就看到出現在查拉圖斯特拉身邊的愛物——鷹和蛇。當查拉圖斯特拉下山來到人群中，當他穿過市場走向郊野，又出現一幕「蒼鷹在空中盤旋，身上纏繞著一條長蛇」的生動景象。鷹和蛇究竟象徵著什麼呢？在《查拉圖斯特拉如是說》中曾有這樣的話：「人類的勇敢具備了鷹的羽翼和蛇的聰明。」（第四卷〈科學〉）那麼，鷹是象徵「人類的勇邁」，至於蛇，在《聖經》裡牠被描寫成引誘人類去犯罪的動物。《聖經》說，上帝囑咐亞當和夏娃，「分別善惡樹上的果子，你不可吃，因為你吃的日子必定死」，而蛇卻告訴夏娃說：「上帝豈是說真話，……你們不會死，因為上帝知道，你們吃的日子，眼睛就明亮了，你們便如上帝一樣能知道善惡。」可是，在反基督的尼采看來，這條引誘亞當和夏娃吃了禁果的蛇，恰恰是聰明地看穿了上帝矇騙的靈巧之物。因此，在尼采筆下，蛇被視為聰明和靈巧的象徵。

莊子最喜愛的動物是巨鯤和大鵬。《莊子》的第一篇〈逍遙遊〉，第一段就是描寫鯤鵬的寓言。巨鯤潛藏於北冥，隱喻人的深蓄厚養；大鵬的展翅高飛，象徵人的遠舉之志。

尼采的代表作《查拉圖斯特拉如是說》這部散文詩，以非常熱情奔放的語言，來抒發作者對「生命與世界的熱愛」。讓我們聽聽查拉圖斯特拉的歌唱：

我的熱愛奔騰如洪流——流向日起和日落處；從寧靜的群山和痛苦的風暴中，我的靈魂傾注於溪谷。……我心中有個湖，一個隱祕而自足的湖；但我的愛之急流傾瀉而下——注入大海！（〈純潔的知識〉）

你得用熱情的聲音歌唱，直到一切大海都平靜下來，傾聽你的熱望！（〈大熱望〉）

在尼采的筆下，查拉圖斯特拉時而攀登高山，時而在蒞臨深淵；時而遠涉重洋，時而漂渡孤島；時而跨進文明的城市走向人群，時而遠避嘈雜的塵俗回歸自然。查拉圖斯特拉的思緒，時而飛馳過歷史的鏡頭，時而停駐在人間的焦點。查拉圖斯特拉的談話，時而明快有力，鼓舞群倫；時而如醉漢囈語，不知所云。這一整部的散文詩，看起來語言凌亂，實際上構思精密，主題鮮明，它抨擊基督教的病弱人生，鼓舞人的生命意志，肯定人的生命價值。尼采正是在這一基點之上，來宣說他的「超人」理想和價值重估的學說。

而莊子這位古代的浪漫主義者，正如李白的〈大鵬賦〉所說，「吐峥嶸之高論，開浩蕩之奇言」，以「繆悠之說，無端涯之辭」（《莊子．天下》）來表達他那「時恣縱而不儻」的思想感情。《莊子》這本書，文風的瑰麗生動，文思的浩瀚恣肆，意氣的廣含深蘊，可以說猶勝於尼采，其書寓言十九，凡山川人物，鳥獸蟲魚，乃至影子對話，髑髏對談，任何東西到他手上，無一不是極妙的素材。每一個寓言，各具獨特的色彩，各有不同的意涵，如著名的鯤鵬寓言，莊子借著經驗世界裡變形的魚鳥來打開一個無窮的空間系統，任人的精神縱橫馳騁於其間；任公子釣大魚的寓言（〈外物〉）用以開闊人們的心思視野；匠石之齊的寓言（〈人間世〉）意在隱喻亂世知識分子的危難處境；其他如庖丁解牛（〈養生主〉）、輪扁斫輪（〈天道〉）、佝瘻承蜩（〈達生〉）、河伯與海若（〈秋水〉）、混沌的故事（〈應帝王〉）。這些寓言著筆很少，但是寓意都很深刻，莊子非常善於運用豐富的想像力和文學的誇張手法，在他的寓言世界裡，無論寫景寫情，寫人寫物，落筆奇妙，極具匠心，真可以說「其來不蛻」（〈天下〉），猶如「黃河之水天上來」。他的運筆，時而氣勢磅礡，時而非常細膩，峰回路轉，順當自如；他的文字非常奇麗，富有節奏美感。總而言之，莊子寓言體裁的多樣性，內容的繁複性，以及造型藝術的魅力，不僅是先秦諸子無出其右者，而且也是世界文壇所罕能匹比的。

◆對大自然的歌頌和對城市文明的詛咒

尼采和歐洲其他浪漫主義作家一樣，熱烈地歌頌大自然，而對資本主義的物質文明和城市工商化充滿厭惡感。

早在一八六六年春，尼采給他的朋友戈斯多夫的信上，談到他喜愛大自然。他說人從現代社會逃避到大自然的時候，才知道自然的寶貴，信上還說到他很欣賞愛默生（Ralph Waldo Emerson, 1803-1882）描述夏天的山丘。

在《悲劇的誕生》裡，尼采描述人們在慶典中載歌載舞，借戴歐尼修斯的歡欣之情，突破個體的範圍界限，使人的精神融入自然的整體中。

在《愉快的智慧》中，尼采說：「一個有知識良知的人，在人群擁擠的大都市裡，就如同在沙漠裡一樣地孤獨。」（〈知識良知〉）他喜愛大自然的陽光與大海：「凝視著一片白茫茫的大海，越過海濱陽光泳浴的岩石，天地間所有偉大與渺小的生物都在它的光明下倘佯，顯得如此安然和寧靜。」（〈伊壁鳩魯〉）

在《查拉圖斯特拉如是說》中，尼采一再表達他對大自然的喜愛。他說：

我愛森林，城市是不宜居住的，那裡縱欲者太多了。（〈貞潔〉）

森林和岩石分享你的沉默。再學那可愛的枝葉繁茂的大樹吧，它寧靜沉默，垂蔭於海上。（〈市場上的蒼蠅〉）

尼采不當教授以後，在南歐一帶的海邊、高山飄泊漫遊，他對於工商業化的城市生活表達了深切的痛恨。他說：

我飛向未來，飛得太遠了。……於是我轉身飛回——我加速地飛，於是我到你們這裡，你們現代人，我到了文明的城土。

……我從沒看過這麼光怪陸離的東西。

……這裡竟是一切顏料罐子的家鄉！（〈文明之城土〉）

在《查拉圖斯特拉如是說》的〈文明之城土〉、〈經過〉、〈未來〉這幾個詩章裡，尼采也鮮明地表達了自己對於「城市生活的憎恨之情，抨擊市場上商人錢幣的聲音淹沒了一切」（〈歸來〉）。

著名的自然主義者莊子，也有這種對於自然的讚頌。他說：

山林歟！皋壤歟！使我欣欣然而樂歟！（〈知北遊〉）

大林丘山之善於人也，亦神者不勝。（〈外物〉）

整部《莊子》處處描繪著他對大自然美的喜愛，描繪著人與大自然的融合交感。尼采和莊子都熱愛大自然，但是這種熱愛卻有不同的側重。例如，他們都非常愛海，然而他們愛海的意涵卻同中有異，莊子以浪漫主義的誇張手法，借溟漠無涯的「北冥」、「南冥」及「不見水端」的「海若」，而展現著遼闊無邊的精神空間；尼采也以生動的筆法，借海洋之浩瀚無涯而描繪著「無限範疇」的廣大自由的景象（見《愉快的智慧·無限的範疇》）。然而尼采更以海的「那憤怒向我抗辯的」性格（《查拉圖斯特拉如是說．七個印》），象徵人生中的戰鬥精神。對他來說，航行大海，象徵著生活裡在怒濤洶湧中奮力挺進，他高唱著：

生活在險境中！將你的城市建立在維蘇威火山的斜坡上！在浩瀚的海洋上揚起你的風帆！

——《愉快的智慧．開路先鋒》

他宣稱著：

當聽到「上帝已死」的消息，我們這些哲學家和「自由精神者」感到，一個新的黎明已顯現在我們面前；我們內心充滿著感激、驚喜和期待之情。終於，我們的視線又顯得更加開闊，縱使還不夠明亮，但我們的航船又可乘風出海，去面對任何危難；一切知識愛好者的探索又得到認可；大海，我們的海，又展現在我們的眼前；

也許是前所未有的如此「開闊的海」。

——《愉快的智慧・我們喜悅的含意》

這是說，「上帝已死」，人們的思想不受古老價值的束縛，展開在我們面前的，是一個有待我們去迎戰、去開拓的新天地。

如果說，尼采是著重讚頌海的激盪奔湧的犯難精神，那麼莊子則著重讚頌海的廣大幽深的情懷。

◆ **對個性解放的要求**

在個性解放思想方面，莊子和尼采在各自的著作中都有突出的表現。他們的個性解放主張，在本國的文化傳統中都產生了重大的影響，不過他們的個性解放思想，各有其不同的文化內涵。尼采的個性解放，是要把人從基督教道德的壓縮感和宗教的罪惡感中解放出來；而莊子的個性解放，則是要把人們從宗法制度和禮教文化的束縛下、從人的世俗價值和工具價值中解放出來。

莊子學派主張人應該有「獨志」（〈天地〉），成為「獨有之人」（〈在宥〉）。所謂「獨志」就是不同凡俗的獨特之志，所謂「獨有之人」就是能夠獨立於天地之間的人，也就是說擺脫了宗法傳統、禮教文化、市場價值和工具價值的重重束縛的人。莊子在〈天下〉中所說的「獨與天地精神往來」，《史記》裡所說的「洸洋恣肆以適己」，還有他自己的行為，也表現出他的反權威主義、反偶像崇拜的思想。儒家神聖化的歷史人物，自堯舜以降，在莊子的筆下都被平凡化了，「秕糠皆可為堯舜」，任何歷史上的權威人物，到了莊子的世界裡，都好像到了一個桃花源裡一樣，等級、權威、偶像，統統被消解了。

尼采說：「我要創造一個屬於自己的太陽。」（《愉快的智慧．再度見面時》）他還說：「生命就是要做一個人，不要跟隨我——只是建立你自己！只是成為你自己！」（〈叔本華的跟隨者〉）他的「超人」主張就是鼓勵人發揮自己的積極性，不斷地向前發展，努力地自我提升。尼采的哲學也同樣是反權威主義和反偶像崇拜的，他借查拉圖斯特拉之口，要弟子們尋找自己，而不要被石像壓倒。在《查拉圖斯特拉如是說》裡，有一段經常被引用的很有名的談話，查拉圖斯特拉對他的弟子說：

弟子們，我獨自前進了！你們分頭走吧！

我勸告你們：離開我，提防查拉圖斯特拉！也許他欺騙了你們！

如果一個人永遠只做弟子，那對他的老師並不是好的報答。你們為什麼不撕破我的花冠呢？

你們崇敬我；但是有一天你們的崇敬倒塌下來，你會怎樣呢？留心，別讓一個石像壓倒了你們！

你們還沒有尋找自己，便找到了我。

一切信徒都是如此；因此，一切信仰都不值什麼。

現在，我要教你們丟開我，去尋找你們自己；當你們都否定我時，我回到你們這裡來。（〈贈予的道德〉）

莊子和尼采在各自的作品中，都塑造了自己的理想人物形象。莊子所塑造的理想人物是「至人」，而尼采所塑造的理想人物是「超人」，雖然莊子的「至人」和尼采的「超人」都是理想人物，但他們是出於不同的文化傳統和歷史背景，因此具有截然不同的內涵。

莊子的哲學要在追求人的精神自由，他深切地感到，人們本來是嚮往自由的，可是他們又經常陷在人為的和自為的種種束縛之中。一方面，人們受著各種人為的、外在的規範的層層裹罩；另一方面，人們自己也自覺或不自覺地投身到追逐功名利祿的圈套之中，以至自限自小。這樣，便造成了人與外界的扞格、主體與客體交通的阻塞，而形成了自我封閉系統，縮限了自我精神的自由活動。因此，莊子運用文學的想像力，塑造他的理想人物——「至人」、「神人」，藉以衝破束縛人們的重重羅網，打通人與外在世界的隔離，使人與外界交感融合。所謂「至人無己，神人無功，聖人無名」乃是要人從社會市場價值網中超脫出來；所謂「乘天地之正，御六氣之變」，莊子所理想的人物，其精神活動是無限開放的，與宇宙萬物融合一體的。

從哲學觀點來看，莊子是從同質的概念去看待人與外物的關係的。《大宗師》上說「通天下一氣耳」，而人的生死，也是氣的聚散（「人之生，氣之聚也；聚則為生，散則為死」）。這就是說，人與天地萬物的源質是相同的，從這概念出發，莊子認為人與外物、主體和客體的關係不是對立的、隔離的，而是一體的、合一的。莊子以藝術的心態，把人的主觀情意投射到外物中去，使人和外物交感融合；以美學的感受，把主體的美感經驗投射入外物中，將外在的物象主體化，從而使對立的主體和客體關係變成和諧的、交融的關係，從而也開闊了人的精神自由活動的領域。

然而，尼采理想中的「超人」，具有完全不同的文化意涵。尼采所講的「超人」，就人本身來說，是要人發揮自己的潛在力量，不斷地超越自己。就世界觀來說，他深感基督教文化病弱人生，鄙視肉體，走向唯靈論。尼采主要是針對基督教的這種世界觀、人生觀，而提出他的超人哲學，在《查拉圖斯特拉如是說》的序言中，他對「超人」的意義有非常明確的敘說，主要表達了兩個意思：

一、「超人」是要「超越自身的某種東西」，要發揮自己的無限潛能，來提升自我。

二、「超人就是大地的意義」。這是尼采世界觀的一個表達——認為只有一個世界，就是這個大地。尼采認為，西方傳統哲學，從柏拉圖開始就是兩個世界之說，即把世界分為現象世界和理念世界；到了基督教，則將世界分為今生世界和來生世界、此岸世界和彼岸世界。尼采批評柏拉圖把我們真實世界看成是假象，而把一個虛構的世界當作是真實的世界；基督教更是遁離現實世界，去構幻一個來生的世界。因此，尼采在這裡很明白地批評那些相信來生世界的人，說他們是人生的誣蔑者，是對大地的不敬。尼采肯定「大地的意義」，就是肯定這個世界，肯定人間世，批判來生論，也就是說，尼采既反對柏拉圖的傳統哲學和柏拉圖以來的西方傳統世界觀，也反對基督教的兩個世界之說。尼采的這個思想，在《查拉圖斯特拉如是說》中表現得很突出。

尼采在〈來生論者〉一章中說：「別再埋頭於天上事物之沙灘中，自由地昂起頭來，給大地開創意義吧！」他批評基督教的來生論者說：「病入與垂死者，他們蔑視肉體和大地，而發明天國和贖罪的血滴。但，即使這甘甜而陰鬱的鴆毒，也還是取自於肉體和大地！」

〈肉體的蔑視者〉這一章，尼采抨擊基督教蔑視肉體，「怨恨生命和大地」。在〈高尚的人〉這章中，尼采攻擊了基督教「精神的懺悔者」是「無意志的人」。他說，這些精神的懺悔者「應當像牛一樣，他的幸福應當有泥土的氣息，而不是對大地的輕蔑。」在〈快樂與熱情〉一章中，他呼籲建立「地上的道德」，否定所謂善是「上帝的法條」，引導人遁入另一個世界。

在〈贈予的道德〉這一章中，尼采呼喚人們拋棄天國的幻想，忠實於大地，用自己的道德的力量和知識來提升自己，做一個「超人」。他呼喚著：

兄弟們，用你們的道德的力量，忠實於大地吧！讓你們的贈予之愛和你們的知識為大地的意義服務吧！

別讓道德從大地飛開……

你把那些將迷失了的道德帶回大地上吧！——是呀，回到肉體與人生：使它給大地以意義，一個人類的意義！

……

兄弟們，讓你們的道德為大地的意義服務吧！讓一切事物的價值由你們重新估定吧！因此，你們當成為鬥士！因此你們當成為創造者！

肉體以知識淨化自己；肉體用知識提升自己。

千條路徑沒有人走過；千種健康和生命的隱蔽之島，還沒有人到過。人與人的大地仍是無盡藏而未曾開發。

真的，這大地將有一天成為一個療病的場所！一種新的氣息圍繞著它——一種救活的氣氛，與一種新的希望！

從這裡我們可以看到，尼采說「超人」是「大地的意義」，這是要人們成為一個大地的開創者和開拓者，成為一個新價值的估定者。

尼采筆下的查拉圖斯特拉、莊子《內篇》所構繪的人物形態及性格之比較

莊子和尼采都通過構繪理想人物來宣揚自己的哲學思想。尼采在他的《查拉圖斯特拉如是說》一書中，構繪了查拉圖斯特拉的形象；而莊子的《內篇》，構繪了如哀駘它、子輿、子來這些人物，他們的人格形態和性格都有很大的不同。下面，我們分別做一些比較。

◆ **激情和忘情**

尼采所塑造的查拉圖斯特拉這個人物，性格非常獨特，他時而步伐輕快，洋溢著舒暢歡愉的心情，時而離群索居，墜入痛苦的思緒裡。在〈最沉靜的時刻〉裡，尼采描寫著：

當查拉圖斯特拉說完話，他感到強烈的痛苦。和朋友別離的時間已逼近，遂放聲大哭，沒有人能安慰他。但在這裡，他仍然留下他的朋友，獨自離去。

在〈幻象與迷〉中，描述著：

查拉圖斯特拉兩天沉默不語，索想而木訥。

有人曾說，一個人洞察自己和時代的深度，是和他所受的痛苦強度成正比的。查拉圖斯特拉的性格，正是他經常受到痛苦的激情襲擊的表現。

在〈康復〉一章中，尼采對查拉圖斯特拉的激情有一段非常生動的描寫：

一天清晨，查拉圖斯特拉剛到洞穴不久，他從床上狂跳起未，可怕的聲音喊叫著，……

查拉圖斯特拉剛說完話，他跌倒了，如同一個死人，躺著很久。當他恢復知覺時，面色灰白，戰慄不已，他仍然躺著；久久不飲不食。這種情況持續了七天，他的鷹和蛇日夜地不離開他，只有鷹時而飛出去覓食，把銜來的東西放在查拉圖斯特拉床榻上。……七天之後，查拉圖斯特拉才在床上坐起來。他拿著一顆玫瑰色的蘋果嗅著，覺得氣味芬芳。於是鷹和蛇知道他說話的時候到了。

走出你的洞穴呵，世界如一座花園等待著你！

我們讀《查拉圖斯特拉如是說》時，可以感覺到一個年輕作者的熱情洋溢，他甚至是一個激情主義者。

可是，莊子對感情的看法恰恰與尼采相反。他認為，人經常受到情緒的困擾，特別是死亡之情的恐懼感，對人有很大的困擾，因此莊子主張「忘情」，以擺脫這種困擾，他在〈養生主〉裡創造出「老聃死，秦失吊之，三號而出」的故事。而在〈大宗師〉裡，莊子借子輿重病時所講的話，表達了「安時而處順，哀樂不能入」的思想，也就是說，對於生來死去，應該抱著順應自然的態度，不要被哀樂之情所困擾；〈大宗師〉還寫了子桑戶死，他的朋友臨屍而歌的故事。〈至樂〉記載，莊子妻死，他還鼓盆而歌。這些寓言，都是用反面的寫法，表達對死亡的無懼感和順應自然的態度。在〈德充符〉篇末，有一段莊子和惠子的對話，談到人的「情」與「無情」的問題，莊子說：我所說的「無情」乃是說人不要被好惡之情所困擾，而損傷自己的身體（「不以好惡內傷其身」）。這也說明莊子主張人要順任自然，不被哀樂情緒所苦惱，而保持安然適和的心情。

◆多夢與無夢

莊子要人們儘量免除情緒的困擾，因此在他的筆下，至人是無夢的。他在〈大宗師〉裡描寫的真人「其寐不夢，其覺無憂」，一個人在覺醒時有太多的欲念和憂慮，就必然反映在夢境裡（這正是現代心理學家佛洛伊德研究的一個領域），正如〈齊物論〉裡所形容的，「其寐也魂交，其覺也形開，與接為構，日以心鬥」，人在白天過多地勾心鬥角，所以夜裡睡覺時就精神交錯。因此一個人應該超脫這種困擾，保持心境的恬和，方能達到「其寐不夢」，這也是很合乎現代醫學理論的，人在安睡時大腦的皮層細胞得以充分休息。所謂「至人無夢」是對人間事理通達透解，所以任何一種刺激都不會引起他的喜怒哀樂。

在〈齊物論〉裡，莊子還講了一個莊周夢蝴蝶的寓言，說莊周夢見自己變成蝴蝶，一隻翩翩飛舞的蝴蝶，遨遊各處悠然自在，根本不知道自己原來是莊周，醒過來時，自己分明是莊周，不知道是莊周做夢化為蝴蝶呢，還是蝴蝶做夢化為莊周！莊子用這個寓言來形容人的「自喻適志」，莊周的蝶化，比喻著人性的天真爛漫，也象徵著人在沒有陳規制約和戒律重壓時的適逸自由。在莊子看來，宇宙就像一個大花園，蝴蝶可以無拘無束，歡欣於這個大花園的花叢中間；人生也應該無拘無束，自由自在地在宇宙自然之中逍遙漫遊。相反，我們看到，近代人卡夫卡（Franz Kafka, 1883-1924）在《變形記》（*Die Verwandlung*）裡描寫的格利戈變成大甲蟲的寓言，則是另外一種情形。格利戈是一個旅行推銷員，每天都要趕四點鐘的那趟火車，到公司去接受上司的遣派。上司的面孔和呆板的工作使他對這件差事很厭倦，可是為了替家人償還債務，他不得不幹下去。這天醒來，忽然他發覺自己變成了一隻大甲蟲，想爬起來，又覺得自己行動吃力，語言含糊，房門鎖著，他開不了門，無法出去，終於趕不上那趟早班車。卡夫卡的這個寓言，寫出了現代人生活的時間壓縮感、空間囚禁感、與外界的隔離感和宗教的罪孽感，描寫這些給人們帶來的沉重負擔。莊周蝶化的「變形記」和現代人的這種感覺恰恰成了鮮明的對照。在莊子那裡，如果說人生如夢的話，那麼應該說是一個美夢。當然，莊子在這裡所說的蝶化、物化，是一種藝術的觀照，也就是說，是用美感經驗來觀照事物的變化，來泯除物我之間的界限和隔離，而達到物我的契合融和。

在尼采的筆下，並沒有莊子式的悠遊自在的蝴蝶之夢，相反，在〈預言者〉這章詩裡，尼采描寫了查拉圖斯特拉所做的一場噩夢：

如是，查拉圖斯特拉悲憂、徘徊不已，三天不飲不食，不休息，不說話，終於他熟睡了，沉沉入睡。……作了個噩夢，夢見死亡的棺木，夢見一口黑棺材拋擲到他足前，在呼嘯、喧嘩、怪叫聲中，這棺材裂開，並發出千百種笑聲……千百種怪狀，孩子們的、天使的、梟鳥的嬰兒般大小的蝴蝶的臉，對我大笑、喝吆。我駭叫著，呼聲驚醒了自己。……

查拉圖斯特拉作了一個「痛苦的夢」，夢中醒來，他「克服了那致命的疲倦」。這種夢境，表現了查拉圖斯特拉在人生過程中遇到的障礙與所進行的掙扎和鬥爭。

夢的作用，尼采認為它是白天失去快樂與美感的補償，他說：「夢的意義和價值，在某種程度上可以補償白天『營養品』的欠缺。」夢中所顯現的溫柔之情、歡怡之樂、音樂之美、搜尋之苦等種種衝動，是「我們睡眠中神經刺激的信息傳達，如血液和腸胃的運動，如手臂或被蓋的壓迫，如鐘聲在夜間的各種音響，在神經刺激上的映現。而這些刺激的信息傳達是非常自由的。」同一本書，有不同的解釋；同樣的神經刺激，由於不同的衝動尋求滿足，因而也會產生不同的夢境。白天也是一樣，不同的人對於同一個事件，由於不同的衝動之需求，而產生不同意義的解釋。此外，尼采認為「醒與夢都受衝動的驅使，並沒有實質的區別」。（《曙光．經驗與創造》）在醒與夢無實質區別這一說法上，尼采和莊子似乎有相似之處。莊子是從大同的境界上提出死生一如觀及夢覺無分之說；尼采則從衝動的驅動力來說明夢與覺並沒實質的區分，尼采還說：「醒時的生活，沒有像夢中傳達

和映現那樣自由，這是因為醒時較為實際而衝動較受約束之故。」（同上）

在佛洛伊德之前，尼采已經提示出無意識在我們精神活動中的重要性。他說：「長久以來，有意識的思維被認為是思維本身。直到現在我們才明白這真理：我們的精神活動絕大部分是在無意識和無感覺中進行的。」（《愉快的智慧．知的意義》，下引同）於此，尼采批評斯賓諾莎（Baruch de Spinoza, 1632-1677）所想像的「永恆自身安息」情景是絕不會有的事，他還批評：「哲學家的思考是最欠活力的，因而相對地也是最溫和、最沉靜的思考方式，如此，哲學家往往在知識的本性上把人導入歧途。」在這觀點上，尼采和莊子有著基本的迥異：莊子對智性的活動，較近於斯賓諾莎式的，而尼采則肯定本能的、無意識的衝動，貶抑哲學家那種安寧的、沉靜的思考方式。

對於內心世界的探索，莊子發掘到深處，認為是一片空靈陰覺的「靈府」、「靈臺」。而尼采則認為其低層是個迷宮，他說：「觀察自己的內在，有如探索一個廣漠的宇宙，並且將銀河帶進自己心中的人，同時也知道所有的銀河系是多麼的不規則，它們導向存在的混亂和迷宮。」（《愉快的智慧．寓言》）在這方面的探討，使尼采成為佛洛伊德學說的先驅者。

尼采早期的作品，就很注意內心世界的創造活動，以及夢和創造衝動的關係。他認為，當人們激發其內心深處的壓抑，「當他們以自己的呼喊和壓抑去充實這個世界的時候，他們的創造才能也許更為精緻，而他們的滿足笑聲聽起來彷彿是優美的音樂。」（《愉快的智慧‧受苦的欲望》）談到夢幻世界對藝術家的重要性時，尼采認為生活中所遭遇的種種情景，決不會不留下一點痕跡；而夢是「我們最內在存在，人類的共同基礎」，視它為藝術創作的最原始的驅動力。（《悲劇的誕生》）他還說：「只要去愛、去恨、去欲求、去感受——夢的精神和力量就立刻會布滿了我們的全身。」（《愉快的智慧‧我們藝術家》）這和莊子的「忘情」觀及「無夢」說是全然不同的兩種境界。

◆孤獨與自適

尼采和莊子都有很深的脫群之孤傲感。尼采的孤傲是十分突出的，他的孤傲感，強烈地表現在兩個方面：他與群眾的距離感和傳統文化的差距感。

在《曙光》中，尼采說：「我們飛翔得越高遠，對於那些不能飛的來說，就顯得越渺小。」（〈不要忘記〉）這表達了他在精神上與人群的距離感。

在〈市場上的蒼蠅〉中，尼采借查拉圖斯特拉的口說：「朋友，逃到你的孤獨裡去吧，我看你被大人物的喧囂所震聾，又被小人物的毒刺所刺傷。」又說：「凡是孤寂終止的地方，就是市場開始的地方；凡是市場開始的地方，也開始了大演員的嘈雜和大蒼蠅的嗡嗡。……群眾尊稱這些表演者為大人物，……民眾圍繞著大演員而旋轉，……市場上充滿了吱吱喳喳的小丑——人們誇稱他們的偉大人物，認為他們是時代的主人。」這充分表示了他對當時他所處時代的不滿和抗議。

當查拉圖斯特拉從山上到市鎮的途中，宣告「上帝已死」時，他來到市鎮向人群宣說他的超人理想，但是市場上的人群不能領會，大家一窩蜂地圍著馬戲幫觀看走繩者的表演，走繩者失足，從繩上摔下來，群眾一哄而散。這時，他背負著已經死去的走繩者，走到郊外，他覺得很孤獨。第二天早上，太陽出來，一線光啟示了他，他要去尋找共同的創造者。在〈創造者之路〉裡，尼采再度地表達了他與人群的距離感和孤獨感，他說：「我的兄弟，帶著你的熱愛與創造力，往孤獨裡去吧。正義會慢慢地拖著腳跟在你的後面。我的兄弟，懷著我的淚到你的孤獨裡去吧。我愛那想創造以超越自己的人。」

羅素曾說：「孤獨本能對社會束縛的反抗，不僅是瞭解一般所謂的浪漫主義運動的哲學、政治和情操的關鍵，也是瞭解一直到如今這運動後代的哲學、政治和情操的關鍵。」[10]羅素的話，也可以作為對尼采的孤獨在時代意義的說明。

莊子和尼采一樣，對於社群有很大的距離感，對於他所處的時代更為強烈的不滿和激憤。「洸洋自恣以適己」的莊子，雖有孤傲感，卻沒有尼采那種孤獨感。在莊子的思想裡，人儘量要消除孤獨情緒的困擾，要超脫人際關係中的是非糾葛，而轉向人與自然的融合關係。〈天下〉裡所描述的莊周「獨與天地精神往來而不敖倪於萬物，不譴是非，以與世俗處」說明莊子提升自己的精神境界，同時仍關懷所處的社會人群。

10. 羅素著、馬元德譯，《西方哲學史》卷三，第十八章〈浪漫主義運動〉。

◆自力與安命

在莊子的觀念裡，對於人與社會的關係，人與自然的關係，採取一種順應自然的態度，莊子的安命，就是把生死存亡、窮達貧富都看作運命的流行。在〈大宗師〉裡，他說：「死生，命也。」這就是說，死和生都是自然而然、不可避免的。在〈人間世〉中，莊子描述一個人處於政治極端惡劣的環境之下，無可奈何而安之若命。在莊子書中提到命，都是指自然而不可避免的境遇，〈達生〉說：「不知吾所以然而然，命也。」因此，莊子無論是對於生死問題、對於貧富問題，還是對於社會上極逼困的處境，都採取「知其不可奈何而安之若命」的態度，也就是說，採取一種順應自然而安然接受的態度。

可是，尼采反對這種安命的思想，他在《查拉圖斯特拉如是說》中說：「我是無神的查拉圖斯特拉，那些自我主宰而不知所謂安命的人，便是我的同類。」（〈侏儒的道德〉）在這裡，尼采主張應該發揮人的主觀能動作用，去克服所遇到的困難，而創造自己所理想的環境。

◆「健康的肉體的聲音」與「遊於形骸之內」

尼采的肯定自我，主要是針對基督教的否定自我，基督教蔑視肉體，逃離自我，導致了虛幻的唯靈論，而尼采針對基督教人生觀的弊病，肯定肉體，肯定自我。對於靈肉的關係，尼采提出了身心合一的明確的觀點。他說：

「我是肉體，也是靈魂」——小孩這麼說。為什麼他們不能像小孩一樣這麼說呢？然而，覺醒者、明智者說：「我整個是肉體，此外無他。靈魂乃是肉體中某部分的名稱。」

肉體是一個大理智，是一個有意識的複合體。

兄弟們，被你稱為精神的你的小理智，也是你的肉體的一種工具。（〈肉體的蔑視者〉）

在《查拉圖斯特拉如是說》中，尼采再度歌頌肉體的功能：

我們的精神向上飛揚，它是我們肉體的一種象徵，一種提升的象徵。

肉體如是穿過歷史，一個變革者和戰鬥者。而精神——它對於肉體是什麼呢？它是肉體之鬥爭與勝利的先驅，它的伴侶與回響。

你們的肉體高升、向上，它與高采烈地鼓舞精神，使精神成為創造者、估價者、熱愛者，以及一切事物的布施者。

肉體以知識淨化自己，肉體用知識提升自己。（〈贈予的道德〉）

蘇格拉底就認為靈魂被囚在肉體之中，肉體死亡，靈魂才能獲得自由，這同基督教的靈魂不朽之說是相吻合的。蘇格拉底和基督教的這種觀念，造成了傳統思想中鄙視肉體的不健康的人生態度。羅素對於唯靈論、對於靈魂存在的問題有一個科學的說明：「我們所謂的『思想』，似乎要依賴大腦的思路組織，正像旅行要依靠鐵道和公路一樣。思維所需的能量似乎有它的化學起因，例如缺碘會使聰明人變成白癡。心理現象好像與物質結構有密切聯繫。……我們也不能認為個人的思維在肉體死亡以後還能繼續存在，因為肉體的死亡破壞了大腦組織，也驅散了利用大腦思路的能量。……我們知道大腦不是永生的，也知道生物體死亡之時它組織中的能量，假定可以這樣說，是解體了，因而也便無法進行整體行動。所有的證據表明，我們所認為的精神生活，同大腦的結構及人體組織的能量有著密切的聯繫。因此，認為肉體生命一旦停止，精神生活也同時停止的看法是合理的。」[11] 一個人存在，靈魂才存在；人死了，精神也就消失。因此，尼采肯定人的存在，肯定健康的肉體，呼籲人們「傾聽健康的肉體的聲音」。

而莊子，除了在〈大宗師〉裡表露了他的「以生為附贅懸疣，以死為決疣潰癰」的消沉思想之外，在〈達生〉裡，卻表達了「形全精復」的健康思想。所謂「形全精復」，就是說人的形體要健全，精神要充足。莊子認為，像單豹的「養其內而虎食其外」，張毅的「養其外而病攻其內」，都是各有所偏的，人要養生，必須「形」、「精」並重。莊子這個生動的比喻，表現了「形全精復」的健康思想。

在〈齊物論〉裡，莊子也反省到，一個人「一受其成形，不化以待盡，與物相刃相靡」，有的人一輩子生命沒有什麼目標，終身役役，最後「其形化，其心與之然」，這是很可悲哀的事。因此，莊子在檢討人的身心作用的時候，他強調一個人應該培養自己的精

---

11. 羅素著、沈海康譯，《為什麼我不是基督教徒．我的信仰》。

神生命、思想生命。莊子深感世人只是以貌取人，所以他創造了許多寓言，來描繪有些人儘管外貌完好，但心智是殘缺的；而另一些人雖然外貌醜陋，但心智卻是完好的，相形之下，他寧可讚揚後一種人。因此，他在自己所創作的寓言中塑造了很多殘形者的形象，來打破以貌取人的鄙見。特別是在〈德充符〉裡，有很多寓言描繪一個個外形殘缺而心智完善的人，表達他的「遊於形骸之內」的主張，而否棄「索人於形骸之外」的偏見。不僅如此，莊子進一步提出，一個人不但要有形體，更重要的是要擴大自己的精神空間，拓展自己的思想生命。

尼采的投入和莊子的退隱

尼采和莊子的處世態度不同，一個是積極入世的，一個是避世或遊世的。從某個方面來說，尼采的投入和莊子的退隱，是一個鮮明的對照。但是，尼采的投入方式也不是直線形的，他的投入方式非常特殊，在《查拉圖斯特拉如是說》序言的開頭，就出現了這種投入方式。在對他的投入的方式作分析之前，讓我們先來讀他的一段敘說：

查拉圖斯特拉三十歲的時候，離開了他的家及他家鄉的湖畔，而隱逸山林。在那裡，他怡心悅神而玩味孤獨，十年來未嘗倦怠，但最後他的意旨改變了。有天早上，他和瑰麗的朝霞俱起，來到太陽跟前，並且對太陽作如是說：

「你這偉大的星球，如果失去了你所照耀的人們，你的幸福何在呢？十年來你照臨我的窟穴：如果不是為了我和我的鷹蛇的話，你一定會倦於你的亮光與旅程。」

「然而我們每晨靜候你，從你這裡攝取你的流光，並且為此而祝福你。」

「看呵！我饜足我的智慧，像隻蜂兒採集了過多的蜜。現在我需要的是能伸出來接取它的手。」

「我願意贈與和奉獻，除非人群中的智者仍舊欣悅於他們的愚蠢，而窮人安樂於他們的豐足。」

「因此我必須下降於最深處，正如你在夜晚所做的一樣。當你沒入海底，而你仍給予下界以光亮，你這豐潤泛溢的星球呀！」

「像你一樣，我必須降臨；正如我將要降臨於世間的人們所說的。」

「那麼祝福我吧！你這安謐之眼甚至看得到最大的幸福，而不含絲毫的嫉妒。」

「祝福這充溢著歡樂的流觴吧！杯中時將泛溢出金波，到處都會映著你的歡悅。」

「看啊！這杯將再成為一個空杯，而查拉圖斯特拉將再度成為世人了。」

於是查拉圖斯特拉開始降臨。

查拉圖斯特拉的「下山」[12]——「降臨」人間，英文稱為「down-going」。這裡，用日的起落來做比喻，尼采的投入就像日起日落那樣，是時隱時顯的。他來到人間，投入人世，久之又退隱山林，但他並不是永遠的退隱，而是在離群索居一段時間後又重新投入。

尼采的投入，如他那詩的語言所形容的，是以熱烈的愛傾注於溪谷，積極地投身於社群之中。然而，當他身處人群當中時，又感到同人群有一種距離感，他覺得人群不能理解他，於是產生出了挫折感。因而他經常在投入之後又退隱出來，不過這種退出不是消極的，而是做自我思索、自我反省、自我充實、自我培蓄，作為再投入的準備。由於尼采對人群有距離感，所以他感到自己是一個孤獨的創造者，他到社群裡來，不是為了別的，乃是為了尋找共同的創造者。

莊子的退隱，是對世俗價值的強烈離棄感。莊子並不是沒有愛國之心、入世之意，只是由於他所處的是一個大動亂的時代，人的生命朝不保夕，特別是知識分子的處境尤其艱難，而莊子自己熱愛自由，不願意成為工具價值，因此不得已採取了避世的態度。莊子的退隱，看來要比老子更為徹底，有著幾個方面的作用：

一、在亂世之中，藉以保存性命。所謂：「遭治世不避其任，遇亂世不為苟存。」（〈讓王〉）這是一種明哲保身的態度，但是莊子的明哲保身，還是有原則的，他始終堅持他自己的立場與原則。

二、莊子的退隱是從政治社會的網羅之中撤退出來。他所說的「無用之用」，就是不被他當時權勢人物所御用而成就他自己的大用。對於權力結構，莊子保持「天子不得臣，諸侯不得友」（〈讓王〉）的態度，這表現了他對統治者的不合作態度。莊子的「獨樂其志」，「洸洋自恣以適己」（《史記．老子韓非列傳》），正是因為他不願被世俗價值和權勢

---

12. 萊茵哈特（Kurt F. Reinhardt）說：「查拉圖斯特拉的『下山』，意指什麼呢？那是意指經由虛無主義的否定之極端形式而產生喜悅歡暢的肯定，經由不妥協的懷疑主義的否定，而導致全部的肯定。」參見尼采，《愉快的智慧》序言。

結構所網羅，而保持自己精神活動的天地。

三、莊子的退隱是將自己從功名利祿的網羅中撤退出來，表達了他不追求權勢地位。他認為，在功名利祿的世俗價值追逐中，往往會迷失自己，因此要保持自己的精神自由，就要避開這種世俗價值的籠罩。

所以嚴格說來，不能說莊子是厭世的，而應該說，莊子是憤世的。莊子的退隱是不願意在功名利祿的追逐中迷失自己，是不願被納入封建統治結構，而成為權勢人物的工具價值，是要在亂世之中保存自己的性命，來另外開闢自己的精神天地。他的退隱是「時命大謬」而「不當時命」（〈繕性〉），這既不是厭世，也不是出世，而是一種避世，並且這種避世，是自有他的苦衷在的。

尼采的悲劇意識與莊子的憂患意識

先秦諸子面對大動盪的歷史現實，每個人進退取捨的態度雖然有所不同，但是他們對時代的危機意識及對社會的關切之情，卻是一致的。莊子儘管採取了避世的態度，然而他並不是出世的。他的處世憂患感，[13] 他的沉痛隱忍的程度，他對於時代的災難和人群的禍患的敏感度，可以說超過先秦諸子其他各家。與莊子同時的孟子，所處的社會階層比莊子要高，還能奔走於權貴之門，他的思想也部分反映了當時開明統治者的願望。而莊子卻窮處陋巷，接觸和瞭解大多數人的生活，他的思想敏銳地反映了當時人民的險境，同時也反映了當時知識分子的危難。

《莊子》一書沉痛地描繪了戰國時代戰爭的災難、政治的暴虐和人民的淒慘遭遇。「今世殊死者相枕也，桁楊者相推也，刑戮者相望也。」這是〈在宥〉所描寫的一副淒慘動人的人間災難圖像。在〈人間世〉的開頭，寫出了衛君（實指宋偃王）的殘暴統治：「輕用民死，死者以國量乎澤，若焦。」同時，莊子還假借楚狂接輿道出了處於暴虐統治下的慘狀：

13. 「憂患」一詞，源於《易傳．繫辭》下：「《易》之興也，其於中古乎？作《易》者，其有『憂患』乎。」「其出入以度，外內使知懼，又明於憂患故。」徐復觀認為，「憂患意識，不同於作為原始宗教動機的恐怖、絕望。」它是一種「責任感」，「要以己力突破困對而尚未突破時的心理狀態。」參見徐復觀，《中國人性論史》。

鳳兮鳳兮，何如德之衰也！
來世不可待，往世不可追也。
天下有道，聖人成焉；
天下無道，聖人生焉。
方今之時，僅免刑焉。
福輕乎羽，莫之知載；
禍重乎地，莫之知避。
已乎已乎，臨人以德。
殆乎殆乎，畫地而趨！
迷陽迷陽，無傷吾行！
吾行卻曲，無傷吾足！

這裡，莊子對當時知識分子朝不保夕的危難處境描寫得多麼生動！在〈山木〉裡，莊子也敘述自己的「處勢不便」，「非遭時也」，他舉出比干被剖心作為例證，說明他所處的那個「昏上亂相」的時代的艱難。宋國是殷商後裔，莊子以紂王影射宋偃王，而以比干自喻，可以說是他發自內心深處的語言。從這裡，我們可以看到，莊子未嘗沒有愛國用世之志，[14]只是由於他生在這樣一個戰禍連綿、政亂如麻的時代，不甘於成為封建權勢者的工具，這也表現了他作為一個學問淵博的知識分子對於艱險處境的敏銳反應。

因此，《莊子》一書深沉地描寫了處世的艱難。譬如，在〈逍遙遊〉裡，他以狸狌活動的遭遇來作比喻，多少有才能的人「東西跳梁，不避高下」，結果是「中於機辟，死於網罟」。有鑒於此，莊子才提出，應該像一棵大樹那樣，樹之於廣漠之野，可以任意徘徊在樹旁，自在躺在樹下，「不夭斤斧，物無害者」，說明莊子對處於險惡時代的困惑感。

在〈德充符〉裡，莊子形容當時人的處境是「遊於羿之彀中，中央者，中地也；然而不中者，命也」。天下無道，處境垂危，人們隨時都可能遭到射擊，生命是毫無保障的。

在〈應帝王〉裡，莊子說：「鳥兒尚且知道高飛，以躲避羅網弓箭的傷害；鼷鼠尚且知道深藏在社壇之下，以避開煙熏鏟掘的禍害，難道人還不如這兩種蟲子嗎？」又說：

---

14. 參看李泰棻，《老莊研究》下卷（北京：北京人民出版社，一九五八年），頁一四〇。

「虎豹由於皮有文采，所以招人來田獵；猿猴由於行動敏捷，所以被捉來拴住。」前者描寫了如何避免當時社會帶來的禍害，後者描寫了當時有才能的人如何會招來禍害。

在〈人間世〉中，整篇都反映了那個戰亂時代人際關係紛爭糾結的陰暗面，特別是面對統治階級關係的艱難性。尤其是「匠石之齊」這一節，描寫了一個有才能的人在世上，就好像「楂梨橘柚，果蓏之屬，實熟則剝，剝則辱；大枝折，小枝泄。此以其能苦其生者也，故不終其天年而中道夭，自掊擊於世俗者也」，很形象地反映了有才能的人在社會上所受到的殘害。

而在〈養生主〉裡，莊子描寫了世事的複雜，有如牛身上的筋骨盤節，處在這樣一個複雜的社會，他不能不懷著「怵然為戒」的處世態度。

生逢亂世，莊子的心情是很苦痛、很矛盾的，如果他不關心社會和人民的命運，就不會「著書十餘萬言」（《史記．老子韓非列傳》）來表達他對時代的感受，從而提出他的哲學主張。他之所以採取「無用之用」的態度，實在是為了避免於險惡處境的不得已出路。莊子反抗權威，對統治者採取不合作的態度，在歷史上也有一定的作用，他另闢一個精神世界，以求自我安適，實際上他是寄沉痛於悠閒，內心還是具有很深的時代憂患感的。

尼采所處的時代、國家和社會環境，較之莊子的坎坷境遇，大不相同。尼采是生活在自己的國家資本主義正在發展，經濟和政治正在上升的時期，因此雖然他對現實的政治也是不滿的，是現實政治的批評者和抗議者，但是他的處境究竟沒有莊子那麼艱險。同時，尼采是一個詩人氣質特別濃厚的文人、學者，他對現實政治的敏感度也不如莊子那麼強烈。尼采對現實政治沒有很明確的概念，沒有莊子那樣體會得深刻，也未曾提出過一個明確的社會政治主張。我們在尼采的著作中可以感覺到他對社會政治現狀朦朧的不滿，卻看不到他對這種狀況的深刻反映。尼采對人生的看法和體驗，不是從現實政治，而主要是從文化哲學方面著眼的，他不滿於叔本華的悲觀哲學，他痛恨基督教文化病弱的人生觀，更上溯這種思想的根源，而抨擊柏拉圖、蘇格拉底對現實人生的鄙視。他在對於西方的文化和哲學的研究中，發現了希臘的文明是由希臘人在一種悲劇精神之下所創造的，他在對於希臘古典戲劇的研究中得出結論：「悲劇充分證明了這個事實——希臘人不是悲觀主義者，在這方面，叔本華的觀點是錯誤的。」（《看，這個人》）他認為，「希臘人深深體會到人生的恐怖，為了克服這種恐怖的意識，希臘人創造了神話，以顯示他們對生命的肯定」。（《悲劇的誕生》）尼采在早期對希臘古典文獻學的研究中，還發現了希臘文化是由阿波羅精神和戴歐尼修斯精神相互激盪所造成的。他說：

藝術的不斷發展是由阿波羅和戴歐尼修斯兩體的結合，正如生殖依於兩性間不斷的衝突與協調活動一樣。

阿波羅和戴歐尼修斯這兩個希臘藝術之神，在希臘世界中為一尖銳對立的存在，在起源和目的上，阿波羅的造型（雕刻）藝術和戴歐尼修斯的非視覺音樂藝術之間，成為一個強烈的對照。這兩種創造趨勢並駕齊驅，又不斷地互相激盪，而引發更強力的創造，這兩種精神在長期的對峙下，僅在「藝術」共同的名詞中取得表面的協調，一直到最後，才由希臘人意志活動奇術加以點化，而形成希臘悲劇的藝術創作。

——《悲劇的誕生》

尼采從戲劇、音樂、藝術的研究中，發現了希臘的悲劇精神，也就是說，發現了阿波羅所代表的理性之光和戴歐尼修斯所代表的創造熱情，二者在人生歷程中所發揮的光芒。

這種悲劇精神認為，人生總難免一死，並且在人生過程中，充滿了坎坷曲折，可是人們能夠發揮理性和創造的功能，發揮自己的創造力量來克服各種困難。正是人們這種在人生歷程中克服困難所發揮的奮發意志和戰鬥力量留下的成果，構成了古代希臘的悲劇精神。

莊子的「心靈開放」與尼采的「精神自由」

尼采嘗自稱為「自由精神者」（《愉快的智慧．我們喜悅的含意》），他說：「不管我們到哪裡，自由與陽光都繞著我們。」（同上，〈反抗對本性的誣蔑〉）而莊子的「逍遙遊」，也就是表達人的精神自由活動；人在「人間世」裡，要能「乘物以遊心」，所謂「遊心」就是保持心靈的自由活動與審美意識。

從某種意義上說，莊子哲學和尼采哲學都是自由哲學，但是他們所說的自由，並不是現代政治法律制度下權利義務關係規範下的自由，而是一種精神性的自由。他們雖然都崇尚精神性的自由，可是各人的精神自由卻具有很不相同的文化特性和哲學內涵。

尼采對於「固定的習性」深感厭煩，他說：「習慣使我們雙手靈巧而頭腦遲滯。」

（《愉快的智慧．習慣》）他又說：「我感到它有如暴君般地在我的身旁，使生活的氣息窒息。」（同上，〈暫時的習性〉）他對於基督教的道德規範尤感厭惡，認為「道德使人愚昧，它是創造新的、更好的、習慣的障礙。」（《曙光．道德使人愚昧》）並視基督教道德為「意志的疾病」的產物。與此相反，「一個人可以從自我決定中產生喜悅和力量，這樣的一種意志的自由：這種精神無需任何信仰或任何對確定性的渴望，而習慣於借著一線支點與可能性撐持自己，即使在深淵的邊緣也能舉步舞蹈，這種精神便是自由的精神。」（《愉快的智慧．信仰者及其對信仰的需要》）

當尼采談論精神自由的時侯，他總是針對基督教的思想和道德觀念所造成的人的不自由而發，在尼采的代表作《查拉圖斯特拉如是說》裡，當查拉圖斯特拉講到精神自由時他這麼說道：

精神自由的人，還得淨化自己，他內心還有許多禁錮和泥垢。（〈山崗上的樹〉）

我俯視下面的濃雲，傲笑其烏黑及濁重……有誰能歡笑而上升？登上高峰的人，

傲笑一切悲劇。……讓我們擊殺濁重的精神。（〈讀與寫〉）

在這裡，尼采是針對基督教對人的種種禁錮而說的。所謂「濁重的精神」，是形容基督教與自由精神相對立的憂鬱的、沉悶的、陰暗的、禁錮的人生觀。

在〈歸來〉一章中，尼采說：「憐憫造成包圍一切自由的、心靈的沉悶空氣。」尼采把基督教稱為「憐憫的宗教」，這裡的「憐憫」指的是基督教的道德，基督教道德禁錮了人的精神自由。在〈創造者之路〉一章中，尼采又說：「你以為自己是自由的嗎？我願聽到你的中心思想，而不願聽你說你逃離枷鎖。許多人拋開奴役的地位，就拋棄他的最後價值。」

這裡，尼采也指出基督教的道德是奴隸式的道德，西方人的思想被基督教的道德所奴役，人們失去了他們自己的自主性、自尊心和自信力。可見，尼采所講的自由，是為了反對基督教灰暗的人生觀，這種人生觀是使人鬱悶的、禁錮的。他批評基督教的人生觀給人們造成的思想上和精神上的壓迫，主張超越基督教的人生觀而獲得精神自由。

而莊子在講人的精神自由的時候，是從以下幾個方面來說的：

首先，莊子認為，束縛著人、使人不得精神自由的，是人為的因素，即文化傳統的規範和社會關係的規範對人的限制和禁錮。在文化傳統方面，莊子批評以儒家為代表的仁義禮智違反了人的自然本性，對人性造成束縛；而在社會關係方面，他批評各種學派之偏見限制了人的思想，使人的心靈得不到開放。人的本性是嚮往自由的，但固有的文化傳統和社會關係給人劃上許多框格規範，使每個人都變成自我中心，這就造成了人的自限自小，精神上失去了自由。

莊子寫了許多篇寓言，來描述人為的因素對人的束縛。在〈養生主〉裡，莊子描寫水澤裡的野雉，它們寧可「十步一啄，百步一飲」，也不願祈求被養在籠子裡，因為養在籠子裡，雖然食得飽，飲得足，神態旺盛，但是沒有自由，並不自在。而在〈秋水〉裡，莊子舉出「井蛙拘於墟」、「夏蟲篤於時」、「曲士束於教」的例子，來形容人們所受到的種種外加的束縛，所有這些束縛都使人喪失了精神自由。

其次，莊子認為，還有自為的因素也束縛著人，使人不得自由。這種自為的因素，是由人的自我封閉心靈造成的，所謂自我封閉心靈，也就是〈齊物論〉裡所說的「成心」、〈逍遙遊〉裡所說的「蓬之心」。「成心」是指人們具有主觀成見，這種主觀成見形成了人自我局限的格局；「蓬心」是指人的視野短淺、胸襟褊狹，這種短淺視野和褊狹胸襟形成了人的心靈的自我封閉。在這種情況下，人們也是沒有精神上的自由的。

在〈天地〉裡，莊子描寫了「得者困」的情形。「夫得者困，可以為得乎？則鳩鴞之在於籠也，亦可以為得矣。且夫趣舍聲色以柴其內，皮弁鷸冠縉笏紳修以約其外，內支盈於柴柵，外重纆繳，睆睆然在纆繳之中而自以為得，則是罪人交臂歷指而虎豹在於囊檻，亦可以為得矣。」這就是說，一個人只要還陷在自為的因素束縛中，那麼這個人是不能說已經獲得了精神自由的。

為了從人為和自為因素的重重束縛中超脫出來，獲得精神自由，莊子借鯤鵬來打開廣闊的世界，從宇宙的廣場來安排人的精神活動。他在〈齊物論〉中要人的認知活動突破自我中心的局限，因此提出了「以明」的認識方法。在討論到萬物有沒有共同標準時，莊子指出，人們不應該以人類自我為中心來衡量事物，而要對事物作面面透視，要從不同的立場和不同的角度來認識問題，來進行價值判斷，這就是開放心靈的態度。〈齊物論〉所說的「十日並出，萬物皆照」，就是描繪人的心量的互融性和廣涵性，這也是開放心靈的一種寫照。在莊子的世界中，認為人只有視野開闊、心靈開放，才能使自己達到「精神四達並流」（〈刻意〉），獲得真正的精神自由。

莊子的「價值轉換」和尼采的「價值重估」

莊子和尼采在中西哲學史上提出了各自和以往的哲學家不同的價值觀念，他們都以價值相對主義為立場，而否定長期為人們安然接受、甚或絕對化的傳統價值。莊子運用價值相對主義而否定禮制文化的善惡觀，尼采則運用價值相對主義而否定基督教文化的善惡觀及其以上帝為絕對價值的準則。

尼采激烈的懷疑主義，使他對基督教的基本教義都發生了懷疑。在《人性的，太人性的》一書中，表現了這樣的主要觀點：他認為世界上不存在絕對的價值，沒有超然的真理標準與聖戒，善與惡都是在人類出現後才存在的，並且是在相互的對立依存中發展著的。[15]

詹姆士·斯魯威爾（James Thrower）評論說：「尼采哲學是一種積極的努力，要把我們全部價值體系重新建立在傳統有神論以外的基礎之上。尼采的任務是用人的環境引出其存在理由的自然主義的道德，來取代從上帝的意志和神學目的論引出其存在理由的先驗道德。」[16]這評論確很恰當。

基督教認為人是上帝的被造物，上帝是人類價值的締造者。而尼采指出，上帝是人造的、虛構的，只有人才是創造者、估價者，在《查拉圖斯特拉如是說》的〈一千零一個目標〉一章裡，尼采肯定人是價值的創造者。他說：

人類為了維護自己，給萬物以價值——他創造了萬物的意義，一個人類的意義！因此，他稱自己為「人」，也就是價值的估定者。

估定價值便是創造……

價值的轉換，即是創造者的轉換。

以此，尼采提出「價值轉換」、「價值重估」的主張。這主要是針對基督教的價值觀而發的，它不僅極力否定西方傳統以上帝為價值根源說，而以人本身為價值創造者，並且

15. 參看海曼，《尼采評傳》。
16. 詹姆士·斯魯威爾，《西方無神論簡史》（*Western Atheism: A Short History*）。

進而攻擊基督教的非人化及其病弱的人生觀，視基督教的道德為奴隸道德。

尼采早期的作品對基督教採取「敵意的沉默」（《悲劇的誕生》一八八六年版序〈一個自我批評的企圖〉）。中期作品對基督教罪孽說等基本教義，提出嚴厲的批判。《愉快的智慧》一書，對基督教的道德觀有著較多的譴責，在該書中，尼采反對克制性的道德體系，而讚許鼓舞性的道德觀念（〈在行動的過程中揚棄〉）。他認為自我克制的教訓，壓制了一切自然的本能與欲望，也妨礙人的精神的自由飛翔（〈自制〉）。尼采進而指出基督教的迷信及其道德行為的特徵，便是自制、自貶、自我犧牲或同情與憐憫，這種怯懦、自我貶抑及自我否定是人格缺陷上所顯現的病態心理（〈道德問題〉）。當他談到傳統基督教道德對歐洲人的不良影響時說：「歐洲人以道德來偽裝自己，因為他變成一種有病而跛腳的動物，有很好的理由被馴服。」（〈為何道德是難以擺脫的〉）於此，他指責基督教道德使人變成為十分平庸而溫馴的「群居動物」。

尼采後期的作品，對基督教的道德價值展開了全面的攻擊，他在《查拉圖斯特拉如是說》和《反基督》中，強烈抨擊基督教教人順從憐憫。在《查拉圖斯特拉如是說》的〈侏儒的道德〉一章中，他批評基督教「把人馴化為最好的家禽」；在《反基督》一書中，尼采同樣指責基督教道德是將人變成「家禽的動物、羊群的動物、柔弱的動物」。

尼采批評說：「基督教被稱為憐憫的宗教，憐憫跟那些提高我們活力、使人奮發的情緒相反，它具有一種壓抑的效果。當我們感到可憐的時候，我們的力量就被剝奪了。這種被痛苦所加於生活之上的力量喪失，又進一步被憐憫所增加和擴大了。憐憫使病苦茫然，在某種情況下，它可以導致生命和活力的完全喪失。」（《反基督》）他還說：「憐憫阻礙了發展力。」「憐憫是虛無主義的實現，這種壓抑和茫然的本能，阻礙了保全生命和提高生命價值的觀念，它是助長頹廢的主要因素。對於基督教的各種道德觀念，尼采攻擊得最厲害的是憐憫，因為正是憐憫造成了人的生命意志消沉，也削弱了人的自信力自豪感。

因為耶穌被釘在十字架上，所以他的信徒們就產生了憎恨和復仇的情緒，尼采認為，保羅就是所有復仇信徒中最大的一個（《反基督》）。基於這種憎恨和復仇的意念，基督教發明了地獄和最後審判，尼采批判了基督教的這種道德觀念。羅素對於基督的這種道德，也提出了相同的批評，他說：「我認為在基督教的道德品性中，存在著非常嚴重的缺點，那就是他相信地獄。我認為真正仁慈的人決不會相信永遠的懲罰，《福音》書中描繪的基督，無疑是相信永遠的懲罰的。我們也一再發現，把不聽從他訓導的人視為寇仇的報復心理。」「把地獄的永恆之火當作是對罪惡的懲罰，這種理論是一種慘無人道的理論。」羅素指出：「恐懼是基督教的基礎，恐懼是殘忍的根源。」[17]他還說：「尼采譴責基督徒的愛，因為他認為這種愛是恐懼的結果。」[18]

「基督教的目的是要馴化人心，尼采非常厭惡悔改和贖罪。」的確，尼采在《反基督》中，痛斥基督教發明罪孽，而教士們是靠罪孽而過活的。（《反基督》）

尼采認為基督教所宣傳的那一套道德觀對人生都是極其病態的，只要是神學家們本能擴張的地方，價值判斷就會顛倒過來，凡使生命高尚化，提高生命價值、肯定生命，證明生命的意義而使其壯麗的東西，都被稱為「虛假的」。針對基督教這種顛倒的價值觀念，尼采提出了自己的價值重估。他說：

什麼是善？凡是增強我們人類力量感的東西、力量意志、力量本身，都是善。什麼是惡？凡是來自柔弱的東西都是惡。（《反基督》）

尼采認為基督教的道德是奴隸道德，人類應該重建自主的道德，因而主張以生命力的強弱作為新道德的準則，以打破現代精神的虛無主義。

整部《莊子》也可以說是對於世俗價值做了一個根本的轉化，對於傳統價值做了重新的評價。在〈逍遙遊〉裡，莊子的大鵬和小麻雀的寓言，說明世俗價值和理想價值的不同，小麻雀比附大鵬是「以小匹大」，以此譏諷庸俗之徒與遠舉之志者的懸殊差距，忘功忘名的神人及其精神活動，確實令人「驚怖其言」，篇末以大樹樹於廣漠之野，提示著莊子式的「無用之用」的價值觀。〈人間世〉所描繪的匠石之齊的一段寓言，更為生動地表達了生活在動盪時代而不願淪為工具價值、市場價值的態度。整個《莊子》內七篇都表達了莊子與眾不同的人生觀和世界觀。

對於世俗人群趨之若鶩的價值，老子和莊子都持著鄙視的態度。《老子》二十章說：「眾人熙熙，如享太牢，如春登臺，我獨泊兮其未兆，……眾人皆有餘，而我獨若遺，……俗人昭昭，我獨昏昏；俗人察察，我獨悶悶。」這說明了老子的生活態度和世俗價值取向

---

17. 羅素，《為什麼我不是基督徒》（*Why I Am Not a Christian*）。
18. 羅素，《西方哲學史》卷三，第二十五章。

的不同。《莊子．至樂》指出，舉世的人都趨慕並追求富有華貴、長壽善名，都圖榮華和貪求身安厚味美服好色音聲，「誣誣然如將不得已」，因而苦身疾作，勞神焦思，精神常常浮蕩於患得患失之間，「若不得者，則大憂以懼」，莊子對這種世俗的價值觀念作了深入的反省和批判。

在〈繕性〉裡，莊子對世俗價值觀念也提出了批評和警告。他說：「今之所謂得志者，軒冕之謂也。軒冕在身，非性命也，物之儻來，寄者也。寄之，其來不可圉，其去不可止。」莊子認為，這種「喪己於物，失性於俗者」是「倒置之民」，把價值觀念顛倒了。〈秋水〉借著河伯與海若的論辯，很精緻地應用價值相對主義，對歷史和現實的一般人所接受的價值提出懷疑乃至於否定，而得出了這樣的論斷：「貴賤有時，未可以為常也。」也就是說，在某個時空裡所運行的價值判斷，並不具有常住性和永恆性，而只是相對的。這一方面說明了事物的流變性，另一方面也說明了價值判斷的無定性。

尼采說過：「各種倫理系統，從來都是違反自然而蠢到極點的。」（《快樂的智慧．生存目的之教師》）莊子也是站在人性自然的立場來對於倫理系統的束縛人性，特別是針對儒家的泛道德主義提出批判的。

堯既已黥汝以仁義，而劓汝以是非矣，汝將何以遊夫遙蕩恣睢轉徙之涂乎？（〈大宗師〉）

多方乎仁義而用之者，……淫僻于仁義之行。（〈駢拇〉）

及至聖人，蹩躠為仁，踶跂為義，而天下始疑矣；澶漫為樂，摘僻為禮，而天下始分矣。（〈馬蹄〉）

及至聖人，屈折禮樂以匡天下之形，縣跂仁義以慰天下之心，而民乃始踶跂好知，爭歸於利，不可止也。（〈馬蹄〉）

聖人不死，大盜不止。雖重聖人而治天下，則是重利盜跖也。……為之仁義以矯之，則並與仁義而竊之。何以知其然邪？彼竊鉤者誅，竊國者為諸侯，諸侯之門而仁義存焉，則是非竊仁義聖智邪？（〈胠篋〉）

鳧脛雖短，續之則憂；鶴脛雖長，斷之則悲。故性長非所斷，性短非所續，無所去憂也。意仁義其非人情乎！彼仁人何其多憂也？……仁義其非人情乎！自三代以下者，天下何其囂囂也？（〈駢拇〉）

> 昔者黃帝始以仁義攖人之心。……天下脊脊大亂，罪在攖人心。……吾未知聖知之不為桁楊接槢也，仁義之不為桎梏鑿枘也！（〈在宥〉）
>
> 夫播糠眯目，則天地四方易位矣；蚊虻噆膚，則通昔不寐矣。夫仁義憯然乃憒吾心，亂莫大焉。（〈天運〉）

《莊子》一書所有對於仁義禮法的批評，幾乎都是從人性自然的觀點出發的，它指出了仁義禮法對性命之情的違失和對人心的自然性違背。

《莊子》一書，對於人們所習焉而不察的世俗價值或流行的市場價值，以及儒家定於一尊的鎖閉心態及其階層隸屬性的規範系統，無不提出迥異的評價。莊子思想透破傳統禮制文化的價值網羅，而從一個更廣闊的宇宙規模上，把握人的存在意義，提升人的精神領域，拓展人的思想視野。

總之，無論是莊子還是尼采，都對各自的文化傳統提出了與所有哲學家不同的評判和觀點。尼采對於基督教的價值和西方文化傳統價值，作出了自己的價值轉換和價值重估；莊子則對於世俗價值、傳統價值以及儒家的道德價值作出了價值轉換和價值重估。而他們的哲學思想之最大啟發性，也就在於對傳統及現實所進行的是價值轉換與價值重估。

結語

以上，我們把莊子哲學與尼采哲學的某些觀點作了並列的介紹。由於篇幅所限，不能全面地對照分析他們的哲學觀點，而只能就其中某些觀點作部分的比較，對於這兩位哲學家的本體論和認識論方面，我們沒有進行比較和討論。羅素在他的《西方哲學史》（*A History of Western Philosophy*）中批評尼采哲學時說：「尼采雖然是個教授，卻是一個文學性的哲學家，不算是個學院哲學家。在本體論和認識論方面，沒有創造任何新的專門理論。」的確，在這方面，尼采哲學是不能和莊子哲學相提並論的。《莊子》這部書，無論在本體論上，還是在認識論上，都具有很大的獨特性和獨創性，雖然在現代人看來，他的觀點是唯心主義的。而在人生哲學方面，莊子思想的開闊性、繁複性和多樣性，也往往非尼采哲學所能及。但是，尼采在面對世界和人生改造時積極而昂揚的態度，悲切中懷著奮鬥不懈的心情，則遠比莊子所採取的因應和內縮的態度要可取。

下面，我們對於這兩家哲學再作幾項討論：一是比較他們思想的相似點——異中的相同之處；二是比較他們觀點的最大差異之處；三是略評兩家思想的缺失。

◆莊子和尼采哲學思想的相似之處

一、莊子和尼采都是文學性的哲學家。他們都屬於浪漫主義類型的文學家，使用高度藝術性的語言，塑造生動的人物形象，來表達他們對於世界和人生的認識，以激發讀者去認真嚴肅地思考和反省自身的生活。

二、莊子和尼采都是敏銳的歷史批評家，是傳統價值的批判者。他們在各自的文化傳統中進行價值重估的工作，這在正統道德的僵固意識中注入了一股清新的思想空氣。

三、莊子和尼采都有著孤傲的思想性格，他們都反對權威主義和偶像主義。莊子對儒家的偶像人物，卻以為「塵垢秕糠將猶陶鑄堯舜者」（〈逍遙遊〉），他「詆訾孔子之徒」（《史記．老子韓非列傳》），對後世反權威主義與反偶像主義有深遠的影響。尼采宣稱「上帝已死」，掃除傳統信仰者心中的最大偶像，他借查拉圖斯特拉之口要弟子別跟隨他，以免被「石像」壓倒，他說：「對我來說，真理具有強大的威力就足夠了，而它必須能鬥爭和有反對者，人們必須能夠從非真理那裡找到緩解，否則真理即變得使人厭倦，沒有威力，使我們索然寡味，使我們變得同一個模式。」（《曙光．反對真理的專斷》）

四、莊子和尼采都反對守舊思想，反對復古主義。尼采認為「思想要更新，如同蛇之蛻皮。」（《曙光．蛻下你的皮》）他說：「我的精神不願在破舊的鞋底下奔走。」（《查拉圖斯特拉如是說．持鏡的小孩》）他又說：「我不願像一個織繩者，他們將繩索越引越長，自己也越往後退。」（《查拉圖斯特拉如是說．自願之死》）莊子也反對守舊因襲，他對儒家的先王觀和復古思想有精闢地批判。在〈天運〉裡莊子指出，守舊者要推行不合時宜的制度（古禮），就好像「推舟於陸」一般，寸步難移。他認為，禮與法度只是一個工具，不是作為供奉的物件，即所謂「不矜於同而矜於治」，要看它是不是適合於時代而發揮治理的效果。他舉桔（木皋）為例，說：「彼，人之所行，為引人也。」這就是說，人是主體，制度是為人而設的，制度不適合於大眾的時候，就要改革。

五、莊子和尼采都從不同的角度批評學者的因襲而無創意。《莊子．繕性》說：「文滅質，博溺心。」這裡，莊子說博學會沉溺心靈，是很發人深省的話。〈外物〉說：「夫尊古而卑今，學者之流也。」這裡，莊子認為宇宙萬物是不斷變動的，社會人事是不斷變革的，批評了學者是古非今的謬誤。在中國的文化傳統中，儒家所提倡的道統和學統都有很強的尊古卑今的傾向，莊子的這個批評是同儒家相對立的，這在思想史上具有很大的意義。〈天運〉還評論說：「夫六經，先王之陳跡也，其所以跡哉！」從中國學術史來看，歷代學者確實多淪於六經的注腳，而缺乏獨創性的格局。

尼采批評「貴族、教士、學者，都是精神貧乏之者」（《曙光．決定民族的品位》），他攻擊學者是頹廢者。他在自傳裡說，一個沉浸於書海中的學者，每天要翻閱大量的書籍，「最後使自己完全喪失思考的能力」，如果沒有一本書在手上，就不能思考。所以他認為，「學者乃是頹廢者」，「我親眼看過稟賦好而有活力的活躍的人，在三十歲的時候，就變成書蟲」。在《查拉圖斯特拉如是說》中，有一章題為〈學者〉，批評了學院式的學者缺乏獨創性的思想。他批評說：他們冷靜地坐在陰涼處，他們對一切事物只願做個旁觀者。……他們像那些站在街上瞻望過客的人，在等待著瞻望別人思想過的思想。他們是很好的鐘錶，只要留心適時撥動，於是他們可以報時無誤，並且謙卑地滴答作響。「他們如同磨石和杵臼一般地工作：只要有穀粒投放進去，他們就知道怎樣磨碎穀粒而使它成粉。」

六、莊子和尼采都有個性解放的思想。尼采強調個體的重要性、人的殊異性；莊子則將自我提升到「獨與天地精神往來」的境界，他也反對合模化，認為人的才能殊異，如〈至樂〉海鳥止於魯郊的寓言裡所說的「不一其能，不同其事」。

在個體意識和群體意識的衝突中，莊子和尼采的思想傾向較近於前者而與後者對立。尼采以為：一個人的行為愈不自由，便會有愈多的群體本能，倫理道德壓倒自己的感覺時，便看不見個體意識的表現（《愉快的智慧．群體的良心譴責》），他認為道德觀念是根植於個人內心中的群體意識（同上書，〈群體意識〉）。他還指出群體和個體的對立性，他說：「只要有統治的地方就有群眾，只要有群眾的地方就需要有約束，凡有約束的地方就很少有獨立的個體，而且會有群體的直覺和意識跟那些個體相對立。」（同上書，〈宗教改革的失敗〉）尼采進而抨擊社會依舊受群體意識的支配（同上書，〈確定的聲望〉），他憂慮群體意識的過度伸展會導致自我權益的損害（同上書，〈對愚昧的傷害〉）。

七、莊子和尼采都強調人的精神自由的重要性。他們的自由哲學並不是現代政治法律意義下的「自由」概念，而是屬於文學性的、藝術性的。莊子所說的海若所打開的汪洋世界，鯤鵬寓言所拉開的海闊憑魚躍、天高任鳥飛的世界，這都是從精神上開闊人的視野，擴展人的精神境界。尼采的查拉圖斯特拉的突破思想禁區，邁向新的領域探索，也是精神自由的表現。

八、在政治觀點上，羅素認為：尼采的見解和拜倫（George Gordon Byron，1788-1824）一樣，「是一種貴族無政府主義的見解」。莊子則是個無治主義者，老子講治道，在這一點上，老莊有很大的不同。

九、莊子和尼采都運用價值相對主義，對於傳統倫理施以強烈的批判，一個是針對基督教倫理，一個是攻擊儒家倫理。尼采猛烈抨擊基督教倫理導致人精神的萎靡頹廢和墮落，而莊子則激烈攻擊儒家倫理的束縛人性。

十、這兩位哲學家在宇宙論上的重要觀念，就是尼采的「永恆重現」和老莊的循環往復，兩者頗有相似之處。尼采在《查拉圖斯特拉如是說．康復》中，提到他「永恆重現」的觀念，「萬物方來，萬物方去；永遠地轉著存在的輪子。萬物方生，萬物方死，存在的時間，永遠地運行。萬物破滅，萬物新生；同一存在的空間，永遠地自我建立。萬物分離而相合，存在之環，永遠地忠實於自己。」「永恆重現」這概念，在這裡敘述得不很明晰，在自傳裡，尼采說這個概念是來自古希臘赫拉克利特的「生成變化」（Becoming）的概念——就是「萬物絕對而永遠循環的重現」，它和巴門尼德（Parmenides, 540-480B.C.）

的「實有」，即永恆的、不變的、不動的、「實有」的概念相衝突，並且也是和歷代西方許多哲學家和所有神學家所謂的創造主、上帝的概念相對立。

尼采的「永恆重現」，事實上是赫拉克利特的萬物常流之說的引申。所謂萬物常流中永遠循環的重現，這同老莊的循環往復的概念是相似的。老子說：「萬物並作，吾以觀復。」（《老子》十六章）就是說，萬物蓬勃生長，我看出往復循環的道理。《莊子・大宗師》說：萬物「反復始終」，千變萬化，而未曾有窮盡（「萬化而未始有極也」），這也是循環變化之說。〈寓言〉說，萬物各有種類，以不同形狀相傳接，始終如循環，沒有端倪（「萬物皆種也，以不同形相禪，始卒若環，莫得其倫，……」）。此外，〈秋水〉、〈知北遊〉也表達了循環往復的宇宙論的觀念。

十一、莊子和尼采在宇宙觀上都反對兩元論世界觀，認為世界是一個整體，別無所謂超越於此世的「另一世界」。莊子提出「六合之外，聖人存而不論」的說法（〈齊物〉），認為「道物之極」是「議有所極」（〈則陽〉），並從同質概念，視世界為一個整體（〈知北遊〉：「通天下一氣」；〈德充符〉：「自其同者視之，萬物皆一也」）。莊子「道通為一」的整體世界觀，和尼采強烈反對柏拉圖的「超越世界」及基督教的彼岸世界，而肯定我們這一生成變化的現存世界，兩者間頗有相通之處。

◆ 莊子和尼采哲學思想的不同之處

一、尼采哲學建立在希臘悲劇精神的重建及反基督教文化的焦點上，莊子哲學則批判宗法制禮教文化對人性的束縛，揚棄市場價值對人的庸俗化，追求人的精神自由。兩者的哲學雖然有他的相似點，但基本上是由不同的民族文化和社會環境中發展出來的。

二、尼采的「down-going」，乃以太陽之升降為喻，他投入人間的方式是時進時退、時退時進的，但基本上是一種積極入世的態度。而莊子身當戰國的亂世，人民的生命如同草莽，毫無保障，其內心極為隱憂悲痛，故而經常採取一種避世的態度。

三、尼采的思想很富有戰鬥性，而莊子處世待物則採取了順應自然的態度。

四、尼采的思想是不斷地激發人的「衝創意志」，而莊子則將人的意志內收，提出「心齋」、「坐忘」。兩者對於生命活動，一為外發，一為內斂。

五、莊子的平等觀和尼采的發展觀不同。莊子的萬物平等觀念在〈齊物論〉中有突出表現，而尼采則以反對基督教的立場出發反對平等說，在《查拉圖斯特拉如是說》第二卷〈毒蜘蛛〉和第四卷〈高等人〉中，就有明確反對上帝面前人人平等的說法，而主張人人應該發揮自己的潛力以求個人發展。尼采說過：「千萬橋梁和階梯引向未來。」（〈毒蜘蛛〉）並以此來反對基督教的平等說，他的階梯說也表明人是可以依賴自己的潛力求得發展的。存在主義認為人是向未來發展的觀點，就是受尼采的這一觀點影響而提出的。

◆莊子和尼采哲學思想的共同缺點

一、莊子和尼采都比較屬於個人主義的範疇。莊子在談到人與自然的關係時，他是開放的、開闊的，他將主體無限地投向客體，又將客體內化為主體，泯除主客關係的割裂和隔離，而使人的精神領域和思想視野擴大到「天地與我並生，萬物與我為一」的開闊境界。可是，當莊子談到人與社會的關係時，他的憤世嫉俗就導致了退而採取明哲保身的態度。明哲保身在邏輯上有四種可能：一是能明哲而又能保身；二是能明哲而不能保身；三是不明哲而能保身；四是不明哲又不能保身。在中國廣泛的歷史上受這種觀念的影響，呈現了形形色色、各式各樣的人物，真正能在亂世裡為求保全生命而能堅持原則的是極少數。《莊子》書上說：「遭治世不避其任，遇亂世不為苟存。」（〈讓王〉）這是很難能可貴的。莊子自己的「洸洋恣肆以適己」、「終身不仕以快吾志」，確實能堅持和體現明哲保身的道理。但後來避世的人能做到保身明哲的，則是寥寥無幾，而這種保身明哲式的個人主義，充其量是完成他個人的完善生活，對於社會大眾是無補的。尼采雖有改造世界的雄心，要求自我的不斷提升，可是他將自我的作用過分地誇大，其結果是在面對人世、面對社會群時，勢必感到勢單力孤，因此他經常遭遇到一種明顯的挫折感。

二、莊子和尼采將自我精神的無限提高，造成與群眾的高度距離感，因而導致尼采由孤傲而產生極端的憤世嫉俗，莊子流於挂空蹈虛。一種思想，如果遠離人群，脫離社會實踐，就會成為像魯迅所批評的「既離民眾，漸入頹唐」[19]的境況。

三、莊子和尼采的思想，都是強烈反現存社會體制的。莊子對於人類歷史活動固然有驚人的透視，對於現實世界的觀察固然極其敏銳，對於社會問題的暴露固然非常尖銳，但他無論是對於歷史所遺留的問題，還是對於現實社會的問題，在發出一通議論後，卻並不投入現實鬥爭加以改造和變革，而是自己退到幻想的世界裡去。莊子的思想是善於觀察社會問題，而乏於解決社會問題；尼采富於戰鬥精神，他對於從上帝到混世魔王，無不磨刀霍霍，但個人的苦鬥依然是緊張而勢孤。莊子和尼采都未能依靠群眾群策群力，去改造社會的不合理狀況。

四、莊子思想的最大問題是缺乏奮鬥精神。莊子生逢亂世，知識分子處境險危，因而採取避世的態度，有值得我們同情之處，但還必須看具體情況。如果遇到民族生存的危機，那麼需要的是個人奮起，才能根本地改變現狀，歷代像林覺民這樣的烈士，其可歌可泣之處正在於此。而尼采，固然看出了西方近代人精神頹廢的一面，但他卻看不到西方資本主義向帝國主義發展的趨勢，看不到西方民族以強者姿態凌駕於其他民族之上的一面。因此，尼采在強調人要發揮無限的衝創意志的時候，雖然意在摧垮病弱人生的基督教文化，但他對於西方民族在近代史上所表現弱肉強食的擴張主義的一面卻缺乏認識。

以上是我對於莊子哲學和尼采哲學所作的介紹、比較和評價。

本文為一九八五年春在北京中國文化書院的講稿，一九八七年元月修改定稿。

---

19. 魯迅，〈關於太炎先生二三事〉，引自《魯迅全集》第六卷（北京：北京人民文學出版社，一九八二），頁五四六。

尼采和陳獨秀的文化觀比較

「我們的心境取決於舊世界和新世界的矛盾衝突，而心緒就是我們所說的這場衝突的現狀。」

——尼采〈心緒論〉

「無出路的苦悶，同時也標誌對新道路的探索。」

——陳獨秀〈愛國心與自覺心〉

尼采是西方近現代舉世聞名的詩人和哲學家，陳獨秀（一八七九—一九四二）是中國現代新文化運動中的最重要領導人物，兩人在時代上剛好是前後相連接，而他們之間雖然有許多基本的差異，但是在下述幾個方面作對比討論，也是饒有意趣的：

一、在他們各自所處的文化環境中，無論就思想生命或現實命運來看，都是富有濃厚悲劇性的人物。

二、在文學的領域裡，尼采是浪漫主義與古典主義的結合者；陳獨秀是浪漫主義與現實主義的推崇者。

三、尼采對西方傳統文化進行了史無前例的「價值重估」的工作；而陳獨秀則對中國傳統文化進行了空前的「價值轉換」的工作。

總而言之，在近現代中、西思想史上，他們都是首屈一指的啟蒙思想人物。

踽踽獨行的尼采與結群而起的陳獨秀

尼采在一八四四年出生，比陳獨秀的生父要大四歲。陳獨秀在一八七九年出生，就在那年，尼采剛辭去大學教授的職務，結束其學者生涯，開始作飄泊的創作者。以後，尼采貧病交迫，居無定所，漫遊於南歐各地，在現實的生活裡，他的生活越來越困頓，但創作生涯則越來越旺盛。尼采在四十五歲時病倒，生命幾近終結；而陳獨秀這時正值少壯時期，各方面剛開始活躍起來。[1]

以往，一般讀到陳獨秀時都從《新青年》雜誌開始，實際上這是個斷頭史，因為在五四運動之前，陳獨秀的一段歷史和他以後事業的發展是至關重要的，所以在這裡略談他在辛亥革命前的一段活動。

陳獨秀十九歲那年（一八九七），是他少年時期生命轉捩點的重要年代，這一年對他有三件大事：一是他到南京赴考，目擊考場的怪狀，從此便對科舉制度的弊害有了透徹的認識。二是他在思想上開始受到維新思潮的衝擊。三是他發表了他的第一個作品——〈揚子江形勢論略〉。[2]

---

1. 有關尼采的生平事蹟，見本書〈尼采年譜〉。有關陳獨秀早期資料，主要參看陳萬雄，《新文化運動前的陳獨秀》；林茂生、唐寶林，《陳獨秀年譜》。
2. 孤本現存放於陳獨秀家鄉安徽安慶圖書館。

一九〇一年，陳獨秀到日本留學，他進入東京專門學校，[3]不久就參加了留學生組織的勵志社。[4]

翌年，他與張繼（一八八二－一九四七）、蘇曼殊（一八八四－一九一八）、蔣百里（一八八二－一九三八）等另組一個以「民族主義」為宗旨的「青年會」。一九〇三年，留日學界發起了「拒俄運動」，由是而揭開了二十世紀中國反帝運動的序幕，在「拒俄運動」的前夕，陳獨秀和張繼、鄒容三人在留日學界中發生了一件「剪辮子事件」，他們合力將清朝駐日的一名學監的辮子割掉。根據章士釗（一八八一－一九七三）的回憶，由張繼抱腰，鄒容（一八八五－一九〇五）捧頭，陳獨秀揮剪。這事以後，三人均被日本驅逐出境，鄒容回上海和章太炎合辦《蘇報》（不久便發生了《蘇報》案，鄒死於獄中。）當時，陳獨秀回到安徽成立「愛國會」，籌辦《安徽俗話報》。[5]在辛亥革命以前，陳一面辦報，一面風塵僕僕，奔走於大江南北串連革命，敲起現代革命史上第一響的吳樾（一八七八－一九〇五）炸五大臣事件，就是由陳獨秀策劃的。[6]陳還到上海和章士釗、蔡元培（一八六八－一九四〇）組織暗殺團，自製炸藥。陳、蔡二人在這時期認識，陳辦報時的艱苦毅力，給蔡留下深刻印象，後來蔡請陳到北大任文學院院長，基緣於此。

總之，在「五四」以前的陳獨秀，有幾件事值得一提：一是陳在辛亥間是江南重要的革命志士，之後他任安徽都督祕書長，曾成為安徽討袁運動的主要策劃人。二是這時期所產生的民族危機意識，貫串了他的整個一生。無論在他所投入或領導的救亡與啟蒙工作中，這種挽救民族的危機意識，是他與他同代人的共同意識。三是陳在創辦《新青年》以及發動新文化運動時所會聚的一批知識群（胡適之除外），都是他留日和參加辛亥革命時結識的朋友，用社會學上的名詞來說，他們這群是一個「Peer group」（合意組群），借尼采的話說，是一群「共同的創造者」。陳之所以能在以後發起多次思想文化及政治社會運動，也跟他這段日子所結識的志同道合的朋友有關，這跟尼采一生之踽踽獨行，從來沒有結群志士相比，除了因為兩人本身性格的差異之外，也與他們所處的時代環境有關。

3. 早稻田大學的前身。
4. 中國留學生的第一個組織。
5. 這份報紙只有一孤本，現存放於上海圖書館，多年前曾影印成冊，但發行量不多。
6. 國共兩黨的歷史文件都記載了這件史實。

尼采和陳獨秀的內心矛盾衝突及其悲劇性

尼采說：「有些人要死後才出生。」就他的思想生命的延續而言，確是如此。尼采生前孤寂無聞，死後他的思想迅即向世界各地傳播開來，正如尼采專家考夫曼教授所說：「在尼采死後的一世代中，他深深地影響到如里爾克、赫塞、湯瑪斯．曼、司蒂芬．喬治、蕭伯納、紀德和馬爾盧等人物。」的確，他的影響力及於德、法的整個文學界和思想界。雅斯培、海德格和沙特的存在主義只不過是這多方面影響的一面而已。僅對西方世界影響已如是，在東方，特別是中國，尼采的影響似乎更加迅速而具有另一種深刻的意義。尼采死後不到幾年，他的思想便對魯迅和陳獨秀產生了重要的啟發：尼采對魯迅的影響，在於個性張揚方面；對陳獨秀的作用，則在於倫理改造方面。個性之張揚，可以說是所有創作者共同有的特質，就這方面言，魯迅並未把握尼采思想的核心問題。

尼采學說的核心問題是對西方傳統文化（尤其是傳統道德）之「價值重估」，陳獨秀把握了這個最為關鍵的要點，並借用尼采學說中這一基要概念作為助力來改造中國傳統文化，以此來與魯迅相比，則意義更為顯著。尼采和陳獨秀都是悲劇性人物，他們的內心都充滿著種種衝突和矛盾的思想感情。

尼采內心的矛盾衝突感最為顯著，他在二十歲時寫的一篇〈心緒論〉文章裡說：「我們的心境取決於舊世界和新世界的矛盾衝突，而心緒就是我們所說的這場衝突的現狀。」尼采所崇敬的希臘文化的理想形態和現代精神之不相協調，是一個根源性的問題。尼采推崇希臘悲劇文化，認為這種文化的重要特點，是用智慧來代替科學地位，以作為我們最高的人生目標。可是，尼采所處的時代，科技突飛猛進，商品經濟蜂擁發展，人們滿懷著樂觀主義的信念，然而尼采認為：「這種科學的樂觀主義改變了悲劇的方向。」（《悲劇的誕生》）他批評現代科學主義所造成的非人化和機械主義導致生命的病態，分工的細微割裂了人的整體存在，而文化的庸俗主義尤為泛濫。尼采還抨擊現代人的生活缺乏靈性，人們之間缺乏真誠的交往，人們在急速的生活步伐中漸而迷失了自我，現代人精神上的「無家可歸性」像毯子似地向世界各處展布著。在尼采的內心，文化理想和現實生活之間，以及個人的理性和感性生活，都引起了激烈的衝突。尼采冀求異性感情之依託，屢遭挫折，美夢成空時，他曾憤憤地說：「掉到謀殺者手中，豈不比墮入女人的夢幻裡要好嗎？」他還借查拉圖斯特拉的口說：「愛情是對孤獨者的最危險之物。」他似乎竭力壓抑愛情，事實上他內心是十分渴求的。正如他青年時代在〈自我觀察〉一篇文章上說：「自我是個多面體，自我的各個組成部分經常處於矛盾衝突之中。」的確，他常以「孤獨者」自許，而內心的感情卻是始終激盪不安，在孤寂、矛盾衝突的激擾中，反倒激發他的創作靈感，激發他的「衝創意志」概念的誕生。

陳獨秀的個人感情生活之表露，相對尼采來說就不太顯露，這和他們所處的文化環境和時代背景有關。尼采所處的時代環境，是普魯士在歐陸建立強權政治，在戰勝法國之時，舉國充滿著驕傲的氣氛，在他青年時期，俾斯麥上臺，開始統一德國並把他的國家帶上富強之路。尼采在給他母親的信上說：「俾斯麥具有巨大的勇氣和不可動搖的冷酷心腸，可是他低估了人民的道義力量。」普奧戰爭的爆發，激發了他的民族感情和愛國心，他認為祖國在生死存亡時，在家裡坐著是不光彩的。可是，當俾斯麥入侵他國的手段越來越暴露時，他又認為：「崇高的目標是決不能通過邪惡的手段來達到的。」[7]這裡反映了他複雜的心情，在大量的尼采和朋友往來的書信和著作中，可以發現他從沒有停止過對德國的抨擊，他的不滿主要是針對當代德國文化界的現象。雖然政治上，他反對俾斯麥鐵與血的擴張主義，他批評俾斯麥是馬基雅弗利主義者，但尼采並沒有明顯的反帝意識。這點跟陳獨秀有很大的不同，因為陳獨秀所處的時代正值中國受到多國侵略和欺凌，在這種危險惡劣的處境下，陳獨秀和他同時代人，在思想感情上便形成了強烈的民族危機意識，在如何挽救民族危機的問題上，陳的文章流露出濃厚的焦慮憂思之情。

在當代思想界鼓動風潮的鉅子之中，早期的梁啟超與陳獨秀的文字，感染力之強，直到今天讀來猶動人心弦。陳獨秀在〈敬告青年〉文中，鼓舞青年說：「青年如初春，如朝日，如百卉之萌動，如利刃之新發於硎，……青年之於社會，猶新鮮活潑細胞之在人身。新陳代謝，陳腐朽敗者無時不在天然淘汰之途，與新鮮活潑者以空間之位置及時間之生命。」

然而他目睹當代青年，年少而呈老衰之狀，衷心戚然：「吾見夫青年其年齡，而老年其身體者十之五焉；青年其年齡或身體，而老年其腦神經者十之九焉。」當時的中國，充塞社會的空氣，確實是無往而非陳腐朽敗的景象。他在〈我之愛國主義〉一文中，對當時政治社會的處境，有著如此概括的指陳：「今日之中國，外迫於強敵，內逼於獨夫，……試觀國中現象，若武人之專政，若府庫之空虛，若產業之凋零，若社會之腐敗，若人格

---

7. 一八六六年尼采給友人威廉·賓德信函。

之墮落，若官吏之貪墨，若遊民盜匪之充斥，若水旱疫癘之流行，凡此種種，無一不為國亡種滅之根源，又無一而為獻身烈士一手一足之所可救治。」此情此景，陳獨秀沉痛地呼喊著：「國人無愛國之心者，其國恆亡；國人無自覺心者，其國亦殆！」當其時，國幾不國，而普遍國人猶無自覺之心。一九一四年他發表的〈愛國心與自覺心〉這篇文章上，便充分反映了作者「無出路的苦悶，同時也標誌對新道路的探索」，[8]他為了敲醒沉睡的國人，有時甚至故作危言，憤激地發出許多聳聽之言。

辛亥前後，陳獨秀胸中感憤極深，常借詩文表露他在理想的追求與現實的壓力中，個人際遇的抑鬱與孤憤之情。[9]

早期的陳獨秀是個激進的自由主義者，由於受到巴黎和會列強分割中國領土的刺激，轉而成為社會主義的開導者。但無論他的思想如何轉變，民族危機意識都始終含藏在他的內心，他思想的轉折看來似為矛盾，但那是時代大環境的必然走向，雖然反映到他的內心有著無比的衝突之情。有些看似矛盾的觀念卻能取得協調統一，有的則難以取得妥協並存，例如在新文化運動中的民族主義與個人主義之間看似矛盾，但在陳獨秀思想中，這救亡與啟蒙的工作是應齊頭並進的：要挽救民族的危機，必須喚醒每個國民的自覺、提高所有個體之質素。這時期的他，接受社會達爾文思想，和嚴復一樣，目的無非在於借此去刺激麻痹的民心。他之引介社會主義，一則激於民族意識，在思想上也是對於民主與自由概念的擴大——即由精英分子而擴大範圍到更廣泛的基層民眾中。但當他組黨之後，則在權力結構中存著許多無法調解的複雜因素，黨的組織必須講求紀律而以團體為尚，這樣，群體意識之吞噬個體權益的事端自然屢屢發生，而民族主義與國際主義間之不可協調關係，表現在一九二九年「中東路事件」上尤為明顯。在這之前（一九二七年之前）共產國際蘇聯顧問的瞎指揮，使局面一再敗壞，其後在中國要收回蘇聯在中東鐵路的管轄權問題上，聯共以列強帝國主義將乘機入侵為由要求中共「保衛蘇維埃祖國」，托洛茨基（Lev Davidovich Trotsky, 1879-1940）也呼籲託派要「完全犧牲自己來保護十月的勝利」。在這關鍵的問題上，陳獨秀一連寫了三封信給中共中央，主張以「反對國民黨誤國政策」的口號來代替「擁護蘇聯」的說詞。現在看來，陳獨秀的觀點是確當的，而當時中共中央盲從

---

8. 引自林茂生《陳獨秀年譜》。
9. 請參閱陳萬雄，《新文化運動前的陳獨秀》。

聯共的指示是錯誤的。在民族主義與國際主義的矛盾衝突中，雖然他遭受到橫逆的打擊，但他對民族意識的維護，一如他對民主信念的堅持，是令人欽佩的。

尼采和陳獨秀都可說是典型的悲劇性人物，這裡所說的「悲劇」，是尼采特殊意義的解釋。悲劇是對苦難人生的反抗，在人生歷程中，歷盡坎坷，但要能以戰鬥不息的精神克服重重障礙，斬荊披棘開創新路。從這看來，尼采的一生以堅強的毅力在病痛中創作，孜孜不息地為文化理想奮鬥，「以血寫作」的名言（見《查拉圖斯特拉如是說．讀與寫》）道出他一生從事創作的苦心與盡力，從他作品中所展現的旺盛的思想生命，可以感知其悲劇豪情之光芒四射。

反觀陳獨秀的一生，其成就不在詩文創作，而在其作為時代代言人的感人論說，以及其投入於實際政治改革運動的獻身精神。從某方面來說，陳獨秀的悲劇性尤勝於尼采，他所面對的現實環境的險惡程度，實千百倍於尼采的處境。他一生因持不同政見而被捕五次，當他第五次被國民黨當局逮捕時，律師章士釗曲意為他辯護以求減刑，但他起立聲明：「章律師的辯護，全系個人之意見，至本人之政治主張，應以本人之文件為根據。」接著他發表了自撰辯訴狀說：「自予弱冠以來，反抗清帝，反抗北洋軍閥，反對封建思想，反抗帝國主義，奔走呼號，以謀改造中國。……」他慷慨陳詞，大義凜然，他的辯護內容和所表現的道德勇氣，實勝過蘇格拉底的《辯護書》。這位「衝鋒陷陣的啟蒙大師」在給魯迅的信上說：「我無論如何挫折，總覺得很有興致。」他晚年撰文說：「我半生所做的事業，似乎大半失敗了，然而我並不承認失敗……我們還是要繼續抗戰。」[10]他性格倔強，如其詩句中所述：「滄海何遼闊，龍性豈能馴。」作為一個「終身的反對派」，終其一生不屈不撓地堅持理想與原則。

陳獨秀和尼采所奮鬥的理想內容雖然有所不同，但其不屈的悲劇精神，則在各自的生命中同放異彩。陳獨秀在新文化運動中所從事的「文學革命」與「倫理改造」兩大運動，借用傅斯年的話，是他思想中的「尼采層」。下面讓我們來看看他們的文學觀和文化觀。

---

10. 一九三七年撰〈準備戰敗後的對日抗戰〉。

尼采的浪漫主義與古典主義；陳獨秀的文學革命論

尼采的作品可以說是浪漫主義與古典主義的結合，他在《人性的，太人性的》書上提出這樣的看法：浪漫主義是無拘無束、熱情奔放的複雜感情的流露，儘管它激動人心，但過於粗獷，是他年輕時能夠接受和理解的藝術。可是只有當人們變得更加聰明、更加和諧時，才能真正欣賞荷馬、索福克里斯及歌德的藝術。尼采對浪漫主義和古典主義的看法，顯然是受到歌德的影響，本來歌德是浪漫主義的推動者，但是到他晚年，浪漫主義的文風趨於頹廢，由積極轉變為消極。於是，歌德和席勒（Egon Schiele, 1890-1918）一樣，肯定古典藝術，而對浪漫主義持對立的態度。在《歌德談話錄》（*Gespräche mit Goethe*）裡，歌德說：「近代許多作品之所以是浪漫的，並非因為它們是新的，而是它們是軟弱的、感傷的、病態的。古典作品之所以是古典的，並非因為它們是古的，而是因為它們是強壯的、新鮮的、歡樂的、健康的。」

歌德在一篇〈說不完的莎士比亞〉文章裡，列舉「古典主義的特徵，是純樸的、異教的、現實的……而近代的文學是感傷的、基督教的……」。歌德所列舉的古典之為異教的特徵，近代之為傷感的基督教特徵，與尼采所持的觀點是完全一致的。

然而，從尼采的作品內容和風格來看，他的作品應該是屬於古典主義和浪漫主義結合的產物。尼采的代表作《查拉圖斯特拉如是說》是用詩歌的形式來表達他對古希臘悲劇人生觀的憧憬，這不全然是古典主義之作。在他的作品中，酒神精神的騰躍風格之浪漫多彩，可以說是舉世無雙的，浪漫主義的特徵是用熱情奔放的語言來表達內心世界的感情，抒發對理想世界的追求，並突出人和自然在感情上的共鳴，以及表達對個性解放的要求。就這標準而言，《查拉圖斯特拉如是說》一書是浪漫主義作品的代表。

尼采在文學界裡的影響，主要是透過他的文學創作而不是文學理論，這與陳獨秀恰恰相反。陳獨秀的影響主要是他的文學觀而不是創作——雖然陳寫得一手好的舊體詩。

大家都知道，陳獨秀提倡白話文，但他一直都是寫舊體詩，對新詩有很大偏見。他認為詩是一種美文，白話難以寫出美的詩歌，他很反對把散文分成短句。他說：「詩有詩的意境、詩的情懷、詩的幻想、詩的腔調等等需要去琢磨。……有些人，把一篇散文，用短句列成一行一行的就說這是詩。不過詩歌究竟不同於散文，它要有情趣，要讀之鏗鏘作聲，要使讀者有同情之心，生悠然之感。」他被國民黨關在牢裡時，有一次一位創造社詩人寫了一本詩，印得很新奇，有大字小字，正字歪字，加上一些驚嘆符號，很像炮彈打出後的破片飛散一樣。詩人拿去給陳獨秀看，並請他指教，陳看了哈哈大笑起來，說他不懂詩，不敢提出評論。[11]

對於文藝創作，陳獨秀很反對形式主義和依循著思想模式去寫作，他說：「文藝這種作品，絕不能用模式來套住，八股文為何一文不值，就是因為這是殭屍的文字。有人以為把政治思想塞進文藝中就是革命文藝，其實是錯誤的，如果這樣，有黨的宣傳部和新聞記者就夠了，要文學家幹麼？」他不贊成對文藝家畫地為牢，要他們寫無產階級現實文學，不要寫資產階級浪漫主義文學，這是辦不到的，也是束縛創作自由的。他認為那些人根本不知道什麼是現實主義和浪漫主義，其實優秀作品都包含著這兩種的。

陳獨秀主張文藝要反映社會生活，但他認為現實主義的作品一定要有精美的藝術構思；又認為現實主義不可以沒有浪漫主義的色調。他說：「沒有浪漫主義就沒有文學，文學要有幻想，要用浪漫的構思和手筆，巧妙地反映出社會生活來，否則讀讀歷史看看報紙就夠了。」

陳獨秀對浪漫主義作品的喜好，援於他留日時代。據胡適的回憶，陳獨秀是最早將法國文學上各種主義介紹到中國：從古典主義到理想主義（即浪漫主義）；從浪漫主義到寫實主義；從寫實主義到自然主義，並在以後引起大家對各種主義的許多討論。[12]

不過，陳獨秀在文學界中最大的影響，要推他在一九一七年《新青年》時期提出的〈文學革命論〉的主張。他高舉文學革命的大旗，為中國現代文學開闢了嶄新的局面，他提出了三大主義：一是推倒雕琢、阿諛的貴族文學，建設平易、抒情的國民文學；二是推倒陳腐、鋪張的古典文學，建設新鮮、至誠的寫實文學；三是推倒迂晦、艱澀的山林文章，建設明瞭、通俗的社會文學。這可說是中國文學史上劃時代的主張。

一九三二年傅斯年在《獨立評論》（二十四號）寫了一篇文章——〈陳獨秀案〉，他說：「陳獨秀的思想中這個『尼采層』，是使他最不能對中國固有不合理的事物因循妥協的，也正是他的文學革命與倫理改造兩運動中之原動力。」傅斯年說的正是。下面讓我們來討論尼采對西方倫理改造的觀點，以及陳獨秀對中國倫理改造思想中的「尼采層」。

---

11. 濮清泉，《我所知道的陳獨秀》。
12. 見胡適〈陳獨秀與文學革命〉一文，原載陳東曉編《陳獨秀選編》。

尼采的反基督教道德觀；陳獨秀的反儒家倫理觀

陳獨秀對中國傳統文化所從事的「價值重估」，一如尼采對西方傳統文化所提出的「價值轉換」，他們在各自思想文化界的影響都是劃時代的。

研究古典語言學的尼采，對於蘇格拉底之前的悲劇文化持有特殊的史觀，並懷抱著無比讚賞之情。尼采認為古典希臘是由阿波羅的夢幻境界與戴歐尼修斯的醉狂境界之相互作用，而激發悲劇文化的發展。這悲劇的壯闊而深邃的生命動力，是希臘人生機蓬勃的奮鬥精神和豐富旺盛意志力的表現，而戴歐尼修斯的生命豪情，更衍發為日後尼采所推崇的「衝創意志」的概念。

尼采認為蘇格拉底之後，悲劇藝術中的戴歐尼修斯成分被排除，因而導致希臘文化衰落的關鍵因素。而柏拉圖則是「先基督而存在的基督徒」，千年來基督教文化成為西方傳統的主導文化，它繼承了柏拉圖二元論世界觀：肯定另一個虛幻的世界，而否定我們這生機蓬勃的自然與歷史的現實世界。尼采指責基督教宣揚「原罪」以禁錮人心，這教義「如黑鉛般地壓著人心」，使人成為「病夫」（見《查拉圖斯特拉如是說》）。他指稱基督教信仰「褻瀆大地」、「敵視生命」，他說：「上帝的概念是生命最大的反對者。」（《偶像的黃昏》）千年來，「上帝」成為西方人的價值根源與準則，於此，尼采做出震撼性的宣言：「上帝已經死了！」

尼采宣稱上帝已死的「上帝」，實乃道德的上帝（moral God）。尼采批評基督教的核心問題，乃是道德問題，他指出基督教以懦弱、謙卑、馴服、盲從為美德，因而他稱基督教道德為「羊群式的道德」、「奴隸道德」（Slave Morality）。

尼采認為希臘悲劇文化與基督教文化的最大不同，在於後者是對生命意志的抑鬱，而前者表現出昂揚歡愉的生命意志。以此，他稱悲劇精神所產生的道德為「自主道德」（Master Morality）。

尼采指稱西方傳統道德為「奴隸道德」之說，為陳獨秀所借用，他在《新青年》創刊號的〈敬告青年〉一文抨擊儒家倫理之為「奴隸道德」說：「忠孝節義，奴隸之道德也；（德國大哲尼采分道德為二類，有獨立心而勇敢者曰貴族道德，謙遜而服從者曰奴隸道德。）輕刑薄賦，奴隸之幸福也；稱頌功德，奴隸之文章也；拜爵賜第，奴隸之光榮也；豐碑高墓，奴隸之紀念物也。」他在給讀者的信上又說：「宗法社會之奴隸道德，病在分

別尊卑，課卑者以片面之義務。」（〈答傅桂馨書〉）

儒家的綱常倫教說，幾乎成為所有五四人物共同攻擊的焦點。如陳獨秀認為：「儒者三綱之說，為一切道德政治之大源：君為臣綱，則民於君為附屬品，而無獨立自主之人格矣：父為子綱，則子於父為附屬品，而無獨立自主之人格矣；夫為妻綱，則妻於夫為附屬品，而無獨立自主之人格矣。」（〈一九一六〉）他在給吳虞的信上說：「竊以無論何種學派，均不能定為一尊，以阻礙思想文化之自由發展。況儒術孔道，非無優點而缺點則正多。尤與近代文明社會絕不相容者，其一貫倫理政治之綱常階級說也。」（〈答吳又陵書〉）

陳獨秀之攻擊儒家綱常倫教，除了兩千年來儒家倫理在政治與社會文化上之淪為「奴隸道德」的原因之外，主要是基於這兩方面的現實動機：一是孔教與帝制，有不可離散因緣，[13]二是孔子之道不合現代生活。[14]

五四人物的反傳統，由陳獨秀首開其端，魯迅、胡適、吳虞等繼之而掀起一股巨大的思潮。五四人物的反傳統，主要是集中在抨擊主流文化之一的儒家，然而目前海內外學界流行著一種十分錯誤的意見，以為五四人物是「全盤反傳統」。以當時具有最大影響力的陳獨秀而言，他雖強力攻擊孔教，但他卻稱許孔子「均無貧」的高遠理想，讚賞孟子大丈夫的氣概。陳獨秀晚年曾對孔子作出這樣的「重新評價」，在〈孔子與中國〉一文中（一九三七年十月），一開頭便引用尼采的話說：「尼采說得對：『經評定價值始有價值；不評定價值，則此生存之有殼果，將空無所有。』所有絕對的或相當的崇拜孔子的人們，倘若不願孔子成為空無所有的東西，便不應該反對我們對孔子重新評定價值。」陳獨秀「一分為二」地評說：「孔子的第一價值是非宗教迷信的態度」，「第二價值是建立君、父、夫三權一體的禮教。」對於儒家的「禮教」，他們堅持以往的觀點，而對孔子非宗教迷信的人文精神，則持肯定的態度。

在百家各派中，陳獨秀對法家非人治，名家辨名實，陰陽家明曆象，衣家並耕食力，卻持肯定的態度，他對墨家的勤勞、兼愛、非命諸說以及「墨翟主張利益他人為人生義務」（〈人生真義〉），尤為稱讚。他嘗說：「謂漢宋之人獨尊儒家，墨法名農，諸家

13. 參看〈駁康有為致總理書〉等文。
14. 參看〈孔子之道與現代生活〉等等。

皆廢，遂至敗壞中國……。」（〈答常乃德書〉）並說：「設全中國自秦漢以來，或墨教不廢，或百家並立而競進，則晚周即當歐洲之希臘，吾國歷史必與已成者不同。」（〈答俞頌華書〉）。

究其實，陳獨秀是主張「九流並美」、「百家並立」的。他說：「僕對於吾國國學及國文之主張，曰百家平等，不尚一尊……」（〈答程演生書〉），「舊教九流，儒居其一耳。陰陽家明曆象，法家非人治，名家辨名實，墨家有兼愛、節葬、非命諸說，制器敗戰之風，農家之並耕食力，此皆國粹之優於儒家孔子者也。」（〈憲法與孔教〉）由此可證，陳獨秀並非「全盤反傳統」。

結語

尼采和陳獨秀最大的共同處，就在以批判傳統文化的陳舊價值，而企圖開創一個嶄新的思想局面。在對待傳統文化的問題上，他們都集中焦點於倫理的改造。

尼采由於對希臘傳統持有獨特的史觀，由此而發展出自己的一個思想系統。從某方面看來，尼采是個激烈反傳統的人，但他並非全盤反傳統，他所反的是柏拉圖以來（特別是基督教）的文化傳統，而肯定蘇格拉底前的古希臘悲劇文化傳統。

就作品而言，尼采的《查拉圖斯特拉如是說》這部富有哲理性的散文詩，其思想內涵之豐富多彩，及其高度的藝術性，在當代是獨一無二的。當然陳獨秀的論著是難以望其項背的。

就知識分子的角度而言，陳獨秀的時代使命感顯然要勝過強調自我提升的尼采。陳獨秀曾說過這樣的話：「西洋民族，自古迄今，徹頭徹尾，個人主義的民族也。英美如此，德法亦何獨不然？尼采如此，康德亦何獨不然？舉一切倫理、道德、政治、法律、社會之所嚮往，國家之所祈求，擁護個人之自由權利與幸福而已。」但作為中國的知識分子，在國家危難的時代處境下，除了重視個體自由、權利之外，在民族危機的激發下，會很自然關心群體的走向。所以，陳獨秀的組黨並積極的介入政治社會改革運動，這是時代的浪潮把他推向歷史的舞臺，雖然他並非政治人物。他的反帝意識，以及對基層貧苦人的關懷（比如，他在一九一九年寫的〈貧民的哭聲〉等文），這些都不是尼采的視覺所能觸及的。陳獨秀這種反對以強凌弱，正是道德正義感的表現，他在政治上主張國民改造運動，都比尼采的個人主義為進步。

綜觀陳獨秀的一生最為輝煌的時代，無疑是他所領導推動的新文化運動這段歷史。如前所說，當代中國激進的自由主義和理想的社會主義兩大思潮都是他所開創的。然而中國大陸的文化界長期以來高舉魯迅而貶抑陳獨秀，在臺灣及海外則高舉胡適而壓低陳獨秀，兩者都是有欠公平而不合乎史實的。事實上，陳獨秀無疑是這一劃時代的新文化運動的最重要領導者，而魯迅和胡適乃是陳獨秀主辦《新青年》時代的左右大將罷！

從今天看來，尼采和陳獨秀的文化觀擁有太多發人深省之處。尼采哲學對生命意志的鼓舞，以及發揮人的主觀能動性；陳獨秀在標誌科學與民主的大方向上，都是兩岸在文化工作極其需要的。

一九八九年北京大學演講稿，一九九〇年修改定稿，一九九一年刊入王曉波主編《海峽評論》第六期

附錄

尼采年譜

1844

10月15日

- 尼采生於普魯士薩克森州（Sachsen）的洛肯鎮。其父為路德教派的牧師，家庭成員，除父母之外，還有六十六歲的祖母和兩個姑媽。
- 尼采在自傳《看，這個人》中說：「我的祖先是波蘭貴族，我的血液中因而有著多種民族性。」

46

7月10日 妹妹伊莉莎白出生。

48

2月 弟弟約瑟夫出生，兩年後夭折。

- 本年歐洲爆發革命。曾經長期統治歐洲的神聖同盟垮臺。普魯士國王弗里德利克．威廉四世宣稱要統一德意志。小尼采看到了乘著馬車、高唱歌曲、揮舞旗幟的造反者。

49

7月30日 父親因患腦軟化症逝世。父親的去世打破了他幼年平靜的生活，導致他後來終身過著四處飄蕩的日子，使他變成一個無根的世界主義者。

1850

- 祖母奧德姆絲決定全家遷往小城南堡，母親弗蘭西斯卡靠每年一百六十馬克的撫恤金和救濟金供養全家。家人全是虔誠信仰的女性；母親繼續教他讀書。羅薩麗姑媽給他上宗教課。
- 早已習慣了鄉村寧靜生活的尼采，不適應小城的城堡教堂、街道和人群，喜歡回到美麗的大自然中去。他眼睛近視，開始患頭痛症，母親用冷敷法和淋

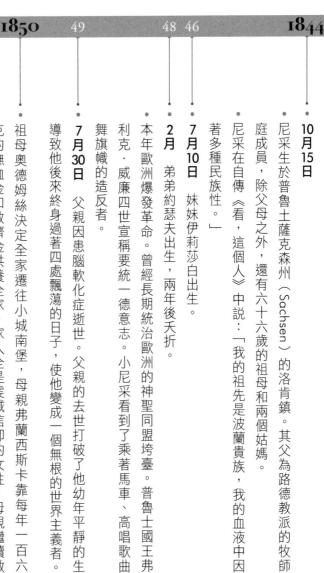

51

浴、散步等方式給他治療。

- 進入當地小學讀書。接觸到當地一些音樂家，培養了他對音樂的愛好。
- 春天轉入鎮上的一家私立學校，在那裡結識了與他同齡的威廉・賓德（Wilhelm Pinder）和戈斯多夫・克魯格（Gustav Krug），並從此成為摯交。威廉・賓德在他的自傳中寫到了這時的尼采：

> 他基本的特點是憂鬱。從童年時起他就喜歡獨處和深思。他心地善良而又深沉。雖然還是個孩子，他當時就已經在思考許多大多數與他同齡的孩子們從不去注意的問題了。作為一個男孩子，他醉心於各種他自己發明的遊戲。他從不做任何未經思考過的事情，而且不論他做什麼事情都有明顯的目標和充分的理由。謙虛與知恩也是他的兩個主要特點。

1854

- 尼采在私立學校學習拉丁語和希臘語，感到希臘語尤為難學。他在宗教課上花了大量時間，在德文語法與作文上成績平平，他在學校還學習了射箭術。此時他開始寫作短劇，創作了一些詩歌並且繪製了一些山水畫。
- 尼采克服了初學希臘語時的困難，開始對荷馬產生濃厚的興趣，他和賓德合寫了一本叫作《奧林帕斯山上的眾神》的短劇，並由他們自己和克魯格扮演劇中的主角。

54

- 九歲後由於身體不適耽誤了不少學校的課程。從本年復活節到一八八五年復活節期間，共缺課五星期又六天。

1855

- **10月滿10歲**　這一年他寫了五十五首詩歌。
- 秋天尼采就讀於多恩預科學校（Dom Gymnasium），直接進入二年級。他和威廉·賓德與戈斯多夫·克魯格友誼甚篤。威廉的父親赫爾·賓德是位法官，他使尼采第一次接觸了歌德的作品，並瞭解了優秀德文作品的詩韻之美。戈斯多夫的父親赫爾·克魯格是位私人律師，他有包括孟德爾頌（Jakob Ludwig Felix Mendelssohn Bartholdy, 1809-1847）在內的許多音樂界的朋友，對尼采進行了啟蒙性音樂教育並使他欣賞到了貝多芬的音樂。母親為尼采買了一架鋼琴，請了當地最好的一名女鋼琴手給尼采教授鋼琴演奏。
- 姑媽奧古斯塔在這一年夏天死於肺病。

56

- 七十六歲的祖母奧德姆絲·尼采逝世，她把遺產留給了尼采和伊莉莎白。母親帶著兩個孩子遷入一個公寓。
- 這一年他開始患嚴重眼疾，頭病等疾病使他在校兩年缺課共三十三天。

58

- 尼采結束了在多恩預科學校的學習。在過去的三年裡他對音樂、詩歌和書法的興趣不斷加深。

- 在十四歲這一年寫的自傳裡，尼采把當時自己所寫的詩歌分為三個階段。他說他早年的詩作（其中多為描寫奇怪的海上風光、風景和烈火等）過於冗長囉嗦，一點也不知道怎樣學習詩壇巨擘的作品。他稱自己九歲以後的詩作為第二階段，這時他已用委婉動人的筆調和華麗鮮明的語言來力圖表達自己的情感了，他認為他詩作的第三階段開始於本年二月，他說：「從那時起我就決心花些功夫來練習詩歌寫作了。如果可能就每天晚上寫上一首。」但是他未能堅持下去。

- **10月滿14歲**　進入離南堡四英里、以古典主義教育聞名的普夫達寄宿學校。在以後的六年中他將在那裡每周學習六小時希臘文，前三年每周學習十一小時，後三年每周十小時拉丁文。古典教育使他日後擁有豐富的古代觀念。

- 開始與同學保羅．杜森（Paul Deussen, 1845-1919）交往。杜森日後成為著名的印度哲學研究者及翻譯家，曾任柏林大學（University of Berlin）講師。基爾大學（University of Kiel）哲學教授。著有《形而上學的基本知識》（*Die Elemente der Metaphysik*），介紹叔本華的哲學。杜森在一九〇一年出版了《回憶尼采》（*Erinnerungen an Friedrich Nietzsche*）。

● 到普夫達學校後，已經寫了七首詩。其中有這樣一首：

不要問我：
你的故鄉在何方。
我決不受空間的範限，亦不受
時間的約束，
我像蒼鷹一般，自由自在。

● **8月** 參加學校合唱團。

● 達爾文《物種起源》（*On the Origin of Species*）於本年出版。

● 回南堡度春假。尼采對希臘神的興趣更加濃厚，因此擬與賓德共寫一部關於普羅米修斯的戲劇，並打算收集有關普羅米修斯的生平材料。他說：「我們要儘量寫得絢麗多彩，栩栩如生，動人心弦，總之要寫得驚人。」

● **6月** 與賓德和克魯格等摯友組織文學和音樂團體——「德意志」社團，發表音樂作品。

● 通過「德意志」社團買的音樂期刊，尼采第一次對華格納產生了興趣。

● 對綜合學習各門知識的重要性有了較為深刻的理解。他認為：「在研究希臘和拉丁語詩人時，也應同時研究德意志的古典作品，並要把他們的思維方式加以比較。同樣，學習歷史要與學習地理相結合，對教學法的學習也要滲透到物理音樂中去。」

- **8月** 第二周的考試中他獲得優秀成績，以拉丁語、希臘語、德語和數學四門課的平均成績升入三年級。

61

- **1月** 為「德意志」社團作詩七首。
- 身體狀況不佳。在給母親信中說：「我頭疼不斷……連續兩夜不寐，間隔發冷和出汗」。
- **3月** 與同學保羅．杜森因共同喜愛古希臘詩人阿那克里翁（Anacreon）的詩歌而建立深厚的友誼。
- 開始對北歐古代英雄故事產生濃厚興趣，在一定程度上是由於受了學校裡教文學史的老師克波斯坦（Koberstein）的影響。開始研究薩克索．格拉瑪提庫斯（Saxo Grammatics）編年史和古代冰島文學集（the Eddas）。
- **8月** 創作了題為〈受苦得自然之旨〉的一首樂曲。
- **9月** 尼采在考試中取得優良成績。這一時期到年底，他先後受到席勒、荷爾德林（Hölderlin, 1770-1843）、拜倫和莎士比亞（William Shakespeare, 1564-1616）的影響。

1862　61

- **11月**　建議妹妹伊莉莎白讀莎翁的作品，他說：「莎士比亞向你展現了如此眾多的強者，他們粗獷、剛強、有力，而且意志堅定。我們的時代正是缺少這樣的人。」
- 由於對文學的愛好，而對於基督教投以冷眼，對上帝的存在、靈魂不朽，《聖經》的權威、神靈等教義，產生懷疑。
- **1月**　寫了一篇題為〈作為總統的拿破崙三世〉的短文，認為拿破崙三世是個天才，但是難以從道德上評判他的所為。
- **3月**　在學校參加施耐德（L. Schneider）的《十八歲的上校》一劇的演出。
- **4月**　發表第一篇哲學短論〈命運和歷史〉（Fate and History）。尼采對基督教產生了初步的懷疑，並試圖進行深入的探討。他說：「我們現在甚至都不知道人類自身是否僅僅是整個宇宙、整個進化過程中的一個階段或一個時期，也不知道人類是不是上帝的主觀表現形式。……人類自身是一種手段？還是一個結局？」
- 他關注「自由意志與命運」的哲學問題，在給賓德和克魯格的另一篇雜文中說，「絕對的意志自由和獨立的命運會使一個人臻於完美的境地，而宿命的原則卻使人成為喪失自我的機械人」。

- 尼采對人類的生活狀況感到不滿。他說：「在我看來，所有以前的哲學都像是古代巴比倫人建造的通天塔，所有努力的目標總是想直接升入天堂或想在地上建造天堂。」
- 夏天在學校結交到朋友——萊蒙德．格萊尼爾（Raimund Granier）。他讀了盧梭（Jean-Jacques Rousseau, 1712-1778）的《愛彌兒》（*Émile*）之後說，從盧梭那裡「你可以俯拾自然流暢的文采，也可以學到你一定要信奉不渝的學識。」
- **9月19日** 給母親信中說：「在學校，我另有一個令人愉快的、包括各種朋友的小圈子，可是從他們那裡，並沒有多大的啟迪。我首先想要結交的是比自己更強的人。」
- 此時尼采不再打算將來獻身宗教了，他開始考慮選擇音樂為職業，他喜愛即興彈奏鋼琴。在普夫達學校的琴房裡與戈斯多夫相識以後成為摯交，戈斯多夫說：「我不認為貝多芬會比尼采在即興演奏時更動人，尤其是在天空出現雷鳴的時候。」
- 發表論荷爾德林的短論及對Ermanrich傳奇和北歐神話的研究。開始掌握學術批判的原理，對《聖經》開始懷疑批判，不久宣稱宗教是「幼年人類的產物」。

1863

- **1月12日** 給姑媽羅薩麗信中說：「慰藉你心靈美化你生活的是你內心的祝福而不是外在的恩惠，那些物質小利都是微不足道瞬息就會失去的。」
- **4月上旬** 尼采第一次醉酒，之後因感到有愧於老師教誨而極為內疚。
- **4月下旬至5月20日** 身體再度不適，患粘膜炎和乳突炎住院醫治。
- **9月** 在科辛與安娜．萊德爾（Anna Redtel）初戀。同月，俾斯麥成為普魯士首相與外交大臣，他相信在奧地利被法國戰勝後，統一德意志的任務只能由普魯士完成。

1864

- **4月** 復活節期間在南堡寫成〈心緒論〉（On Moods）。他說：「我們的心境取決於舊世界與新世界的矛盾衝突，而心緒就是我們所說的這場衝突的現狀。」
- 回普夫達後開始用拉丁文撰寫有關六世紀希臘詩人西奧格尼斯（Theognis, 570-485B.C.）的論文，把熱心擁護貴族制的西奧格尼斯與普魯士容克貴族作了比較研究。
- **7月** 完成關於西奧格尼斯的論文。
- **8月** 尼采即將結束在普夫達學校的學習。在自傳簡歷中他寫道：「為了未來的求學我給自己提出了一個明確的原則：抑制自己興趣廣泛但卻一知半解的傾向，培養自己對某一專業的興趣並且探尋它最深奧的祕密。」在選擇未來專業方向時，尼采決定放棄從事藝術的想法而立志鑽研語言學。

- 尼采想致力於古典問題的研究，他認為德國戲劇起源於史詩，而希臘戲劇則發源於抒情詩，並含有音樂的因素。這個認識在後來他的第一部著作《悲劇的誕生》中得到了深入的發展。
- **9月** 從普夫達寄宿學校畢業。他在宗教、德文和拉丁文課上獲「優」，在希臘文課獲「良」，在法文、歷史、地理和自然課上獲中等成績。他成績最差的課程是希伯來語、數學與繪畫。
- 尼采與校友保羅·杜森在南堡相聚兩周，後去萊茵地區度假並赴波恩。
- **10月滿20歲** 中旬在萊茵區的奧伯德利茲（Oberdreis）與保羅家人慶生，其後乘船到達波恩（Bonn）。隨後進入波恩大學，讀哲學和神學。
- 參加薩爾施密特（Schaarschmidt）教授的語言學史課與關於柏拉圖的講座課，並選聽了其他關於歷史和藝術史課程。
- **10月24日** 給母親的信中說，他開始熱心結交朋友，大學的同學中大多數都是普夫達的校友，「我們差不多都是語言學者，也都酷愛音樂。」
- **12月** 在當時風氣影響下，尼采與一位過去的熟人進行了決鬥。決鬥中尼采鼻梁受傷，休息兩三天後痊癒。

- 尼采閱讀曾在一八三五年底引起人們爭議的大衛・史特勞斯（David Friedrich Strauß, 1808-1874）的《基督一生》（*Das Leben Jesu*），並開始慎重思考關於基督教的問題。他說：「這兒有個嚴重的後果——你若放棄基督，你就不得不同時放棄上帝。」
- 第一次獨自離家在外過聖誕節。
- **2月**　去科隆（Köln）遊覽。遊覽期間被誤領入一家妓院，但得以逃脫。
- **4月**　復活節回南堡與母親和妹妹團聚。此時他已更加自信，不再願意參加任何宗教儀式。他不顧母親的勸說拒絕接受復活節聖餐。
- **4月底**　決意要在學年結束時離開波恩大學，打算跟李契爾（F. Ritschl, 1806-1876）教授一起去萊比錫大學。
- **5月底**　說服母親同意他辭離波恩大學的決定。
- **6月11日**　給妹妹信中說：「假如我們從小時候起就相信靈魂的拯救、依賴於基督之外別的某個人，比如說穆罕默德吧，我們無疑也會感到同樣地被賜予了幸福。當然是虔誠本身而不是虔誠背後的目的傳遞了福音……，真正的虔誠必有所得。它會給予信奉者所期待的一切，但是它卻不能為說明客觀真理提供任何幫助。人生多歧路，如果你祈求心靈的平靜與快樂，那就去信仰吧！如果你想成為獻身真理的人，就得去探索！」

- **8月30日** 在給朋友赫爾曼．姆薩克（Herman Mashacke）信中說：再在波恩大學待下去是個錯誤，「在我看來（波恩大學裡的）人們沒有什麼政治判斷力。他們完全服從領導人的意見和看法。我覺得他們表現出的行為既粗俗又令人作嘔。」

- 在離開波恩大學之前，尼采感到這所大學使他瞭解了自己和正在興起的青年一代，但除了他所作的關於德國政治詩人的一個報告，一個關於北美德國人宗教活動狀況的講座，以及他關於西奧格尼斯的補充研究以外，他就再沒有什麼可值得驕傲的了。他認為自己沒有安排好大學第一年的學習。

- **10月滿21歲** **17日**與姆薩克到達萊比錫；**18日**在萊比錫大學註冊學習語言學。

- 這時尼采認為：「我的目標是成為一名真正的教師，而且首先要能夠在青年人中激發起必不可少的深刻思維，並培養他們自己的評判能力，這樣在他們心裡就能不斷提出為什麼要學習研究，什麼是他們的研究對象以及怎樣去研究這樣的問題。」

- 尼采在萊比錫大學共四年，這期間對他影響最大的是叔本華哲學和華格納音樂。

- **10月下旬** 在房東開的舊書店裡偶然發現一本一八一九年出版的叔本華著作《意志與表象的世界》。他後來寫道：「回到家後我便靠在沙發上讀起了剛剛得到的那本珍貴的書。我開始讓那本有力、但沉悶的天才之作占據了我的

65

心，書裡的每一行都發出了超脫、否定與超然的呼聲。我看見了一面極為深刻地反映了整個世界、生活和我內心的鏡子。」

- 那以後兩個星期中，他一直深陷於對叔本華哲學的思考。為了考驗自己的意志力，對自己實行訓練，他不准自己每天睡眠超過四個小時。
- **11月5日** 給母親和妹妹信中說：「我們知道生活中含有苦難，我們越是想享受生活的一切，也就越會成為生活的奴隸。所以我們拋棄生活中的享樂並實行節制，對自己縮衣節食，對他人則寬容仁愛，正是因為我們憐憫那些在受苦受難的人們啊。」
- **11、12月間** 參與籌組由李契爾教授提議成立的學生語言學俱樂部。

1866

- **1月** 尼采參與籌備的學生語言學會成立，成員共十一名。第二次會議上，尼采就西奧格尼斯詩歌的初版問題作了發言，並把發言稿送李契爾教授審讀。教授認為，這是他所讀過的低年級大學生作品中最為生氣勃勃、且構思最嚴謹的文章。尼采自己認為，從此他才開始了語言學者的生涯。從那以後尼采開始發憤用功學習，並與李契爾教授建立了友誼，每周兩次在午飯時間與李契爾教授討論問題。
- **2月** 常與戈斯多夫、姆薩克一起學習希臘文和研究叔本華哲學。

- 在李契爾教授鼓勵下，為準備出版的關於西奧格尼斯的文章寫了長篇前言。他認為李契爾教授在語言學上的興趣過窄，而且自己正處在既熱愛語言學又酷愛哲學的矛盾中。他開始接受叔本華關於「意志」就是「力量」的觀點。
- **4月**　復活節期間為寫有關西奧格尼斯的文章整理好所有材料。
- 在南堡給戈斯多夫的信，談到對大自然的欣賞，說他很喜歡愛默生描寫夏天的山丘。人從現代社會逃避到大自然時，才知道自然的可貴。信上還說有三件事使他感到安慰，就是讀叔本華的書、聽舒曼（Robert Alexander Schumann, 1810-1856）的音樂和孤獨的散步。
- 回學校後，遷入一個較為安靜的住所。第一次患失眠症，長期以來不間斷的工作習慣被打破。
- 俾斯麥接受了拿破崙三世關於成立歐洲議會的提議，穩住了沙俄與法國，拉攏了義大利，準備對奧地利開戰。
- **6月**　俾斯麥開始用武力統一德意志。
- 尼采在月初給母親的信中認為：俾斯麥「具有勇氣和不可動搖的冷酷之心，但是他低估了人民的道義力量」。
- 普奧戰爭爆發，普魯士軍隊入侵薩克森，薩克森宣布進入戰爭狀態。尼采無心在校聽課了，比平常更為迫切地希望能夠應徵入伍。他認為「當祖國進入了生死存亡的戰鬥時，在家裡坐著是非常不光彩的事情。」

- 這一天，他在語言學俱樂部發表了第二個演講，這個演講是關於十世紀末所完成的一部詞典，尼采高度評價了這部反映了古希臘文化的詞典。
- **7月** 奧地利軍隊被普軍擊敗。
- **7月7日** 給威廉・賓德信中抨擊俾斯麥的入侵政策，指出：「高尚的目標是絕不能通過邪惡的手段來實現的。」這表達了他高興看到德意志統一，但是又痛惜奧地利失敗的複雜心情。
- **7月11日** 給赫爾曼・姆薩克信中說：「自從叔本華摘去了我們眼睛上的樂觀主義的眼罩之後，我們對事情看得更清楚了。生活比以前更有趣了，但是也更醜惡了。」
- **8月** 開始對普魯士與德意志的將來表示樂觀。
- 普魯士鞏固了對漢諾威（Hannover）、里森、法蘭克福（Frankfurt am Main）等地的兼併後，成立了普魯士領導下的北德意志聯邦。尼采再次改變對普魯士首相俾斯麥的態度，認為成立北德意志聯邦是個偉大的成就。
- 拉薩爾教授推薦尼采參加一本關於埃斯庫羅斯字典的編纂工作。
- 康德主義者朗格（Friederick Albert Lange, 1828-1875）發表《唯物主義的歷史，兼評唯物主義對現實的意義》（*Geschichte des Materialismus und Kritik seiner Bedeutung*

in der Gegenwart.）一書。尼采認為這是近百年來最有意義的一部哲學著作。

- **10月滿22歲**　萊比錫出現霍亂，大學推遲開學。尼采到外地與母親躲避霍亂，月底返回大學。
- **11月**　開始研究戴奧真尼斯（Diogenes）。
- 考慮從冬天開始轉到柏林讀博士生課程。

1867

- **1月**　姑媽羅薩麗·尼采逝世。
- **2月**　在波恩大學與比自己低一年級的學生歐文·魯道夫結為好友。
- **3月**　正在軍隊中服役的戈斯多夫，建議尼采寫有關古代悲觀主義方面的文章。
- **4月4日**　給保羅·杜森的信上表示：「我對未來的前景，雖不確定，但仍然是感到美好的。」
- **5至6月間**　寫作〈歷史的警句與歷史知識〉一文，討論了荷馬與海希奧德（Hesiod）和其他新希臘悲觀主義的代表人物。他認為在荷馬與赫西奧德之間，並不存在不同藝術觀點的敵對；希臘文化的基礎思想是競爭。
- **6月底**　決定八月間去柏林。
- **7月**　完成有關戴奧真尼斯的文章。

67

- **8月** 在南堡度暑假兩周。開始寫有關德謨克利特（Democritus, 460-370B.C.）的文章，後因從軍而中斷。
- **9月** 在南堡參加入伍體檢，因所帶近視眼鏡度數在當時普魯士標準八級之內，被認為符合入伍條件。
- 月底赴海爾（Halle）參加為期三天的語言學大會。
- **10月滿23歲** 在南堡的地方炮兵部隊開始為期一年的志願兵服役。開始時，每天除半小時午飯以外，要從早晨七點訓練到晚上六點，但他享受了每天住在家裡的待遇。這樣，每晚就可以繼續學習。他說「即使我回家時筋疲力盡，渾身汗水，可只要一看桌子上洛德（Rohde）送的叔本華照片，我就感到寬慰。」
- 關於戴奧真尼斯的文章在大學獲獎，但未能出席授獎式。
- **11月** 在炮兵部隊裡已經練習了六個星期的隊列和騎術，準備接受軍官考核。他感覺部隊生活與大學生活差不多，雖然並不乏味，可是仍然使他感到孤獨。
- 在給好友洛德的信中說：「在南堡我太孤寂了，熟人當中沒有一個人是語言學者或是叔本華的熱心崇拜者。」
- 尼采全力研究德謨克利特，並受到這位古希臘唯物主義哲學家樸素原子論的影響。由於柏拉圖和基督教神學都攻擊德謨克利特的思想危險，這使尼采對他更感興趣，並把他看作是一位想把人類從對上帝的建議與恐懼中解救出來的革命者，而且是第一位懂得能將科學方法論應用於道德範疇的哲學家。在德謨克利特影響下，尼采進一步發展著他在研究戴奧真尼斯與《蘇達辭書》（*Suidas*）時就已產生了的懷疑批判思想。他說：「文學史的研究上已經取得了一些成就，這僅僅是因為人們不能再滿足只得到一種回答了，他們要不斷地提出問題。」

• 在關於德謨克利特的文章中，尼采寫道：「我們用懷疑主義為傳統思想掘下了墳墓，而由於懷疑主義帶來的這些結果，我們尋找出被隱沒的真理，而且也許會再次發現傳統思想是正確的，儘管它憑著一雙泥腳站立著。因此黑格爾主義者會說我們在企圖通過否定之否定來說明真理。」

1868

• **3月** 軍事訓練時，騎馬受傷，胸部肌肉拉傷，當天兩度昏迷。臥床十天後，軍醫為他動了手術。

• **4月** 升任為一等兵。

• 開始撰寫他的第一篇重要哲學論文〈康德以來的目的論〉。他認為，即使世界上生命形式種類之多，使得人們難以相信它們都是演變的結果，也沒有必要去假設自然現象背後有什麼預先安排好的計畫。

- **5月** 醫生診斷發現他在三月份的事故中，已經損壞了胸骨，而且炎症開始滲入骨腔。
- **6月** 醫生認為尼采必須動手術。
- 尼采被送到海爾會診，醫生對他進行水浴治療，效果顯著。
- **8月** 康復後回到南堡。
- 這次騎馬受傷，臥病達五、六個月之久。日後他妹妹回憶說：「那次危篤的重病，給哥哥帶來莫大的恩賜，在這半年中，他享受著完全自由的生活，不為大學的課程左右，也無需為學業或交際耗費時間。從繁重的軍務中解放出來，一心沉潛於自我孤獨之境，遂傾全力於哲學問題的思索，這段時期所撰寫的文獻學論著，也不知不覺帶有哲學意味。」
- **10月滿24歲** 尼采退役回萊比錫大學。在萊比錫大學時於語言學會發表演說，獲得好評。他努力工作，為得使自己將來能在萊比錫大學當上講師。
- **11月8日** 經朋友介紹會見隱居的華格納，討論音樂和哲學。這是兩人交往的開始。華格納告訴尼采，十四年前當他第一次讀到叔本華著作時，就開始崇敬這位唯一懂得音樂本質的哲學家了。
- 兩星期後，華格納成了尼采心中位置僅次於叔本華的崇拜對象。
- **12月9日** 給洛德信中，他說：「對於我，聆聽華格納的音樂在直覺上是件極為令人興奮快樂的事情，確實，那是一種驚人的自我發現。」

• 尼采日後在自傳中說：「第一次接觸到華格納，也是我生命中第一次深呼吸。我尊敬他，把他當作一個和德國人不同的外國人看待，把他當作是反抗『德意志道德』的化身。我們都在幼年時期呼吸過一九五〇年代的潮濕空氣，對於『德意志』這個觀念，不能抱以期望；我們除了革命之外，別無他途——我們絕不容忍偽善者所把持的現狀。」

• 給家人的信件減少了。他開始認識到家庭的紐帶已經遠遠不如他與友人之間的關係那樣重要了。

• 這一年他以〈自我觀察〉為題寫了九篇短文。

• 作為佛洛伊德的先驅者，尼采已經在這些短文中認識到自我是個多面體，自我的各個組成部分處在矛盾之中，他還意識到進行自我分析的種種危險性。

1869

• 自本年至一八七九年，在瑞士巴塞爾大學任教十年。

• **2月** 經李契爾教授推薦，受聘為巴塞爾大學古典語言學教授。

• 李契爾教授的推薦信說：「三十九年來，我親眼看見許多優秀的青年人發展著，但我還沒有看到像尼采這樣年輕而如此成熟、如此靈敏……如果他能長命，我可以預期他將成為德意志文獻學中的最傑出人才。他現在才二十四歲，健壯而有活力，身心充滿勇氣……他在萊比錫整個青年古典語言學者的領域裡，已成為崇拜的對象。」

- **2月22日** 給洛德的信中說：「今天是叔本華的生日。除了你以外我再沒有更親近的人可以談心了，我生活在一片孤獨的灰雲裡，特別是在聚會的時候，我無法拒絕人情應酬的壓力，不得已在會場上和形形色色的手拉在一塊。在這樣的聚會裡，我總是聽到吵吵嚷嚷的聲音，而找不到自己的知音。這些人稱呼我『教授』，他們自己也被這頭銜衝昏了，他們以為我是太陽底下最快樂的人……」
- **3月** 免試獲得萊比錫大學學位。
- **4月** 取得瑞士公民權，定居在巴塞爾。
- **5月** 尼采對當地保守的政治氣候感到不滿。
- **5月10日** 給李契爾的信中說：「在這兒，人們不會接受共和主義思潮的。」
- **5月15日** 第一次去拜訪住在特里普森的華格納夫婦。因華格納正在創作《齊格弗里德》（*Siegfried*）第三樂章而未能見面。
- **5月17日** 在特里普森會見華格納。當時他開始感到除了愛自己的父親以外，他熱愛華格納勝過愛一切其他的人。他受邀參加**23日**慶祝華格納生日的晚會，在**21日**回復因事不能出席的信中，他稱華格納是「叔本華在精神上的兄弟」，並表達了他對德國知識界所處的迷惘與危機所抱的憂慮。

- **5月28日**　在巴塞爾大學博物館主廳發表就職演講，題為〈荷馬與古典語言學〉。他認為，語言學不是一門純科學，而是與藝術緊密交織重疊在一起的。這種對古代文化的理想化也許是源於日爾曼人對於南方的懷舊情緒，然而古典主義者應該填平理想與現實之間的鴻溝。他申明了自己的信條：「所有的語言活動都應當孕育於並包含在某種哲學世界觀之中，這樣在個體或彼此分離的細節像所有能被拋棄的東西那樣消滅之後，只剩下它們的總體，即一致性。」當時他並不知道，華格納本人恰恰是他所反對和抨擊的思想的主要代表之一。
- **6月中旬**　給母親的信中，尼采說：「這次演說顯然鞏固了他在巴塞爾大學的任職。」
- 每周六天從早晨七點開始作關於希臘古典文學的演講，學生只有八個人，其中包括一名學習神學的學生。他不得不拜訪六十多位同事，這使得他感到負擔沉重。他常去附近的汝拉（Jura）峽谷和黑森林等地遊覽風光。
- 結交了比他年長二十六歲、已經當了十年教授的布克哈特（Jacob Burckhardt, 1818-1897）。布克哈特是研究希臘文化的專家，死後出版過四卷希臘文化史。尼采稱他是自己「最親近的同事」，「從他那裡看到了許多東西」。
- 尼采常用「庸俗」（philistine）一詞來批評他的同代人。

- **6月5日**　尼采拜訪華格納，並在他家住宿。次日，華格納長子西格弗里德誕生。
- **6月16日**　給洛德信中尼采説，與華格納相處是他「學習叔本華哲學的實習課」。
- **6月底**　尼采搬進他在學校的住所。
- **8月4日**　給克魯格寫信，稱他在特里普森度過的日子「無疑是我在巴塞爾大學任教中最有價值的收穫」。華格納曾向他推薦了穆勒（Paul O. Müller, 1915-1942）等被人忽視的德國古典學者，尼采在巴塞爾大學圖書館查閱他們的著作並做了筆記。華格納還給他看了早期所寫的美學與哲學方面的雜文。
- **9月**　開始為次年初的兩個公開演講準備筆記。受華格納思想的影響，尼采關於希臘悲劇的思想開始有所改變，筆記的要旨全是華格納派的觀點，他寫道，「歌劇旋律的發展是對音樂的一種叛逆」、「絕對音樂與日常戲劇是音樂劇的兩個分支」。他的第一部書確定的主要思想為：悲劇是純音樂的產物，該書的基調是「音樂——悲劇之母」。此時，尼采認為，「正如叔本華是自柏拉圖以來最偉大的哲學家那樣，華格納代表了現代音樂發展的最高峰。」他對當代文化的憂慮，表現在他對華格納理論的皈依上。
- 尼采試圖用叔本華的哲學語言來為藝術下定義。他認為，藝術就是不用發揮意志力而再造一個意志的世界。

• **12月** 在特里普森與華格納一家共度聖誕節，甚感快樂。

1870

• **1月** 給戈斯多夫的信上說：「我越來越愛希臘文化。」

• **2月** 有兩次公開演講。第一次的主題是〈希臘音樂戲劇〉，演講中指出：「音樂的作用就是激起人們對眾神與英雄們所受苦難的同情。」故以〈蘇格拉底與悲劇〉為題作第二次公開演講，指責蘇格拉底和尤里披底斯對希臘悲劇的衰落負有責任，這個演講引起了人們的擔心與不解。

• 此時，尼采暗示，悲劇性音樂戲劇將在德國得到復興。在華格納夫婦的鼓勵下，他準備就第二個公開演講的主題再寫一本書，並開始作筆記摘要，從這些筆記中可看出他將要努力把哲學與詩歌、事實與創作性文學作品結合起來。

• **4月** 升格為正式教授。

• 與無神論者、教會史教授歐佛貝克（Franz Overbeck, 1837-1905）成為摯友。兩人同住一棟公寓。

• **7月中旬** 尼采聽說法國對普魯士宣戰，感到極為震驚。他給母親的信中認為「我們的文化正處在危急之中。」在給路德的信中說：「我們整個早已貧困的文化正倒栽下去，被一個可怕的惡魔扼住了咽喉。」

- **7月下旬** 到盧森（Luzern）、曼德拉納峽谷等地遊歷。在旅途中撰寫〈戴歐尼修斯的世界觀〉一文。
- **8月中旬** 與友人莫森格爾（Mosengel）參加為期十天的醫療救護訓練。
- **9月2日** 尼采與莫森格爾被派去護送傷員，從阿蘇－莫賽爾到卡爾斯盧厄乘火車走了兩天。11日給華格納的信中說：「我乘坐的是一節破舊的運牲口的車廂，有六個重傷員，我一個人整天和他們在一起，給他們包紮，護理他們。」「他們的骨頭都被打碎了，有的人負傷四處，兩個人的傷口出現了壞疽。現在看來，當時我能從那些腐爛的臭氣中幸存下來，並且居然還能睡得著覺吃得下飯，真是個奇蹟。」
- **9月4日** 尼采患痢疾，在卡爾斯盧厄住院。他第一次服用麻藥，並學會了在以後每當他感到需要時都服用一些麻藥。
- **9月中旬** 開始準備下一學期的講座。
- **9月21日** 離開醫院，返回巴塞爾。身體狀況不佳，他感到恢復赤痢對身體的損害要花很長時間，保養好身體是他的第一願望。
- **10月滿26歲** 下旬開始講授兩門新課，共有十二名學生。法國巴贊（François Achille Bazaine, 1811-1888）將軍在梅茨（Metz）投降，普軍向法國北部挺進。面對普軍的勝利，他開始對德意志文化的延續和發展問題感到憂慮，他勸洛德「從那個要命的，反對文明的普魯士逃出來」。

- **11月7日**　在巴塞爾給戈斯多夫的信中表示，他對德國的看法因戰爭而有所改變，他說「我很擔心我們將來的文化情況，我認為現在普魯士對一切文明國家是一種非常危險的勢力。」
- 回巴塞爾的第五周，他去特里普森看望華格納一家。他迫切希望看到一個新運動的出現，這個運動能把音樂、哲學和古典語言結合成一個牢固的三角體，其中的兩個角是叔本華和華格納，他自己準備充任第三個角。他開始考慮過一種隱居且是藝術家式的生活。
- **12月12日**　他在給戈斯多夫的信中說，這幾個星期來，戰爭中這麼多傷亡，這麼多可怕的事情連想都不敢想。信上還表示，他要從事古典研究以振興國民精神。
- **12月下旬至新年除夕**　應邀在特里普森和華格納一家度聖誕節，得到華格納所贈的關於貝多芬的散文，並與華格納一起討論了〈戴歐尼修斯的世界觀〉一文。

1871

- 年初回到巴塞爾，開始對當代政治失去接觸。
- **1月28日**　巴黎投降，普法簽訂停火協定。但是他的信件和筆記中幾乎沒有

1871

提到在普魯士德國歷史上具重大意義的這些事件，他認為文化上的問題才是重要的。

- 其後，尼采在自傳裡對普法戰爭中勝利的德國進行批評時說：「德國文化沒有意義、沒有實質、沒有目標，只不過是所謂的『公共輿論』。再沒比這更壞的謬見，以為德國軍事勝利乃是教育文化的成功，或以為這樣就比法國文化還要優越。」（《看，這個人．反時代的考察》）
- 本月給威夏寫信，申請一個哲學教席，他表示要放棄文字學改從事哲學工作，他認為大學的壓力妨害了他在哲學方面的創造力。然而他對叔本華思想的深深崇拜，以及他的日益惡化的身體狀況，使他未能取得哲學教席。
- **2月**　從一八七〇年秋天開始，到一八七一年春天，他的身體始終不佳，但仍然集中精力撰寫《悲劇的誕生》。此時他對悲劇的衰落比對悲劇的興起更加關注，而他對十九世紀人類所處的危難比這前兩者都更感興趣。醫生診斷他由於過度工作出現了胃炎和腸炎，並建議他到氣候溫暖的地區去休養。
- 因病休假，前往阿爾卑斯山。旅途中巧遇自一八四九年義大利共和國被推翻後就一直流亡在國外的義大利革命家馬志尼（Giuseppe Mazzini, 1805-1872），當時他自稱是布朗先生。
- **3月**　痔瘡病大見好轉，但是失眠症仍然嚴重，每兩天只有一天能睡著覺。

- 旅行期間，在洛迦諾（Locarno）全力寫作《悲劇的誕生》，全書稿件在**4月26日**交付出版商恩格爾曼。
- **5月**　法國西爾斯（Thiers）地方政府與德國簽訂關於把阿爾薩斯－洛林地區割讓給德國的協定，法國政府軍圍攻巴黎，巴黎公社失敗。巴黎出現毀壞文化、屠殺人質等野蠻行為，尼采痛斥這些是「文化地震」，說這一天是他一生中經歷過的最壞的一天。
- **6月27日**　給戈斯多夫信中，尼采把猶太人也包括在德國的敵人之中。
- **7月2日**　給保羅．杜森信中說對於未來，沒有什麼能夠比學校教育更為重要的了。
- **9月**　尼采在巴塞爾大學的薪水從五百瑞士法郎被提高到三千五百瑞士法郎。
- **10月滿27歲**　同老友戈斯多夫、洛德在萊比錫和南堡相聚，一起慶生。
- **11月**　尼采從出版商恩格爾曼處索回被放置了三個多月未予理睬的書稿。在洛德和戈斯多夫的勸說下把書稿交給華格納的出版商厄內斯特．W．弗利茲（Ernest Wilhelm Fritzsch），弗利茲接受了此書。
- **12月**　與華格納同去慕尼黑（München）參加一個由華格納指揮的音樂會，他認為那次演出是他理想中真正的音樂。
- 尼采在巴塞爾過聖誕節，為預定在第二年要發表的、關於德國教育機構未來的六個演講作準備，他把送給華格納夫人的鋼琴二重奏曲，也送給了自己的母親和妹妹。

● **1月2日** 收到剛出版的《悲劇的誕生》。

● 尼采日後在自傳中說：「這本書中最先說明希臘人如何處理悲觀主義，如何克服悲觀主義。希臘人不是悲觀主義者，悲劇確切地證明：在這點上叔本華是錯誤的。……在這書上，有兩個特殊的發現：第一，在希臘文化中把握了戴歐尼修斯現象，第一次對於這現象提供了一個心理的分析，以此視為一切希臘藝術的基礎。第二個發現是對於蘇格拉底思想的解釋，在這裡第一次把蘇格拉底認定是希臘文化衰落的關鍵，視為頹廢的典型。」（《看，這個人．悲劇的誕生》）**30日**給他的老師李契爾去信說：「我覺得您一生中，若遇到過什麼充滿希望的東西的話，也許就是這本書了。儘管有些人會受到打擊，但是這部書是我們古典問題研究的希望，也是德國的驕傲。」李契爾教授則在自己的日記中評價尼采說，他是「自大狂」。華格納對尼采第一部著作的評價則相反，他給尼采的信中說：「我親愛的朋友，我以前讀過的書沒有一本能像您的書那樣好。書中的一切都好極了。」

● **1月27日** 巴塞爾大學再次提高了尼采的薪金，年俸為四千瑞士法郎。

- **1月至3月** 尼采在巴塞爾大學以〈德國的教育機構之未來〉為題，發表了五次演講（這本文集死後才出版），每次聽眾達三百人。華格納夫婦和其他許多貴賓出席了第二次演講會。
- 在演講中尼采認為，德國政府表面上關心提高文化水平，但實際上是想降低教育水準，教育在國家手中會成為一個有力的武器。他認為現代國家並不想改善國民的文化素質，相反只想讓人民馴服恭順，滿足現狀，只需要具有專業知識的科技人員，而不需要讓他們掌握一般的人類文化，因此他不相信普及教育能夠解決民族文化的問題。他說，新聞學是一種傳播知識、淡化知識的手段，真正的哲學家應當使學生接觸瞭解希臘文化，還要反對「庸俗文化」。尼采批評德國人使用母語的能力太低，學校提倡的是書生氣而不是真正的文化。
- 在第四次演講中，尼采指出德國的教育正處在一個十字路口，要麼進行改革，要麼就是回復到個人沒有可能認識自我潛力的蒙昧中去。他還對當時學術界進行了批評，指出他們具有各自職業的狹隘性。
- 春天，這學期尼采在巴塞爾大學，分別就柏拉圖之前的哲學家、埃斯庫羅斯《復仇女神》（*The Choephorae*）兩個專題作講演，共有十六名學生。
- **3月29日** 應華格納夫婦之邀到特里普森過復活節。

- **4月中旬** 尼采寫完了一首新的鋼琴二重奏曲，取名為曼佛雷德暢想曲。
- **4月22日** 離開特里普森，以後沒有回去過。
- **5月1日** 給戈斯多夫信中說：「在過去的三年裡，我的生活一直是與特里普森聯在一起的，我一共來這裡訪問了二十三次，這些訪問對我來說太重要了。沒有這些拜訪，我會成為怎樣的人呢？我非常高興我已經把特里普森給我帶來的生活，反映到了我的著作之中。」
- **5月22日** 參加拜魯特歌劇院的奠基典禮。
- **5月26日** 友人洛德在刊物上發表了稱讚《悲劇的誕生》的書評。洛德說，這部著作是「哲學藝術批評」的力作，「從哲學上豐富了美學」。對此尼采感到很高興。
- 六天後，同行的威拉摩維奇（Ulrich von Wilamowitz, 1848-1931）發表了一本小冊子《將來的文獻學》，猛烈攻擊《悲劇的誕生》。尼采對於這個攻擊沒有給予正面答覆，他讓洛德出面進行反擊。
- **6月底** 把四月寫成的鋼琴二重奏曲獻給音樂家馮·標洛，受到拒絕。一向把自己看作是藝術家的尼采，此時決定專心進行學術研究以免遭受指責為「學問淺薄」。尼采開始讀寫有關希臘文化的論文，題目是〈佛羅倫薩評論：關於荷馬與赫塞奧德，以及他們的淵源與競爭〉。

- **8月中旬** 將這篇文稿寄給李契爾教授，次年二月此文正式發表。
- **9月初** 攜母親和妹妹去山區旅行。月底獨自去義大利旅行，途經蘇黎世湖時病倒，休息兩天後繼續上路。
- **10月滿28歲** 月初經過風景優美的維亞瑪拉峽谷（Via Mala），到達位於一個海拔五千英尺峽谷中間的施普呂根（Splügen），他在給母親的信中說：「這裡才是我渴望的大自然。」
- **10月中旬** 尼采的好友洛德發表了一個小冊子，反駁威拉摩維奇對尼采著作《悲劇的誕生》的攻擊。
- **10月下旬** 返回波恩，準備冬季開學，他吃驚地發現沒有學生選修他開設的關於荷馬的研討課和講座課，只好為兩名並非專攻語言學的學生每周開設三小時關於希臘與羅馬修辭學的講座。
- **12月** 在南堡過聖誕節。將以前與華格納夫婦探討過的問題整理成五篇序言式的隨筆，並寄贈予華格納夫人：第一篇題為〈對真理的同情〉，第二篇是德國教育部門的前景，第三篇圍繞的是古希臘的政體問題，第四篇與第五篇分別討論了叔本華哲學與當代德國文化的關係，以及荷馬對於矛盾衝突的藝術處理手法。
- **2月12日** 華格納夫人回信，建議尼采把第三篇和第五篇文章擴展成專著。

2月24日 寫信給戈斯多夫，說：「我很難想像有誰能比我在重大問題上更忠實於華格納了，可是我必須在一些細小、次要的問題上給自己保持一定的自由。在一定程度擺脫頻繁的個人交往對我來說是必要的、甚至有利於健康的。」

4月 攜帶〈希臘悲劇時代的哲學〉一文，去拜魯特訪問華格納夫婦，並與他們連續進行了幾天長談。他認為蘇格拉底、阿那克西曼德（Anaximander, 610-546B.C.）、赫拉克利特、德謨克利特等希臘哲學家都具有磐石般的性格，他們都是在疏淡人際交往的環境中獻身於知識的人。尼采決心效法他們，並認為自己與斯賓諾莎有許多共鳴之處。在與華格納的長談中，尼采決定撰文抨擊在一八七二年發表《新舊信仰》（*The Old Faith and the New*）的德國作家大衛．史特勞斯。尼采閱讀了史特勞斯的文章後說：「對於他作為作家與思想家所表現出來的遲鈍與粗俗，我感到驚訝。」

5月 完成〈史特勞斯：懺悔者與作家〉一文的初稿。因眼疾，寫作中斷。

戈斯多夫來到波恩，記錄整理了由尼采口述而完成的這篇文章。這篇文章批評史特勞斯為德國庸俗文化的代表，並指出德國戰敗了法國，並不是德意志文化更為優越的表現。這篇文章在**6月25日**寄出、**8月**出版，後收為《反時代的考察》文集中的第一篇。

• 尼采在自傳《看，這個人》中說：「《反時代的考察》這部書的四篇論文，都很富有戰鬥性。它們證明我並不是做夢的人。我第一個攻擊的對象是德國文化，那時（一八七三）我已對德國文化極為蔑視。」

• **7月** 口述完成一篇語言學方面的論文〈論真理與謬誤〉。他認為，語言並不是聯繫主觀與客觀的橋梁，這一觀點為後來瑞士語言學家索緒爾（Ferdinand de Saussure, 1857-1913）所提出語言是形式而不是內容的原則打下了基礎。他認為語言在一定程度上可能成為束縛智力的「監獄」的看法，與二十世紀語言學家維特根斯坦（Ludwig Josef Johann Wittgenstein, 1889-1951）所持的語言能「迷惑我們的才智」的觀點十分一致。

• **11月** 撰寫論文〈歷史對人生的利弊〉，他認為有三種歷史：即紀念的歷史、懷古的歷史與批判的歷史。前者的價值在於承認過去可能是偉大的事物，將來也可能同樣是偉大的。他說，只有偉人才能從歷史中領悟人應該怎樣生活這個最重要的問題，「只有強者才能經受住歷史的考驗，而弱者總都隨時間的流逝而灰飛煙滅」。在某種程度上，「清醒的歷史意識對現存生活具有無比的批判力」，「既已消除了幻想，正義的歷史便剝奪事物賴以生存的唯一環境。」「現在所常要的是一種新的倫理道德。」

• 尼采在自傳《看，這個人》一書中提及〈歷史對人生的利弊〉一文時說：「它

73

暴露了我們的科學事業的危險性，以及對於生命的腐蝕性和毒害性——非人化和機械主義導致生命的病態；工人的『非人格化』以及『分工』的謬誤的經濟說，都是病態的。」

- **12月** 回南堡度聖誕節，因病臥床。
- 自本年後，失眠症、眼疾越發惡化。

1874

- **1月** 訪萊比錫，與李契爾教授會面。
- 《悲劇的誕生》再版。
- 為保持健康，尼采堅持限制飲食並不服用任何藥物。
- **2月** 尼采的學生阿道夫・勃姆蓋特納（Adolf Baumgartner）開始每周三為病中的尼采讀書和記錄口授筆記。尼采準備為《反時代的考察》寫多篇論文。
- 〈歷史對人生的利弊〉發表。尼采發現華格納夫婦與他對此書的看法不同。尼采以〈華格納在拜魯特〉為題，寫了一篇文章表達他對自己心目中的大師的批判態度。他在後來沒有發表的筆記中寫道，華格納的藝術「不是要去改善現實，而是要否定它或是摒棄它。」
- **3月** 開始寫作第三篇論文〈作為教育家的叔本華〉。
- **6月** 青年音樂家布拉姆斯（Johannes Brahms, 1833-1897）到巴塞爾指揮演

出，受到把當代作曲家都視為敵人的華格納嘲弄。為此，尼采再次與華格納發生衝突。在筆記中尼采寫道：「這個專橫的人，除了自己以外，對別人的人格包括親近的朋友，都不尊重。」

- **7月** 為第三篇論文找到出版商。去伯干山區度暑假，後繼續寫作關於叔本華的論文。
- **9月** 完成關於叔本華的論文，同羅曼德（Romandt）和勃姆蓋納特二人去山區休息。
- **10月滿30歲** 尼采展望人生，在給羅曼德信中說：「人到三十就要回首自己的建樹，並自問能否勝任人生——看來我是能夠的。」他每周在大學與附屬高中分別授課七小時和六小時，並忙著準備包括希臘文化在內的新的演講。
- **10月25日** 給瑪爾維達（Malwida von Megsenbug, 1816-1903）的信中說：「我最大的興趣，就是要去瞭解當代社會裡那些複雜的情況。幸好我個人沒有什麼政治和社會的野心，所以我就沒有什麼顧慮——不會因此分心，也沒有這種需要去妥協。總之，我可以想到就說，我可以去看這些很以思想自豪的朋友，他們到底對自由思想有多大的容忍。」
- **12月** 謝絕去與華格納一家共度聖誕。回南堡過年，並整理舊日音樂作品。

1875

- **1月** 身體每況愈下，新年第二天自南堡給友人瑪爾維達寄的一封信中寫道：「昨天，一年裡的頭一天，我瞻望未來不寒而慄，生活是可怕和有風險的——我羨慕所有那些可以平靜安詳去死的人。可是我決心活下去，否則我這一生就會碌碌無為。」
- **3月** 戈斯多夫來到巴塞爾後，尼采開始口授他在《反時代的考察》中的一篇論文——〈我們的教育家〉。
- **4月** 好友羅曼德離開尼采去德國就任牧師，使尼采感到難過並引起胃病發作。
- **6月** 給戈斯多夫信中說：「不管實行怎樣嚴格的飲食控制，我的胃痛都不見減輕。令人無法忍受的頭痛，常常一發作就是好幾天。」身體狀況使尼采無法在**8月**去拜魯特參加華格納《尼布龍根的指環》（*Der Ring des Nibelungen*）的試演。
- **7月底** 胃病好轉。
- **10月滿31歲** 完成論文〈華格納在拜魯特〉，但未將其發表。
- 在巴塞爾與戈斯多夫、瑪爾維達討論了猶太作家保羅・雷的新作《心理觀察》。
- **11月** 身體再度虛弱。

- **12月8日** 給戈斯多夫寫信說：「每天白天我都累極了，到了晚上什麼生活的欲望都沒有了。生活如此艱難使我吃驚。」
- **12月下旬** 回南堡過年，在聖誕節那天病倒。

1876

- **1月** 給戈斯多夫信上說，懷疑自己患了嚴重的腦病，以為「胃病與眼疾只不過是它的外表症狀」。
- 獲准停止在附屬中學的任課，但在大學仍繼續為十一名學生授課。
- **2月** 因病中止所有讀書與寫作，並停止在大學的授課。
- **4月** 赴日內瓦（Geneva）與過去在拜魯特相識的音樂指揮雨果．馮．森格相聚。結識森格的學生二十三歲的瑪蒂達．托蘭貝達（Mathilde Trampedach）和她的妹妹。
- 尼采教授向托蘭貝達寫信求婚，因她另有所愛而被婉拒。
- **4月底** 青年音樂家蓋斯特（Peter Gast or Heinrich Koselitz, 1854-1918）前來聽課，其後經常幫助尼采抄稿及整理文稿。
- **5月** 戈斯多夫要介紹一位羨慕尼采的女子談婚事，但由於上次的被拒，他謝絕朋友的好意，回信說：「我不要結婚，我討厭束縛，更不願介入『文明化』的整個秩序中去。因此，任何婦女很難以自由之心靈來跟隨我。近來，獨身一輩子的希臘哲人們，時時清晰地浮現眼前，這是我應該學習的典範。」

6月 口述完成關於華格納論文的最後三章。

7月 關於華格納的論文發表。在發表的這篇論文中，尼采沒有完全表達數月前在筆記中所抱持對華格納的那些批判態度。在這篇基調是稱頌華格納的文章中，他認為華格納在表現自我內心深處的情感與體驗方面具有超人的能力。「他在藝術史上的所為，就像是各種自然藝術魅力彙成的火山噴發那樣強大有力。」

7月下旬 尼采未能等到學期結束就啟程去拜魯特會見華格納，但受到冷遇。他在拜魯特參加了華格納的《尼布龍根的指環》的彩排，由於眼病，他只能閉目用耳欣賞表演，結果深感失望，從試演中途退出，獨自徘徊於近郊幽靜的森林，開始構思《人性的，太人性的》，寫下批判華格納的綱要。

8月初 在給妹妹伊莉莎白的信中說：「我極想離開這裡。再住下去是荒唐的。我害怕參加這裡每天晚上長時間的藝術活動，可是我還是都出席了……。我已經忍受得太多了。我參加首演，在這兒除了折磨我什麼也得不到。」

他離開拜魯特來到巴伐利亞森林，休息數天身體較好後，開始構思在**6月底**曾即興口授過的一篇文章。他擬為這篇文章取名〈犁頭〉（The Ploughshare），並列為《反時代的考察》的第五篇論文。

8月中旬 回到拜魯特。曾經把華格納看作是文藝救星的尼采，發現這位樂壇大師陷入了俗氣十足的達官貴人們的包圍。「整個歐洲的有閒階層，似乎都在那裡聚合了。任何一位王宮大人，只要高興都可以自由出入華格納的家，就好像那裡是在召開運動會。」

10月滿32歲 獲准休病假一年。與友人保羅．雷和布萊納於月中去義大利旅行。經熱那亞（Genova）乘船到那不勒斯（Napoli），經朋友瑪爾維達安排，在索倫托（Sorrento）過冬。

11月 在索倫托最後一次與華格納會面。華格納介紹了他正在創作的劇作《帕西法爾》（*Parsifal*），以及對參與宗教活動所表現出的熱情。後來尼采收到華格納的劇本後，認為這個作品「過分基督教化，太趨炎附勢和魅力有限了」。兩人的交往從此決裂。

1877

1月 在索倫托與瑪爾維達計畫成立一個招收四十名學生的教育學院。

2月 舊病復發，被送往那不勒斯會診就醫。

3月 去龐貝（Pompei）與卡布里（Capri）遊覽。

5月 離開索倫托經熱那亞和米蘭（Milano）到格拉茲（Graz）養病。

6月 給妹妹寫信談到對結婚的看法。他說：「我的腦病之壞，超過了我們過去想像的情況……結婚固然是件我所期望的事，但那是非常不可能的。對此，我自己十分清楚。」

- 到羅森勞依貝德，一直住到**8月底**。在這裡尼采開始構思他的第二部著作《人性的，太人性的》，這期間他對十二年來所崇拜的叔本華產生了疑問，並開始擺脫叔本華的哲學。
- **7月27日**　給音樂家卡爾．福茲（Carl Fuchs, 1845-1951）的信中說：「在寫你的『音樂通信』時，應當避免引用叔本華形而上學的說教。」
- **8月**　給杜森的信說：我寫過一些叔本華的東西，但是我已經不再相信他的教條。雖然，我仍然覺得叔本華還是值得學習的。
- 尼采繼續寫《人性的，太人性的》一書。
- 尼采激烈的懷疑主義使他對基督教的一些基本教義發生了懷疑。在《人性的，太人性的》一書中表現了以下主要觀點。他認為世界上不存在絕對的價值，沒有超然的真理標準與聖戒；超人的本性之間沒有絕對的對立。善與惡都是在人類出現後才存在的，並且是在相互的對立依存中發展的。對於一個人的惡行真正負有責任的是教育他的人，是他的父母和社會環境，因為作惡的人往往不瞭解自己的行為會產生怎樣的惡果。
- 尼采認為基督教比它已經取而代之的希臘哲學更為粗俗，但也更有影響力。在他看來，基督教與希臘哲學的不同之處就在於把上帝看成了人的主宰。
- 這時期，尼采一方面主要研究人類道德史，另一方面也潛心思索心理學並提出了一些重要的見解。他注意到在腦功能中最受睡眠影響的是記憶能力，他關於笑的心理分析與後來佛洛伊德的理論有很多相似之處。

- 關於對待人間苦難的問題，他認為一個人不能同時兼備最發達的智慧與最仁慈的心腸，大智之人必須抵制那些廉價的慈悲心腸，因為他必須去追求人類智慧的發展。他說基督教是最熱心腸的，可是「他老是使人們變得更加愚笨，他還偏袒心智懦弱的人並阻礙知識的進步。」
- 在《人性的，太人性的》最後一稿中，尼采在批評華格納時，有意沒有寫出他的名字。他說：「這位藝術家自己也不知道為什麼會給自己提出了要使人性幼稚化的任務。這是他的光榮之所在，也是他的局限性之所在。」他認為天才人物容易誤認為自己是超人，因此一位名人如果不去用自我批評來自我約束，就會逐漸變得不負責任。
- **9月**　尼采回到巴塞爾，在以後的六星期中與蓋斯特一起整理《人性的，太人性的》一書的第一卷。
- **10月滿33歲**　月初給出版商什瑪茨奈（Schmeitzner）去信，稱這是他的一部重要著作。
- 去法蘭克福就醫會診。由艾斯爾大夫簽署的診斷報告說，尼采的頭痛症是由雙眼視網膜受損和腦力勞動過重所造成的。

1878

- **1月** 《人性的，太人性的》一書脫稿並寄付出版商。
- 華格納贈送劇作《帕西法爾》給尼采。
- **1月4日** 尼采給萊因哈特的信說：「昨天華格納把他的新作《帕西法爾》給我，初讀的印象是倒像李斯特（Franz Liszt, 1811-1886）而不像華格納的作品——充滿了反改革的精神。對於像我這裡一樣習慣於希臘式的、普遍人性視野的人看來，這劇本是太基督教化了、太狹窄了。裡面充滿了種種奇談怪論，沒有骨肉、而太多的血水（尤其是最後晚餐一幕簡直就是血淋淋的）。我也不喜歡歐斯底里的女主角……語言好像是從外國翻譯過來的。但是那種場合和表現的方式——豈不是極高尚的詩？豈不是把音樂發展到最遠的限制？」
- **2月** 再次就醫於艾斯爾大夫。經會診，大夫們懷疑他腦子有病，並建議他卸去在附屬中學的教職。
- **3月** 去巴登—巴登（Baden-Baden）進行水療，不久正式獲准不再擔任在巴塞爾大學附屬中學的教職。
- **4月** 尼采回到巴塞爾，得知曾長期為他擔任口授記錄的蓋斯特已離開去意大利學音樂，他感到這是極大的損失。此後在口授記錄上得到魏得曼（Widemann）的幫助。
- **5月** 《人性的，太人性的》一書出版，贈送給路德、歐佛貝克、瑪爾維達、魯邁道夫等好友和華格納，他們都因此書受到了保羅・雷的影響而感到不滿。尼采把《人性的，太人性的》送給華格納時，在書上寫了這一些話：「朋友，沒有什麼東西可以結合我們。我們所走的路子完全相反。但只要有一個人足以使別人的方向獲得進展，我們都會彼此覺得快樂……於是我們像並排的樹一樣成長。我們彼此友好，才能不受壓制地成長。」

- 華格納夫人科茜瑪（Cosima Wagner）回信說，此書她唯讀了幾頁就發現尼采已經把她長期以來所反對的東西作出了登峰造極的發展。
- **6月** 妹妹伊莉莎白離開他回南堡，尼采遷居到巴塞爾城郊，每天步行去巴塞爾大學。
- **7月** 友人歐佛貝克遷來與他同住。尼采為自己制訂了一個今後二百個星期的生活計畫，決定繼續控制飲食，深入讀書和每天散步。
- **8月** 到鄉間養病，收到華格納的一篇文章。華格納不指名地攻擊尼采的《人性的，太人性的》一書，尼采認為「每一頁都充滿了瘋狂的報復」。
- **9月** 經巴塞爾去蘇黎世會見歐佛貝克。**24日**回到南堡時身體已經疲憊不堪，於是在家鄉休養了三個星期。
- **10月滿34歲** 回到巴塞爾。
- **11月** 由於身體狀況不佳，經常徹夜不眠，遂取消了在巴塞爾大學的講座課。

- 開始構思寫作《人性的，太人性的》的第二卷，這一卷後來發表時包括了四百零八篇雜感和隨筆。
- 尼采在這期間感到有必要為他對華格納的背叛辯護，他寫道：「對真理的信奉始自於對先前曾被認為是真實事物的懷疑。」「一切美好的事物在開始都是作為新事物出現的，因此也就不為人們所熟悉。」
- 在《人性的，太人性的》一書第二卷中尼采批判了叔本華的唯意志論，指出叔本華認為自然界的各種物質元素也都會有意志力，並是趨向同一的意志力，是十分荒謬的。尼采在這一卷中提出了他對歐洲浪漫主義和古典文化的看法，他認為浪漫主義是無拘無束、熱情奔放、色彩豐富的複雜感情的流露；儘管它激動人心，但過於粗獷，是他年輕時能夠接受和理解的藝術。可是只是當人們變得更加聰朗、更加和諧時，才能真正欣賞荷馬、索福克里斯、西奧克利特以及歌德的藝術。
- **12月** 獨自在巴塞爾過聖誕節。到年底完成《人性的，太人性的》第二卷，送交出版。

1879

- **1月** 頭痛連續發作，備受痛苦。
- **2月** 頭痛兩次猛烈發作，共延續十天，伴有胃病和嘔吐。他在**17日**給母親和妹妹的信中說：「我的眼睛糟糕得使我無法再教課，頭痛的情況壞得就無需再提了。」一月末的一天，他第一次感到自己能夠繼續工作的日子不多了。

- **3月** 決定繼續養病並接受治療。**21日**到達日內瓦，尼采在給家人的信中說：「我的生活與其說是力圖恢復健康，不如說是飽受折磨。我所想的就是『但願自己是個瞎子』的傻念頭，因為我本不該再讀書了，可卻不能不讀下去，正如我現在理應讓大腦休息，卻總是苦苦思索一樣。」
- **4月** 自日內瓦回到巴塞爾。三天後醫生診斷說他的視力已經進一步惡化，幾天後尼采向巴塞爾大學校長辭去在該校的教職。
- 尼采在自傳《看，這個人》中說：「在我三十六歲時，我的生命力到達最低點，我仍然活著，但我不能看見三步以外的東西，那時候——一八七九年——我辭去了巴塞爾大學教授之職。」
- **5月** 妹妹來到巴塞爾，替將出發去歐洲各地旅行的尼采保管他的筆記與手稿；尼采讓歐佛貝克夫婦負責料理他的財物和個人經濟。
- **5月11日** 和妹妹離開巴塞爾，經日內瓦到伯爾尼（Bern），在那裡與妹妹分手，然後開始了獨自在歐洲各地的漫遊。在以後的十年裡，他往往夏天去歐洲的高山地區，而冬天則多回到溫暖的地中海地區。
- **6月** 到達海拔一千八百公尺高的聖馬利茲山區，在這裡感到身體有所好轉。開始寫《人性的，太人性的》一書的第三部分。

- **6月24日** 給妹妹去信提到他在聖馬利茲的生活，「我中斷了與外界生活的關係。每天只在自己房間裡進食，幾乎不能吃什麼，只喝大量的牛奶，這樣對我身體有好處，我打算在這兒長住一段時間。」
- **7月** 每天兩次到戶外作漫長的散步。
- **7月21日** 給妹妹信中說：「你是瞭解的，我所偏愛的是一種簡單的、自然的生活方式，而現在我愈加渴望這種生活了，除此沒有什麼可以解除我的痛苦。我需要真正的工作，那種可以慢慢地做，可以使人腦不累的工作。」
- **8月** 歐佛貝克到聖馬利茲，發現尼采越來越喜歡與世隔絕了。
- **9月10日** 完成了《人性的，太人性的》第三部分——《漫遊者及其影子》（*Der Wanderer und sein Schatten*）。第二天給彼得．蓋斯特寄去手稿，並在信中說：「我的病使我不得不考慮突然死去的可能。……在某些方面我感到自己像個最老的老人，但正是在這種情況下，我完成了畢生之作。……從根本上講，我已經檢驗了自己的生活觀。」
- **9月17日** 離開聖馬利茲到徹爾去看妹妹。她發現尼采「看上去很精神，精力充沛，氣色健康，已經恢復了他那剛毅率直的性格。」
- **9月20日** 尼采一人返回南堡。在那裡他租下了一座古塔和一塊田地，做了三周的園藝工作，因眼疾而中輟。

• 尼采在自傳中說：「我活像個影子，在聖馬利茲過了一個夏天，到南堡又度過了一個冬天，這是我生命中最黯淡的日子。《漫遊者及其影子》就是這時期的產品。」

• **10月滿35歲　3日**收到蓋斯特替他抄寫的《漫遊者及其影子》全部稿件，尼采接受了蓋斯特提出的許多建議，對原稿作了不少改動。**5日**給蓋斯特信中談到寫作《漫遊者及其影子》一書的情況。「除了幾個以外，這部書都是我在散步時完成思考，並用鉛筆在六個小記錄本上起草的。」

• **10月底**　《人性的，太人性的》第二卷——《漫遊者及其影子》由同一出版商什瑪茨奈出版。

• 在《漫遊者及其影子》中，尼采指責哲學上的教條主義者所一向關注的都是與日常生活無關的問題，好像人們的思想只注意超越食品、衣著、情愛或其他家庭事務的高級東西。他認為康德的思想發源於法國盧梭和古羅馬的斯多葛派，而自康德以來的德國哲學，可以被認為是對十八世紀的哲學思想和啟蒙思潮的批判。

• 尼采在這本書中，指出浪漫主義與古典主義不同，前者從時代的弱點中汲取了自己的力量，而後者產生於自己時代的力量。

- 作為一個哲學家，尼采認為：「道德從根本上來說是一種維繫社會群體的手段。」他還認為：「社會乃是弱者為抵抗強大的入侵者而形成的同盟。」在這書中，尼采還論述了善與惡的對立、矛盾。
- **11月** 連續發病。頭痛和嘔吐，多日臥床不起。根據尼采自己當時所作記錄，這一年他共有一百一十八天受到頭病的折磨。
- **12月** 收到已經出版的《漫遊者及其影子》，寄送給他的朋友們。
- 聖誕節時，健康嚴重惡化，連續三天嘔吐之後，**27日**陷入昏迷狀態。事後他感到自己離死期不遠了。

1880　79

- **1月** 打算再次去風和日麗氣候宜人的地中海沿岸休養。保羅・雷寫信給已在義大利的蓋斯特，請他照料尼采在義大利的生活。
- **1月初** 尼采給艾斯爾（Otto Eiser, 1834-1898）寫信說：「我的生存是一個可怕的負擔，我本可以早就放棄這種生活，如果不是因為正是在這種苦難和無望的情況下，我在精神與道德上所作的試驗——這種尋求知識的樂趣如此之大，使我得以戰勝所有折磨和失望。總之，我比一生中任何時候都更為愉快。」
- **2月10日** 尼采自南堡啟程，中途因病在波爾查諾（Bolzano）耽擱了兩天。**14日**到達里瓦（Riva），**23日**好友蓋斯特也趕到那裡；在以後的三周裡，他們經常在一起散步，但是尼采卻因身體狀況未見好轉而感到失望。

- **3月13日** 尼采和蓋斯特一同到達威尼斯。
- 尼采的健康與情緒漸有好轉。
- **4月2日** 給母親的信中說：「我也許會在這兒度過夏天。這裡的房屋寬敞，寧靜，我睡眠很好。我可以盡享清新的海風。」
- **3月至6月間** 在威尼斯、馬里恩巴德（Marienbad）、法蘭克福、海德堡（Heidelberg）一帶旅行，旅途中著手寫《曙光》。在威尼斯時，蓋斯特每天兩次來給尼采擔任口授記錄、整理筆記。在題為「威尼斯的陰影」（L' ombra di Venezia）的筆記中，尼采表現了日趨明顯的反基督教傾向，這使他和蓋斯特之間出現了不快。這個筆記的內容後來大都納入了《曙光》一書中。
- **6月22日** 尼采決定到南斯拉夫的卡尼奧拉（Carniola）去。一周後動身，後到達馬里恩巴德，在那裡住了兩個月寫作《曙光》的第二部分。
- **7月5日** 尼采給母親的信中說：「這一路旅途很不愉快，所見的一切都令我失望，或者說都不利於我的眼病。」他由於沒能找到有濃蔭的森林來恢復視力，打算回到家鄉去。
- **9月** 返回南堡。
- **10月滿36歲** 8日離開南堡旅行，以後兩年裡沒有回來過。去斯特萊沙

80

（Stresa）的路上，途中在法蘭克福發作胃病，嘔吐不止，在海德堡臥床休息，以後在洛迦諾又再度患病。

- **10月中旬**　到達斯特萊沙，在那裡停留了將近一個月，完成了《曙光》的第三部分。後途經拉哥馬及爾（Lago Maggiore）到達義大利的地中海城市熱那亞，並在那裡過冬。在熱那亞，尼采集中精力寫完了《曙光》一書的第四部分和第五部分的大多數章節。
- 尼采在自傳《看，這個人》中說：「在熱那亞度過第一個冬天，我血肉極端貧虛的時候，卻帶著愉快而煥發的心情，完成《曙光》。……在這本書裡，沒有一個消極的字眼，沒有攻擊，也沒有怨恨，它在陽光中明朗而愉快，像海上動物在岩石間浴日取暖一樣。事實上，我就是這個海上動物：這本書中的每句話，差不多都在接近熱那亞的群石中捕捉到的，我獨自在那裡，與海洋祕密交談。」

1881

- **2月**　《曙光：有關道德偏見的思想》一書全部脫稿。**19日**將草稿寄給蓋斯特，他用10天時間完成了最後一稿的謄寫並寄給尼采。
- **3月14日**　尼采將經過潤色修改的《曙光》書稿再次寄給蓋斯特，由他轉給出版社。

- 《曙光》一書共分五篇，第一部分猛烈抨擊了基督教關於罪惡的教義。尼采指出：在基督教看來，情欲成了邪惡與墮落的東西。基督教通過宣傳信徒應對性的衝動感到內疚與自責，而成功把愛神厄洛斯（Eros）和愛與美之神阿芙蘿黛蒂（Aphrodite）這樣偉大並能使人變得高尚的典範，都貶低成妖魔與鬼怪了。由於教會的禁止，魔鬼反而變得比天使和聖人更使人感興趣，愛情故事也成了社會各階層一致的興趣所在。同樣，懷疑也被宣布為一種罪惡，教會所需要的只是麻木不仁和精神恍惚，以及對那一潭淹沒了理智的死水其無止境的謳歌。
- 在《曙光》第四部分中，尼采第一次表述了衝創意志的觀念，他說：「所謂幸福所產生的第一個結果就是力量感。」
- **5月1日** 尼采赴威尼斯與蓋斯特聚首。
- **7月** 經聖馬利茲到瑞士的錫爾斯瑪麗亞（Sils-Maria）旅行。在錫爾斯瑪麗亞的頭一個月裡，尼采感到他最大的快樂是對斯賓諾莎有了新的發現。**30日**在給歐佛貝克信中說：「我有一位先驅，一位極好的先驅。」他發現自己和斯賓諾莎這位「最不同尋常的孤獨思想家」有五點相同之處，那就是他們對自由意志、對意向、對道德世界的秩序、對愛他主義和對鬼怪都持有懷疑的態度。
- **8月** 尼采的思想發生了重大變化。在瑞士的西爾瓦普拉那湖畔（Lake

Silvaplana），第一次產生了查拉圖斯特拉的狀態，並孕育著「永恆重現」的概念。

- 尼采在自傳《看，這個人》中說：「現在我要敘說關於查拉圖斯特拉的歷史。它的基本概念是：永恆重現的觀念，也就是人類所能達到的、最高肯定的方式，是在一八八一年八月間形成的。我在一張條子上寫下這觀念，還附帶說：高出人類和時間六千英尺。那天，我正在西爾瓦普拉那湖邊的林中散步，我站在離蘇黎（surlei）不遠的一座高聳的岩石之旁。就在那裡，我獲得了這個觀念。」
- **8月14日**　給蓋斯特信上說：「在我的地平線上，思想得到了昇華，升到了一個我以前從未體驗過的高度。」
- **9月22日**　在給蓋斯特的明信片中說：「如果人類沒有給過我歡樂，我將給自己創造歡樂。」
- **10月滿37歲**　**1日**離開錫爾斯瑪麗亞赴熱那亞。在熱那亞，他常常出入歌劇院，第一次欣賞了歌劇《卡門》（*Carmen*）。他認為《卡門》是法國最好的歌劇，在以後的七年中，他共觀看了這部歌劇二十遍之多，他認為法國人創造的戲劇音樂比德國人的要好。
- **11月**　由於眼疾和頭痛，尼采不得不中斷讀書寫作。

12月 尼采運用為寫《曙光》續集而準備的材料，著手寫《愉快的智慧》。

在從未發表過的筆記中，尼采寫道：「能量守恆定律要求有永恆重現，」「機械論和柏拉圖學派這兩種極端的思維方式，在永恆重現定律中都作為理想得到了統一。」

1882

1月 完成《愉快的智慧》前三部分。

2月 完成《愉快的智慧》第四部分手稿，在《愉快的智慧》一書中，尼采探討了關於瘋狂的問題。他認為：「高貴與瘋狂看來是十分接近的，因為它能使人無法用現實的標準來衡量的那些價值變得神聖起來。」他認為最個性化的體驗是最真實的。他支援人們擺脫正統觀念的束縛，抨擊一切向「傳統慣例與道德」奴顏婢膝的作法。他認為放棄正統的人能夠昇華到較高的境界，在本書的第三部分中，尼采以寓言的方式，借狂人之口宣告「上帝已死」。

在自傳《看，這個人》中，尼采說：「《曙光》是一本肯定性的書，深邃而明朗。《愉快的智慧》在風格上也是相同的；這本書的每句話，都是輕快而有深意的。……在《愉快的智慧》第四卷中最末的前一節，已表達了查拉圖斯特拉的基本思想。」

• **2月4日** 好友保羅・雷自南堡到熱那亞，給尼采帶來了一部打字機。視力非常衰弱的尼采高興地用打字機寫下了七首兩行詩，並選用了其中五首作為《愉快的智慧》的前言。

• **3月15日** 尼采與保羅在熱那亞分手，臨行前兩人計畫次年一起去非洲。下旬，尼采乘船到義大利的西西里島（Sicilia），在該島東北部的遼西那裡寫下了〈墨西拿田園詩〉的詩篇。此間，已先期到達羅馬的保羅・雷給他來信，向他描述了友人瑪爾維達的沙龍裡，有一位俄國血統的姑娘盧・莎樂美（Lou Salomé），二十一歲的莎樂美出身於一個將軍的家庭，曾就讀於蘇黎世大學。

• **4月** 取道那不勒斯去羅馬，在聖彼得大教堂（Basilica Sancti Petri）與莎樂美初次相見。

• **5月** 與保羅・雷一起追求莎樂美，陷入情網。**13日**當尼采說明自己尚未結婚時，莎樂美婉拒了他的求婚。

• **5月24日** 尼采一人回南堡，住到**6月底**。

• **6月18日** 到柏林去見莎樂美。

• **6月25日** 與妹妹伊莉莎白到耶拿（Jena）附近特坦堡，在鄉村度夏。同時莎樂美到拜魯特，經伊莉莎白介紹會見華格納夫婦。

• **8月** 莎樂美與伊莉莎白一同到特坦堡，路上兩人發生衝突，這件事使尼采初次對莎樂美感到不快。中間，尼采向莎樂美表示，「我相信我們之間唯一的差別就是年齡的差別。」「我們的生活經歷相似，對問題的看法也相同。」

- **8月14日**　尼采與莎樂美在特坦堡鄉間的松林進行十小時的長談，主要話題是宗教問題。在**9月中旬**給佛朗茲・奧佛貝克（Franz Camille Overbeck, 1837-1905）的信中，尼采談到了這次與莎樂美的長談。他說：「在思想與情趣方面，我們之間有強烈的互相吸引力以及很大的共同之處，彼此互補。也許像我們之間的這種開誠布公的、哲理的探討過去從來未曾有過。」
- **8月下旬**　伊莉莎白與莎樂美關係惡化。伊莉莎白在**9月24日**給克拉拉・蓋爾澤（Clara Gelzer）信中說：「我不能否認她（莎樂美）體現了我哥哥的哲學：這種激烈的自我主義以及對道德的全然漠視。」
- **8月26日**　因與妹妹不和，尼采一人回到南堡，再度激起了音樂創作的熱情，為他臨行前莎樂美送給他的詩〈寄苦惱〉譜曲，標題為〈生之頌歌〉。
- **9月**　住在萊比錫。給好友歐佛貝克的信中，尼采說：「儘管我有種種理由可以愉快地生活，但是我在萊比錫所過的這個秋天是最令人傷感的。」
- **10月滿38歲**　**1日**莎樂美與保羅・雷同到萊比錫。五周後，莎樂美與保羅・雷去柏林，至此，尼采所陷入的三角戀關係結束。

11月中旬　尼采到巴塞爾，他告訴歐佛貝克：「事情已經結束了。」心境孤獨淒涼的尼采，獨自前往義大利的熱那亞，隨後遷居到離熱那亞二十英里的拉帕洛（Rapallo），打算在那裡過冬。**23日**給蓋斯特信中說：「即使在這裡，我也未能完全擺脫今年這場噩夢給我帶來的打擊。我感到寒冷、病痛，我在經受著折磨。」

11月底　尼采中斷了與妹妹伊莉莎白的通信聯繫。他在信中說：「親愛的妹妹，我不喜歡像你這樣的人，特別是當他們在道德問題上傲慢自大的時候。」

12月　一個人在拉帕洛（Rapallo）過聖誕節，開始孕育《查拉圖斯特拉如是說》的創作。

1月　在拉帕洛，以去年8月寫下的提綱為基礎，開始寫《查拉圖斯特拉如是說》第一卷。

在第一卷《閱讀與寫作》中，尼采說：「高山之間，最短的距離是從這一個頂峰到另一個頂峰，但這必須有長腿才能跨越。攀登險峰絕頂的人，傲笑一切悲劇。」在這書中，尼采塑造了一位反基督形象的查拉圖斯特拉。這個形象以一個新價值的創造者面貌出現，他宣傳個人的自我超越，並預言將來人們可以不要上帝的幫助便能實現自我與人性。

• 尼采在自傳中說：「在那可愛而平靜的拉帕洛灣，我的健康不太好，冬天寒冷而多雨，我那小旅館正靠近海邊，夜裡海濤的澎湃聲使我無法安眠，總之一切都與願望相反。儘管如此，在這個冬天，在這惡劣的環境中，我的『查拉圖斯特拉』卻誕生了。這似乎證明了我的理論，一切決定性的東西都從逆境中產生。」

• **2月初** 在忙於寫作《查拉圖斯特拉如是說》一書時，尼采感到了極大的快慰與安樂。在**9日**給歐佛貝克的信中他寫道：「我感到彷彿受到了閃電的觸發，眼前一片光明。」在這封信裡，他還說他將不再寫書了，這本書將成為他「最後的遺言」。

• **2月上旬末** 完成《查拉圖斯特拉如是說》第一卷，這次由他自己謄寫全文，**14日**寄給出版商什瑪茨奈，同日從報紙上得知華格納前一天去世的消息。

• **2月19日** 在給蓋斯特信中說：「與一個最敬愛的人對立六年是多麼的不容易。我反對的是衰老的華格納，至於真正的華格納，在某種程度上我還會是他的繼承人。」

• **2月下旬** 自拉帕洛灣回到熱那亞，他即病倒了。在**3月7日**給蓋斯特信中描述自己病情時，尼采寫道：「發高燒，發寒，夜間出汗，劇烈的頭痛，長期的慢性體力衰退，沒有食欲，吃什麼都不香。」

- **3月29日** 給蓋斯特的信中說「和華格納的整個交往與絕交——對人的公正態度——是我最困難的考驗。」他還告訴蓋斯特，他在創作〈戴歐尼修斯之歌〉，「在這些詩歌中我得到了自由……這是我狂熱的一種方式。」
- **4月初** 收到妹妹伊莉莎白自羅馬來的信。由於尼采在向莎樂美求婚過程中曾與妹妹發生衝突，這時她來信表示和解，尼采乃在月底離開拉帕洛赴羅馬，與妹妹參觀了羅馬的各個博物館，並遊覽羅馬郊區的農村。
- **6月12日** 離開羅馬到錫爾斯瑪麗亞，在那裡完成了《查拉圖斯特拉如是說》第二卷。
- 在第二卷中，尼采對於《新約》裡施展奇蹟來醫治身有殘疾人們的說法表示反感。尼采使用一些《聖經》的語言和詩歌般的自由筆調，通過查拉圖斯特拉這個形象創造了一個新的道德體系，這個道德體系將使人們終究會承認上帝之死。
- 環境優美的錫爾斯瑪麗亞適於尼采的創作，在此後的五年中，他夏天到這裡，冬天住尼斯，其他季節則和蓋斯特相處，或去老家南堡。
- **9月** 回到南堡。好友歐佛貝克夫婦來訪，使他惡劣的心情有所好轉。尼采在南堡住了四周，這期間因妹妹追隨一貫反猶太的伯恩哈特．福斯特（Bernhard

Foster），幫助他收集二十五萬人簽名的反猶太請願書，並準備與其結婚，遂導致尼采與伊莉莎白不和。

- **10月滿39歲**　**5日**尼采離開南堡，取道法蘭克福赴巴塞爾。**9日**赴熱那亞，輾轉拉斯拜斯亞（La Spezia）等地後，**12月2日**到達法國南部的尼斯，在尼斯度過聖誕節並過冬。

1884

- **1月**　尼采創作激情再次高漲，他完成了《查拉圖斯特拉如是說》第三卷，感到極大的快慰。
- 尼采在自傳中說：「我創作《查拉圖斯特拉如是說》第二卷，十天就夠了；無論第一卷第二卷或第三卷，都不需要多費時間。第二年冬天，在尼斯寧靜的天空下，我生命中第一次享受到陽光的照耀，在這情景中我創造了《查拉圖斯特拉如是說》第三卷。全部的著作不到一年的功夫。」
- **2月8日**　尼采在給歐佛貝克去信時說：「《查拉圖斯特拉如是說》這本書激發出了幾十年來所積聚的力量。」
- **2月22日**　尼采給好友洛德信中說：「我自詡，通過《查拉圖斯特拉如是說》這本書，我已經把德國語言帶到了她的最高境界。德國文學在路德與歌德之後，必須邁出第三大步了。親愛的朋友請告訴我，以前是否曾有過集力量、活力與音韻之美於一體的這樣的佳作。讀了一頁我的書之後，再去讀歌德的作品，就

84

會看到我的文章更為粗獷雄渾、而同時又不像路德的作品那樣過於粗糙。」

- **4月初**　經瑪爾維達介紹在尼斯結識了二十九歲的奧地利姑娘萊莎。**21日**離開尼斯赴威尼斯與好友蓋斯特相聚。
- **5月初**　在給瑪爾維達去信談到與妹妹已經破裂的情況時，尼采說：「同她這樣一個充滿報復心的反猶太的人，現在談不上和解的問題。」
- **6月15日**　到達巴塞爾，與友人歐佛貝克見面，在那裡住了兩周。歐佛貝克在給路德信中說尼采：「只是偶然在他的想像世界中才略感快樂。」
- **7月初**　經皮奧拉（Piora）到蘇黎世，在那裡結識了瑪爾維達與萊莎的朋友美塔·馮·莎麗絲（Meta von Salis, 1855-1929）。
- **7月18日**　尼采回到錫爾斯瑪麗亞。他在這裡安頓後，開始寫《查拉圖斯特拉如是說》一書的第四卷。在後來**9月2日**給蓋斯特的信中，他說他已對自己將來的哲學任務有了清楚的認識，完成這個任務將需用六年時間。這時他對來錫爾斯瑪麗亞訪問他的萊莎說，他的眼疾還在惡化，背部也不能挺直了，他懷疑這些都是精神病的早期症狀。
- **8月下旬**　在錫爾斯接受了一個青年華格納擁戴者亨利克·馮·施坦恩（Heinrich von Stein）的來訪。與施坦恩的一日長談，使長期以來心情壓抑的尼采感到很興奮，他稱施坦恩這次來訪是那個夏季最大的收穫之一，並使他決心在自己周圍匯聚更多有奇才的青年。

- **9月25日** 在母親的催促下到達蘇黎世，與即將赴南美洲的妹妹話別。在蘇黎世，尼采寫作《查拉圖斯特拉如是說》第四卷。這期間尼采因他的出版人什瑪茨奈的反猶傾向而與後者關係緊張；什瑪茨奈出價兩萬馬克向別的出版商轉賣尼采著作的印發權，但沒有人接受。
- **11月初** 尼采到達法、意邊境的曼頓（Menton）。在曼頓，他結識了推崇他的保羅．蘭斯基（Paul Lanzky）。蘭斯基準備為尼采寫傳記，被尼采說服放棄了這個想法。
- **12月** 尼采在尼斯忍受著冬天的寒冷和眼疾的痛苦，繼續進行《查拉圖斯特拉如是說》第四卷的寫作。在這一卷中，尼采通過描寫查拉圖斯特拉因沒能得到更好的追隨者而產生的失望，表達自己未遇知音的苦悶。他寫道：「靜居獨處對於一個人各方面的發展都是有益的，甚至對一個人的精神擴展也有益處。」

1885

- **2月中旬** 給戈斯多夫去信，請求幫助印第四卷四十冊。由於戈斯多夫直到5月才來信，尼采於本月在尼斯寫成《查拉圖斯特拉如是說》第四卷後，自費印刷了四十冊。
- **3月21日** 給母親和妹妹的信中說：「事實上，世上沒有什麼人對我來說是至關重要了，我所熱愛的那些人們早都已過世了。」

85

- **3月31日** 給友人歐佛貝克信中，批評聖・奧古斯丁（St. Aurelius Augustinus, 354-430）是偽君子。
- **4月10日** 自尼斯遷居威尼斯。
- 在本月給母親的信中，尼采說：「您的兒子不適合結婚，我所需要的是保持獨立直到生命的最後一刻。」
- 身受病痛折磨的尼采，一方面認為這些疾病大多是由於生活環境影響所致，另一方面也懷疑自己因遺傳患染了梅毒病。在他給母親的信中說：「恐怕沒有哪個貴族之家不存在性病或沒出現血統退化的。」「墮落腐化最嚴重的莫過於德國貴族了，居家的酗酒、出門的則帶回梅毒病，到目前為止，貴族們對於學識問題簡直都是門外漢。」
- **5月** 《查拉圖斯特拉如是說》第四卷出版，為此尼采出資二百八十四馬克，後出版人什瑪茨奈保證在6月為他補償五千六百馬克。
- 妹妹伊莉莎白和福斯特決定在華格納的生日**5月20日**那一天舉行婚禮，並說這樣做是為了表示對華格納的尊敬和熱愛。這件事使尼采非常不快，伊莉莎白婚禮那天，尼采到威尼斯訪友。
- **6月6日** 尼采離開威尼斯。次日抵錫爾斯瑪麗亞，準備在那裡度過第五個夏天。在那裡，尼采開始為《人性的，太人性的》一書再版而進行改寫工作。

1886

- **7月2日** 在給好友歐佛貝克的信中說：「我的『哲學』是不可傳授的，至少是難以用印刷文字來傳授的。」
- **6、7月間** 著手寫作《善與惡之外》。
- **9月15日** 離錫爾斯瑪麗亞回家鄉南堡探望母親，兩周後赴萊比錫。之後回南堡過**41歲**生日。秋季，尼采先後輾轉於萊比錫、南堡和慕尼黑，最後在**10月底**赴義大利的佛羅倫薩（Firenze）去見保羅．蘭斯基，他們愉快地生活了一段時間。
- **11月上旬** 自佛羅倫薩（Firenze）到尼斯。經過了自9月份以來不斷的旅行顛簸後「終於感到安定下來了」。
- 在尼斯，繼續寫作《善與惡之外》。
- **1月** 完成《善與惡之外：未來哲學之序曲》。
- 尼采在自傳《看，這個人》中說：「我一生事業中肯定部分的工作已經完成，現在要輪到否定部分的工作：對以往一切價值的重估。……這本書一八八六年的核心是對『現代之批判』，包括對現代科學、現代藝術甚至現代政治的批判，同時也指出與現代人相反的形態——一種高貴的而又積極的人的形態。」
- **2月** 妹妹伊莉莎白和她丈夫遷居巴拉圭（Paraguay），尼采更感孤獨。
- **3月底** 在給歐佛貝克的信中，尼采談到了他對婚姻生活的羨慕。他說：「由於你的妻子、你的生活比我的現狀要強一百倍，你們共有一個窩，而我有的僅是一個山洞。」

- **4月** 由於春季明亮的陽光，使尼采的眼睛深感痛苦，他決定離開尼斯赴威尼斯。到威尼斯住在蓋斯特的住宅裡。
- **3、4月間** 為自己的著作《人性的，太人性的》第一卷作序。
- **5月上旬** 經慕尼黑返回故鄉南堡。
- **6月** 好友歐文·洛德在萊比錫獲教授職位，尼采赴萊比錫聽他的演講。這是這兩位好友在尼采患瘋病之前的最後一次會晤。上旬蓋斯特應邀來到萊比錫照料尼采兩周；下旬尼采一人赴錫爾斯瑪麗亞；月底收到經蓋斯特校訂的《善與惡之外》一書的最後校訂稿。
- **7月** 由於出版人什瑪茨奈既不打算出版《善與惡之外》，也不願意讓別的出版人發表它，尼采遂決定自費出版此書。**14日**給歐佛貝克的信中，他說：「假如這本書能售出三百冊，我就可以掙回成本，用這樣的辦法也可以出版我的別的書了。」**24日**在另一封給歐佛貝克的信中又說：「關於怎樣出版此書一事，占用了我過多的精力。只要第一冊書一問世，我就解放了。」
- **8月5日** 尼采另請的出版人弗利茨（Fritzsch）拍來電報說，向什瑪茨奈購買以前印畢待發的尼采著作一事得到解決。與此同時，尼采欣聞《善與惡之外》一書終於出版。

- **8月16日** 為弗利茨再版《人性的，太人性的》的第二卷作序。
- **8月29日** 為再版的《悲劇的誕生》寫序一篇，副標題為「自我批判的嘗試」。
- 在《人性的，太人性的》第二版序言中，尼采含蓄地寫道，他自己遭受的種種病痛是對他取得超人態度與地位的考驗。他說：「人只有在不能保持沉默時才要說話，而人要說的只能是關於他所征服的世界。一個正在受苦的人沒有權利採取悲觀主義的態度。」
- 在《悲劇的誕生》再版序言中，尼采表示了對自己第一本著作的不滿意，認為對悲劇起源問題所做的解釋也不盡人意。他說，戴歐尼修斯是他找到的第一個反基督的名字，但他是用叔本華的哲學語言來表達戴歐尼修斯傾向的。他認為自己過去對「德意志精神」和「德意志音樂」所持的看法過於天真與樂觀了。
- **9月** 《善與惡之外》發表後，受到學術界一些名流的讚賞。布拉姆斯的朋友惠特曼（J. V. Widmann）在報上發表文章說：「尼采是一個發現了一條遁徑的人，但當人們看到尼采獨自在這條前人沒有走過的孤獨道路上挺進的情形時，是不會不感到擔心與害怕的。」**24日**尼采給瑪爾維達信中說：「我們可以

86

設想到二〇〇〇年時人們將會獲准來讀我的這本書的。」

- **9月25日** 離開錫爾斯瑪麗亞赴露達（Ruta）。
- **10月滿42歲** **20日**自露達返回尼斯。在尼斯，他開始寫作《愉快的智慧》第五卷。在這本書中，尼采看到他自己正把人類引向一個前人沒有經歷過的孤旅中。尼采寫道，只要追求真理的意志還是建立在所謂真理是天意這樣一種宗教的假定上，它就是有害的。在書中，尼采把自己同浪漫主義派、伊比鳩魯派（Epicureanism）和基督教徒做了對比，他認為自己是戴歐尼修斯式的悲劇型人物。**29日**在給歐佛貝克的信中說：「我現在仍和以前一樣，相信華格納的理想，在華格納沉溺於自己理想的許多人性的、太人性的事物上，我為什麼會跌倒？」
- 本月，妹妹自巴拉圭來信催促尼采向南美洲殖民地投資，在朋友歐佛貝克的勸阻下，尼采終於決定拒絕妹妹的要求，為此引起伊莉莎白對歐佛貝克的不滿。

1887

- **1月3日** 尼采在尼斯遷入一間朝南向陽的小屋，這是他七年來在熱那亞和尼斯過冬所住過的第二十一個住所。在這裡，他得以享受冬季的陽光，但是由於他像以往一樣因經濟困難而未能在室內生火取暖，手指常常凍得發僵。然而尼采仍然不停地寫作，**24日**給蓋斯特去信說：「我從最冷峻的理性批判中享受到無窮樂趣，並恢復了我的力量。這樣我就能來抨擊迄今為止哲學中的因果思想，還有一些更為糟糕的東西。」

- **2月** 尼采在一家書店裡，偶然發現了俄國作家杜斯妥也夫斯基（Fyodor Mikhaylovich Dostoyevskiy, 1821-1881）的《地下室手記》（*Notes From Underground*）的法文譯本。接著又讀了他的《死屋》（*The House of the Dead*）和《被侮辱與被損害的》（*Humiliated and Insulted*）。尼采在**23日**給歐佛貝克信中說，儘管他發現杜斯妥也夫斯基太晚了，但還是十分高興，他認為杜斯妥也夫斯基是唯一一位對他有啟發的心理學家。
- **3月7日** 給蓋斯特去信，評論杜斯妥也夫斯基的《死屋》是「有史以來最富有人性的著作之一」。
- **4月3日** 離開尼斯到達坎諾比歐（Cannobio），在那裡住了三周。雖然該地美麗的風光使他難忘，但因為《查拉圖斯特拉如是說》發表後，許多朋友與他疏遠了，他的《善與惡之外》一書自出版後只售出一百四十本，尼采還是感到深深的壓抑。**20日**在給妹妹的信中，他說：「外界沒有傳來任何鼓舞我、激勵我的消息。」
- **4月下旬至5月初** 經慕尼黑在瑞士北部徹爾等地旅遊。
- **6月6日** 離開徹爾返回錫爾斯瑪麗亞，中途連續十二小時嘔吐不止，大病一場。**17日**給歐佛貝克的信中說他患了重傷風、發高燒，沒有任何食欲、失眠，極度倦怠。

• **6月27日**　給蓋斯特信中說他因亨利克·馮·施坦恩的去世，突然得了一次心臟病。「我真摯地愛戴他，在我看來他是會伴隨我這後半生的。他是那少數以自身的存在賦予我幸福的人們中的一位。」

• **7月中下旬**　在錫爾斯瑪麗亞寫作《道德的譜系》。尼采在寫作這部著作時，主要使用了自當年1月以來陸續作的筆記。寫作全書三篇論文，從**10日至30日**只用了二十天；**30日**將書稿送印。

• **8月3日**　給母親去信時說：「整個七月我都在全力以赴地工作，看來我的身體健康和精神力量又都得到了恢復。由於對每日的起居做了改進調整，工作也取得了重要的成果。」

• **8月8日**　給彼德·蓋斯特去信說：「《道德的譜系》一書是為使我以前的著作能為人理解所做的最後努力，也許今後幾年不會再有什麼問世了。我必須絕對歸於自我，一直等到我有能力把最後一顆果實從自我的大樹上震落下來。」

• 尼采在自傳中說：「構成《道德的譜系》有三篇論文。第一篇論文是討論基督教的心理狀態，基督教起源於憎恨的心理，而不是像一般人所相信的產生於『聖靈』。第二篇論文是討論良心的心理學，這也不是一般人所相信的，以為它是『人心中的上帝之聲』；它是一種殘忍的本能，當它不能向外發泄時便轉向自己。殘忍性之為最古老文化的基礎，在這裡第一次被闡明。第三篇論文是對出世的理想、教士的理想之動力來源問題給出答案。這些理想是有害的，那是一種絕滅和頹廢的意志。……這本書說明了教士的最初心理狀態。」

- **9月下旬** 遷居至威尼斯，經蓋斯特安排住在聖．馬可廣場附近。
- **10月3日** 給母親的信中，他說：「這裡的空氣清潔新鮮，天空明亮無雲，就像在尼斯一樣。」他讚揚他的朋友音樂家蓋斯特創作了「至今最優美的樂章」。
- **10月15日滿43歲** 在尼斯過生日，由於只收到母親一人的問候，尼采感到了孤獨的苦悶。報刊文章批評他的《善與惡之外》一書是「高級的胡言亂語」、「惡魔般的精朗」、「精神病與病態」。同一天，他給妹妹去信說：儘管他從自己著作的版稅中未得分文，相反卻為了自己的作家職業而向印刷商付了三千法郎，但他還是準備在一個星期後移居尼斯，並在那裡過冬，艱苦奮鬥進行寫作。他還說他不敢期望能有別人會替他出錢出書，不過他敢肯定自己最重要的工作還有待去做。
- **10月下旬** 經熱那亞、米蘭到尼斯過冬。

87

11月上中旬 他住的小屋裡沒有火爐，陰冷的天氣使他十分痛苦。**24日**致蓋斯特信中說：「到今天為止，我一直冷得發抖、手指凍得發僵，這對我從事哲學論著太不利了。從外面回到家裡一點也不像是回到宮殿那般溫暖，相反卻像是拖著沉重的腳步走進了牢房。」

11月10日 《道德的譜系》一書出版。朋友戈斯多夫來信評價說：「你生活在一個美麗、自由的世界裡。你活得確像是一位哲學家，為此我祝福你。」尼采在回信中寫道：「在我一生中，很少有信能給我帶來這麼大的歡樂。」

11月26日 丹麥批評家喬治·布蘭德（Georg Brandes, 1842-1927）在收到尼采贈送的《道德的譜系》之後來信說：「您是我願意交談的少數人之一。」他稱尼采具有「貴族風範的激進主義」。尼采在**12月2日**回信中說：「這是我所讀到的對我的最精闢的評論。」

12月中旬 在分別給卡爾·福克斯和蓋斯特的信中，兩次提到要把他到那時為止所做的工作告一段落。聖誕節前重讀《道德的譜系》一書時，發現他先前取得的成果只不過是個開頭。

1888

1月11日 經丹麥文學批評家布蘭德教授的介紹，得知丹麥哲學家齊克果的名字。布蘭德認為齊克果是「世界上最深刻的心理學家之一」，布蘭德在給尼采的信上還說：「對我來說，你內心世界的大部分角落依舊是陌生的，我們的經歷似乎有著天壤之別。你無疑是所有德國作家中最具有啟發性的一個，我真不明白，你們德國文學是怎麼一回事！我相信，你們所有的大腦都受過政府行政機構的訓練。德國人的全部生活以及你們的全部機構，正在傳播一種最醜惡的一致性，你們的出版業甚至窒息了你們的著述活動。」

- **2月** 尼采計畫寫《一切價值的重估》，**3日**給歐佛貝克的信中，尼采說他已經完成了由四卷組成的《衝創意志》一書的第一卷草稿，題為「對一切價值的重新估價」。《衝創意志》在尼采死後出版。**12日**尼采在尼斯給萊因哈特夫婦的信上，對自己的歷史地位作出評價。他寫道：「我有一句話只能在咱們三個人中說。那就是人們將會理解我是這個時代最主要的哲學家，甚至可能還不止於此，我也許就是負有重大使命的一座溝通兩千年歷史的橋梁。」信中他還吐露了自己深沉的孤獨感：「沒有朋友，得不到一點安慰，一點愛情也沒有！」

- **2月15日** 給蓋斯特的信中說：「音樂帶給我前所未有的經驗。它將我從自身中釋放出來，使我從迷懵中覺醒……，音樂給我力量。在有音樂的夜晚，接踵而來的就是充滿堅實洞察與創造性思想的清晨。……沒有音樂的日子是迷惘而沉悶的，像被放逐一樣。」

- **2月19日** 給布蘭德的信中說：「我很欣賞你在『現代化』概念問題上所做

的工作，說來很巧，今年冬天我恰恰也盤旋於這一最主要的價值問題之上。我像鳥一樣飛翔於高高的天際，期望以盡可能非現代化的眼睛考察現代世界的一切。」信中提起以前批評史特勞斯《新舊信仰》一書所引起的紛爭，他說：「我的文章使德國文化受到第一次攻擊，人們還得意洋洋地以為正是這種『文化』使他們戰勝了法國呢！而我當時創造出的『文化市儈主義』這名詞，也已經被保留在我們的語言中。」

- **3月7日**　布蘭德給尼采信上說：「在我看來，為了能夠自由地呼吸，人類必須從根本上改變四種古老的、受人尊敬的體制，即教會、君主制、婚姻和財產。在這四種體制中，單是婚姻（這是一種具體化的悖論）一項，便可以扼殺個性，並且使自由陷於癱瘓。然而，可歎的是，人類仍舊太粗俗，他們還無法清除婚姻體制，就連所謂最解放的作家，也仍舊以虔敬的、彬彬有禮的口吻談論著婚姻。」
- **3月中旬**　尼采在尼斯患病，臥床三天。
- **3月27日**　給布蘭德寫信，說他的健康狀況很糟，視力變得更弱。信中還說他自己是個音樂家，不是浪漫主義者，如果沒有音樂，生活會是何等枯燥無味。
- **4月初**　乘火車經熱那亞到都靈。

• **4月3日** 布蘭德給尼采寫信，告訴他將要在哥本哈根大學（University of Copenhagen）介紹尼采思想。他說：「我感到一種莫名的不平，斯堪地那維亞（Skandinavien）地區對你竟一無所知，我決定要讓這裡的人認識你。我正準備開一個關於你的著作的講座。」

• **4月10日** 尼采在都靈給布蘭德回信，提供了一份自己的簡歷。其中說到他的祖先是波蘭貴族，他說：「儘管在我母親方面三代都是德國人，但我依舊具有波蘭民族的特徵。」他的祖母是席勒和歌德的魏瑪集團的成員。他談到一八七六年以後健康惡化的情況時說：「極度的病痛和持續不斷的頭痛使我受盡了折磨，也耗竭了我的全部精力。這種狀況一直延續了許多年，最後終於以一種習慣性疼痛而達於高潮，在這時，一年裡我有兩百多天是處於病魔的糾纏之下。這些麻煩完全是由於地區的原因，它與任何種類的神經病都無關。我從沒有過思維紊亂的徵兆，甚至沒有過高熱或虛脫，我的脈搏同拿破崙一世一樣（每分鐘六十次）。我的特質使我有力量忍受極度的痛苦，即使連續一兩天受著疼痛和嘔吐的折磨，我的頭腦也依舊完全清醒。一直有這樣的傳聞，說我當時曾經進了瘋人院，然而這純屬胡說，事實上正是在這段悲劇性的時間裡，我的思想才漸趨成熟。《曙光》誕生了，它寫於一八八一年那個令人難以置信的痛苦的冬天，地點是熱那亞。當時，我躲開了所有的醫生、朋友和親戚，這本書就像是我的一架『計量器』，為了完成它，我僅僅付出了極小的體力和健康。從一八八二年起，我又十分緩慢地向前起步了，的確，這場危機過去了（我父親是在非常年輕時去世的，他當時的年齡恰好與我接近死亡時的年齡相仿）。但是直到今天，我都不得不處處小心，注意某些溫度和氣候的變化，不是出於挑剔，而是出於必要，我只能在上英格登度過夏天，在尼斯度過冬天……。然而，我的疾病畢竟為我帶來了很大的益處，它解放了我，使我恢復了做我本人的勇氣……。的確，我天生就是一頭勇敢的動物，甚至是一個戰士，與命運的長期抗爭更增加了我的驕傲感。」

- **4月14日** 給卡爾．福斯寫信說：「夏天最適合我的地方是英格登，那兒遠離人間，超脫塵俗。然後在威尼斯住一個月，那兒對我來說是個聖地：有深度，有愛情，有充足的陽光和法律保護下的自由。」
- **4月29日** 布蘭德寫信告訴尼采在哥本哈根介紹他的著作時的情況：第一次演講，大約有一百五十位聽眾。有份重要的報紙作了報導，第二次演講時，聽眾有三百多人。
- **5月** 撰寫《華格納事件：一個音樂史的問題》。在這本書上，尼采把華格納描寫為現代主義與頹廢的代表。
- 尼采在自傳中說：「如果一個人對這部論文作公平的評論，就當從音樂的命運中去感受巨大創傷的痛苦。我所感受到的音樂命運的痛苦是什麼呢？那就是音樂已失去了它的改造世界及肯定的性格，而淪為頹廢的音樂，不再是戴歐尼修斯的笛聲了。如果一個人認識到音樂產生的原因就是他自己存在的原因，就是他自己苦痛感受的流露，那麼他就會覺得我這部論文是非常平和的。誰能懷疑我這老炮兵向華格納發射我的重炮呢？」

- **5月13日**　在都靈給萊因哈特寫信時，尼采表達了在這座義大利城市裡的喜悅心情：「最幸運的是到今天為止，我在這兒度過的春天是十分令人愜意的。這是十年、十五年或許更長時間以來我所度過的一個最美妙的春天。」
- **5月23日**　尼采給布蘭德寫信，解釋了自己要對過去一切價值進行重新估價的意圖，他說：「只有煉金術士才真正豐富了人類的財富。其餘的人則都在進行買賣和交換。現在，我的工作十分奇特：我曾問過自己，人類最痛惡、最害怕和最討厭的是什麼？可是正是從這些東西裡面，我已經煉出了我自己的『黃金』。」
- **6月初**　收到美國記者卡爾．諾爾茲（Karl Knortz, 1841-1918）來信，諾爾茲準備在美國發表一篇有關尼采的文章。
- **6月5日**　尼采離開都靈返回錫爾斯瑪麗亞，途中在柴阿維那（Chiavenna）病倒，到達目的地後，整日嘔吐不止，六天後恢復健康。

- 同月，德皇弗裡德利希去世，年輕的威廉二世繼位。七十三歲的俾斯麥仍然掌權，但是尼采擔心大權會旁落到阿道夫·斯托克爾（Adolf Stocker, 1894-1979）手中，此人曾試圖組建基督教社會工人黨。
- **6月20日** 給蓋斯特信中說：「我明白，我的『衝創意志』學說將來會首先在德國受到壓迫和限制。」
- **6月21日** 給美國記者諾爾茲回信時，尼采稱他的《查拉圖斯特拉如是說》是德國文學中最深刻的作品，還說自己的那些著作「都具有豐富的心理體驗，並都表現了臨危不懼的勇氣和令人驚奇的直率。」
- **6月25日** 尼采在給母親信中寫道：「我憑著藝術的力量和極度的謹慎才使自己不至於跌倒。我太虛弱了，為此浪費了許多時間，而在我這樣的年紀是不該有這樣的事發生的，長期以來我的身體狀況惡劣得難以形容和描述。」
- **6月底** 在錫爾斯瑪麗亞著手寫一部新作——《偶像的黃昏：如何以鐵錘作哲學思考》。該書於**9月底**寫成，翌年一月出版。
- 尼采在自傳中說：「這本不到一百五十頁的書是在短短幾天內寫成的。這本書標題所說的『偶像』，就是向來被稱為真理的東西。《偶像的黃昏》就是指舊時的真理已接近尾聲。」
- 在《偶像的黃昏》關於蘇格拉底問題的一章中，批評蘇格拉底和柏拉圖都代表著腐朽與沒落，因為他們都反對古希臘文化，在與生活的關係上都起著消極和分化的作用。他指責蘇格拉底關於抑制人的內在本能的觀點，而認為「只要生活在發展，幸福與本能就不能被割裂」。在〈德國人所缺乏者〉一章中，尼采指出，自從十八年前德意志帝國建立時起，「德意志精神」這個詞就充滿了自相矛盾。人們在政治方面浪費了過多的心思與精力，為軍隊特權服務的高等教育發展，帶來的卻是文化水平的下降。他批評社會主義者把自己的苦難歸咎於他人，同時也批評基督徒把所受的苦難歸咎於自身。他認為當代人們愚行的根源在於本能的退化，尼采並表示他不贊成盧梭提出的道德觀及平等思想。

- **7月**　替尼采掌管財產的杜森寫信告訴尼采說，柏林有位敬仰他的人為他捐助了兩千馬克作印書費用；美塔．馮．莎麗絲也到達錫爾斯瑪麗亞向尼采提供一千馬克的資助。因為印書而欠下四千馬克債的尼采，高興地接受了援助。
- **8月**　曾在巴塞爾大學任神學教師的朱利葉．卡福坦（Julius Kaftan, 1848-1926）來到錫爾斯瑪麗亞。尼采與他連續三周每日一起散步，無保留地進行交談。
- **9月3日**　開始為他的《反基督：對基督教批判的嘗試》作序。**7日**給美塔．馮．薩麗絲信中說：「也許這是最值得驕傲的一篇序言。」
- 尼采計畫把9月開始撰寫的《反基督》，作為一部長篇大著《一切價值轉換》

的第一卷，取副標題為「對基督教批判的嘗試」。他計畫寫的第二卷是《自由精神：對虛無主義哲學的批判》，第三卷是《反道德論者：對最致命的即無知的批判》，第四卷是《戴歐尼修斯：永恆重現的哲學》。

- 由於手頭沒有先前已經發表的著作，尼采在寫作《反基督》時，唯一可以參考的就是平時積累的筆記。在9月間給歐佛貝克的一封信中，他說：「這部書清楚地剖析了過去幾百年的思想史，我保證同這部著作相比，其他關於和批評基督教的思想都必定顯得十分幼稚。」

- **9月13日** 收到了《華格納事件》的樣書。在給布蘭德寄書時，尼采宣布了他準備寫作《對基督教批判的嘗試》的計畫，並說：「歐洲將需要發現第二個西伯利亞，因為這樣它就可以有地方放逐試圖對傳統思想進行重新評價的先驅者了。」

- **9月下旬** 尼采離開錫爾斯瑪麗亞南下，經米蘭到達都靈市。在給歐佛貝克的信中，他寫道：在都靈的日子「是我最重要的收穫季節。我文思泉湧，筆下生花，也許沒有人曾經這樣筆力酣暢。」

- **10月15日滿44歲** 為自己慶生，尼采開始寫作自傳《看，這個人》。在前言中他寫道：「鑒於在不久的將來，我必須向人類提出有史以來最莊嚴的挑戰，闡明我是何人，就十分重要了。我所肩負的宏大使命與我的同代人的渺小之間，有著巨大的差別，這是因為他們既未曾聽過我的講話，也未見過我本人。」尼采稱他的《查拉圖斯特拉如是說》是現存書籍中最深刻的一部著作。

- **10月20日** 給布蘭德寫信，提到由於他對華格納的批評，將會引起華格納信徒的攻擊，同時他猜測拜魯特方面可能也會通過德國皇家的途徑禁止他的作品（因為它有害於公眾道德），甚至皇帝本人也成為這件事的當事人。
- **10月底** 給妹妹的信中說，他的生活已經達到了頂峰。他說已經及時地突然重獲了力量與自信，來完成前人未曾嘗試過的工作。
- **11月14日** 在給薩麗絲信中，尼采說：「一想到我在9月3日與11月4日之間所寫的《看，這個人》及其筆記，我就擔心不久會有一場小地震要發生。」
- **11月16日** 布蘭德給尼采的信上，提到杜斯妥也夫斯基時說：「他是一位偉大的詩人，又是一個可惡之徒，在感情上，他是一位真正的基督徒，又是一個十足的被迫害狂。他的全部道德觀念正是你所指出的奴隸道德。」
- **11月20日** 給布蘭德的信中，尼采介紹他的自傳時說：「這本書的題目是《看，這個人》。它無保留地抨擊了那位釘在十字架上的人，並在聲討基督教以及所有染上了它毒菌的基督教徒們的電閃雷鳴之中結束。事實上，我是基督徒的第一位心理學家；同時，作為一名老炮兵，我還可以操縱重武器，實施這次攻擊。我所做的一切，都是基督教的對手們過去從未想到過的。然而，所有這些工作都不過是《一切價值之重估》一書的前奏曲。」

- 「請猜想一下，在《看，這個人》中誰的結果最糟糕？是德國先生們！我已經向他們講述了許多可怕的事實……例如，德國人已經使最後一樁偉大的歷史事件——文藝復興運動喪失了其自身的意義。當基督教徒的各種價值——墮落的價值被戰勝，最高僧侶階層們的本能為相反的本能——生活的本能所征服時，他們竟會為此而心存並蒂。」

- **11月23日** 布蘭德給尼采寫信，向他提及易卜生（Henrik Johan Ibsen, 1828-1906）的作品，並對杜斯妥也夫斯基作了這樣的評價：「讓我們研究一下杜斯妥也夫斯基的面孔吧：那半俄羅斯農民的面龐，半罪犯的容貌，扁平的鼻子，神經質地抖動著的眼瞼，以及埋藏其下的小而銳利的雙眼；還有那高貴、漂亮的前額，以及講述著無際的苦難、深不可測的憂鬱、不良的癖好、無限的憐憫和不可遏制嫉妒的、富有表情的嘴巴！這是一位患有癲癇病的天才，單是他外表就足以向人們昭示許許多多東西。這裡有充溢於他精神世界的平緩溪流，有襲擊著他的大腦、奔騰激越而幾近於瘋狂的浪濤，還有他的抱負，他的巨大努力，以及由於靈魂的偏狹而生發出病態的意志。他的主人公們不僅是一些貧窮而又可憐的生物，而且是一些性格單純、感情外向的人，高尚的妓女，幻覺的、經常性的受害者，天生的癲癇病者，時刻準備為崇高的事業而獻身的熱情精靈等。總之，是一些可以在基督教的早期使徒和追隨者中找到的典型。當然，這一切並沒有遠離文藝復興運動的精神。」

- **12月** 完成《尼采與華格納之爭》，這本文集選收了尼采自己以前所寫的有關華格納的文章。尼采認為，通過編寫這個文集，他已徹底解決了有關華格納的問題。
- **12月9日** 在給蓋斯特的一封信中，尼采說他想重讀和整理他的《查拉圖斯特拉如是說》第四卷，並說他想等幾十年後，世界經歷了全球戰爭的危機以後，再將這一卷書發表。
- **12月29日** 尼采給美塔．莎麗絲的信上說：「我真的認為德國人是人類中的敗種，謝天謝地，我的天性還是波蘭人。」

1889

- **1月3日** 上午，尼采在都靈的住所處，見到一個馬車夫抽打他的馬，尼采跑上前去搶住馬脖子，結果摔倒在地。房東費諾將他送回房裡後不久，尼采開始出現神經錯亂的症狀。
- **1月4日** 給蓋斯特信上說：「給我唱一首新歌：世界變形了，天上充滿著歡樂。」在給布克哈特、歐佛貝克和華格納夫人等的信中，尼采都用「戴歐尼修斯」署名。
- **1月5日** 給布克哈特信中說：「實際上我寧願當巴塞爾的一名教授，也不願

89

成為上帝。」

- **1月8日** 歐佛貝克自巴塞爾趕到都靈，見到尼采在修訂《尼采與華格納之爭》。當天，歐佛貝克給妻子去信談到尼采的病情說：「尼采在許多地方像個孩子。對其他人來說，尼采是沒有任何傷害性的。他的狀況很糟，但他絕不會傷人的。」
- **1月10日** 尼采在歐佛貝克護送下自都靈返回巴塞爾，其後被送往懷利大夫的診所住院觀察病情。經醫生診斷尼采患了精神錯亂症和漸進性麻痹。
- **1月13日** 母親自南堡到巴塞爾。
- **1月17日** 尼采被母親護送到德國耶拿，住進耶拿大學賓斯文格大夫的精神病診所，直至第二年（一八九〇年）的三月。
- **6月** 堅持反猶太主義思想的妹夫伯恩哈特．福斯特自殺。
- **10月滿45歲** 尼采的病情有所好轉。他母親在給歐佛貝克的信中說：「他看上去和過去身體健康時狀況差不多。」

1890

- **1月** 蓋斯特來到尼采所在的精神病院，每天與他一起散步，住到2月初。
- **2月** 母親來耶拿，每日白天把尼采接到她的住所，由她本人和蓋斯特進行護理。

1893　92

- **3月24日**　尼采離開耶拿大學賓斯文格大夫的診所，住進母親在耶拿的住所。
- **5月13日**　母親將尼采護送回家鄉南堡。
- **12月**　妹妹伊莉莎白自南美洲巴拉圭回到德國家鄉南堡。她改變了原來準備出版已故丈夫伯恩哈特·福斯特著作的計畫，轉而開始籌備出版一本尼采著作集。
- **7月**　妹妹伊莉莎白在作出出版尼采文選的初步計畫後返回巴拉圭。
- 年底，尼采病情加重，常常夜不成寐，醫生建議把尼采接回診所治療。
- 春天，尼采病情得到控制。
- **9月**　伊莉莎白自巴拉圭回到德國。她發現，因市場上對尼采著作的需要不斷增大，出版人諾曼（Naumann）決定出版由蓋斯特編輯的尼采文選，她堅決反對蓋斯特正在進行寫作尼采傳的計畫，而堅持由她來為尼采寫傳記。伊莉莎白立即著手改造尼采的病房，把一層樓改成了尼采文獻檔案館，她取消了蓋斯特作為尼采文稿編輯人的地位，另聘用了弗利茲·科格爾（Fritz Koegel, 1860-1904）接替工作。接著她收回了一直由蓋斯特收藏保管的尼采文稿，並且從尚未出版的尼采自傳《看，這個人》中引用大量材料編寫了一部兩卷本的尼采傳；以後她又從歐佛貝克處得到了尼采寫給他的全部信件。

1894

9月 由於母親強烈反對伊莉莎白在尼采病房樓下和科格爾一起整理尼采的文稿，伊莉莎白把尼采的全部文稿檔案轉移到另一所房屋。

年底，出版人付給病中的尼采一萬四千馬克稿費，其中有六千馬克被伊莉莎白轉入自己的名下。

95

年初，伊莉莎白編寫的《尼采傳》第一卷完稿。

9月 與尼采保持友誼時間最久的歐佛貝克最後一次探望他。在年底歐佛貝克給洛德的信中寫道：「我在他的房間裡見到了他，他就像一隻受了致命傷的野獸那樣半躺著，只想一個人呆在那裡。我在那兒的時候他一聲未吭，除了無神的眼睛中流露出深深的不安，他看上去好像沒有在遭受病痛的折磨。」

12月18日 伊莉莎白以每日向母親提供固定生活費為條件，迫使母親讓步同意由伊莉莎白全權處理尼采的文檔。

96

8月 伊莉莎白把尼采的文檔轉移到德國的魏瑪，她解除了科格爾的尼采文稿編輯的職務，由自己和美塔．馮．莎麗絲一起編輯尼采著作。

97

4月 尼采七十一歲的母親，因感冒去世。經伊莉莎白的安排，病中的尼采移居到魏瑪。

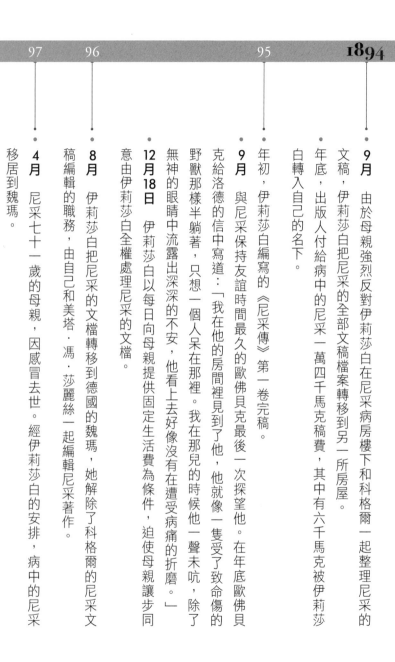

- 夏天，尼采中風一次，身體狀況惡化。
- **5月** 尼采身體狀況繼續惡化，談話吃力。
- **8月20日** 星期一，尼采患感冒，發高燒。
- **8月25日** 星期六，中午時分，尼采過世。
- 妹妹伊莉莎白這樣描述尼采臨終時的清景：「一九〇〇年八月二十日，哥哥突患感冒，發高熱，呼吸困難，似有肺炎的併發症。忠誠的醫生想盡可能消除他的痛苦，但兩三天後，醫生已經知道無力挽回了。24日正午，我和哥哥相對而坐，他的面容突然改變，激烈的發作再度襲來，哥哥終於失去意識倒下。就在這時，可怕的雷雨漫天蓋地而來，似乎這個高貴的靈魂，已隨著雷電，先升登天堂。黃昏時分，他吐出一口氣，意識也有恢復的徵兆，好像想説些什麼。次日凌晨二時，我請他飲一些食物，他似乎看得見我，示意我把燈罩移到一邊，高興地叫我『伊莉莎白』，我滿心歡喜，以為他的危險期已經過去。然後他睡了一段很長的時間。我一直祈禱，但願這是復元的熟睡。但那高貴的面容突起變化，轉為深濃，他再一次睜開那雙寬闊、濕潤的眼睛。……安詳地、無憂無慮地，向四周投下嚴肅的一瞥，然後輕輕合攏，永遠閉上了。」
- 翌日，尼采的骨骸葬於故鄉洛肯雙親的墓旁。

年譜參考資料

- 海曼，《尼采評傳》（英國牛津大學出版社企鵝叢書，美國版一九八四年版）。
- 尼采，《看，這個人》。
- 彼得．福斯編譯，《尼采：書信中的自我畫像》（美國哈佛大學，一九七一年版）。
- 奧斯卡．李夫主編，盧多維奇譯，《尼采書信選集》（紐約花園城達布爾代公司，一九二一年版）。
- 荷林達，《尼采：其人及其哲學》（美國路易斯安那大學出版社，一九六五年版）。
- 工藤綏夫著，李永熾譯，《尼采——其人及其思想》（臺北水牛出版社，一九六九年版）。
- 喬治．布蘭德著，安延明譯，《尼采》（北京工人出版社，一九八五年版）。

人文

尼采思想漫遊

作　　者 — 陳鼓應
發 行 人 — 王春申
選書顧問 — 陳建守　黃國珍
總 編 輯 — 林碧琪
責任編輯 — 何宣儀
封面設計 — 張　巖
內頁設計 — 林曉涵

業　　務 — 王建棠
資訊行銷 — 劉艾琳
出版發行 — 臺灣商務印書館股份有限公司
23141 新北市新店區民權路 108-3 號 5 樓（同門市地址）
電話：(02)8667-3712　傳真：(02)8667-3709
讀者服務專線：0800056193　郵撥：0000165-1
E-mail：ecptw@cptw.com.tw　網路書店網址：www.cptw.com.tw
Facebook：facebook.com.tw/ecptw

局版北市業字第 993 號
初　版：2005 年 12 月
二版一刷：2024 年 10 月
印 刷 廠：沈氏藝術印刷股份有限公司
定　　價：新台幣 520 元

法律顧問：何一芃律師事務所

國家圖書館出版品預行編目（CIP）資料

尼采思想漫遊 / 陳鼓應著. -- 二版. -- 新北市 : 臺灣商務印書館股份有限公司, 2024.10
384　面 ; 14.8×21　公分. -- (人文)
ISBN 978-957-05-3588-4(平裝)

1.CST: 尼采(Nietzsche, Friedrich Wilhelm, 1844-1900)
2.CST: 學術思想 3.CST: 哲學

147.66　　113012982